道德浪女

Janet W. Hardy
Dossie Easton

多重關係、開放關係與其他冒險的實用指南

新版

3rd Edition

The Ethical Slut:

A Practical Guide to Polyamory, Open Relationships, and Other Freedoms in Sex and Love

珍妮・W・哈帝、朵思・伊斯頓——著
張娟芬——譯

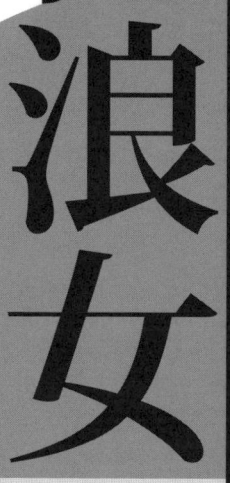

目錄

第二部 浪女實踐

第三部 面對挑戰

第四部 浪女墜入愛河

《道德浪女》舊版譯序
不摸那個米

張娟芬

如果我們有勇氣面對人世無常的話，就很難不在一對一的感情原則後面再加上一個問號，或者二十條的但書與例外。

有一次與朋友聊天，他說他曾經喜歡過一個女孩子，不經意對望的時候，突然好像跌進了她的眼睛裡去。但兩人因故沒有能夠開始。後來大家聊到難解的感情問題，他斬釘截鐵地說他一定是一對一的，一旦與一個人開始以後，就不會再東張西望。我問：如果那個讓你跌進她眼睛裡去的女孩子，主動對你表白呢？他遲疑了，其餘朋友則放聲大笑。

真的是這樣的，不是我找碴。我解釋說：不管你會怎麼回答剛才那個問題，不管你會按捺著不接受、忠於舊愛，還是毅然投向新歡的懷抱，或者在兩者之間徘徊不定，那都沒關係；可是你一定能夠了解那種感受。我只是要說：事情常常都是這樣發生的，你可以想像也許你一輩子總共喜歡了十個人，可是其中有二、三個的時序錯亂了，你的第五任情人還等不及你跟第四任分手，他就已經冒出來了。每一個都是你真心喜歡的，每一個你都想要對他認真承諾，每一個都不容易割捨。縱然你有超強的道德感、硬是壓抑住那種喜歡的感覺，你還是會感受到那種惋惜與痛苦。

「一對一」的英文是 monogamy，唸起來就是「摸那個米」。我們的感情是「不摸那個米」的，雖然我們可以運用意志力來堅持「只摸那個米」，可是那是你的選擇，而不是人人都應遵守的美德。

「不摸那個米」無關道德，但攸關智慧。一種大多數人都欠缺的智慧。大多數人沒有那麼高尚的道德標準只摸那個米，但又從未真正認同不摸那個米，只是情勢所逼迷迷糊糊地腳踏幾條船；於是他一方面心裡歉疚自責，另一方面又壓抑不住真實的情慾，所以就逃避、說謊、打混、找別的方式補償，終於成就一樁樁互相折磨虐待的愛情悲劇。

以前讀過東海大學社會系朱元鴻教授的一篇論文〈田野中的情慾〉，回顧人類學與社會學的田野研究中，如何討論情慾與研究倫理。文獻汗牛充棟，而結論可以歸諸一字：「Don't!」別想，別做，別說。除了壓抑以外，我們對情慾沒有別的處理方式。

後來，有個朋友送了我一本書，我一看書名就大笑：*Ethical Slut*，道德浪女。聽起來挺不錯的嘛。我開始翻譯這本書，每次告訴朋友我在做什麼，每個人都大笑，屢試不爽。

當年何春蕤的《豪爽女人》引起許多論戰，一個重要的癥結就在於缺乏經驗與智慧，無法想像「不摸那個米」要怎麼玩。現在八卦雜誌雖逼迫我們面對男歡女愛的實相，但卻弔詭地形成道德十字軍的保守力量，例如獨家報導藉口說散發璩美鳳光碟是因為她通姦，又如公眾人物「人人自危」提防狗仔隊。以前「不摸那個米」還有個不曝光的自在空間，現在已經不分青紅皂白的，完全等同於醜聞。在這個時候，《道德浪女》以輕鬆俏皮的方式展現圓融的智慧，對於「不摸那個米」一族，除了是一本指南手冊、一帖滋養藥方以外，更是一份安慰——德不孤，必有鄰！

Ethical 其實本來應該是倫理的意思，而倫理與道德雖然常常並稱，但意思並不完全相同。道德是比較霸權一點的說法，往往是集體意志所形成的、沒得商量的、充滿懲奸鋤惡的大義凜然。倫理比較指的是行規、默契，「盜亦有道」就是強盜也有強盜的倫理。但是倫理浪女聽起來實在不知何所指，所以還是譯道德浪女，行文遇到ethical則仍譯倫理，或者口語一點，就說「有品」。

娼妓一律寫作倡伎，slut一律翻做浪女，因為「娼妓」一詞的女字旁是男性買春傳統下的產物，本書所討論的是包括男與女的壓抑與解放，因此改循古制用「倡伎」表示性工作並非女人的專利，買春也非男人的專利。Slut一詞本來泛指浪女與浪子，但是兩者並列就太冗贅，而且如作者所指出的，浪子從未承受歧視，被歧視的只有浪女；所以一律以浪女包括。畢竟男人有時候借用一下女人的頭銜、發展一點女性認同，我們也不會太反對的。

《道德浪女》新版譯序
興奮點很低

張娟芬

《道德浪女》第一版的中譯本出版於二〇〇二年，一轉眼已過了十七年。當時的新生兒，現在已經達到法定性交年齡了。兩位作者大幅增訂刪修，出了第三版，比第一版足足增胖三分之一，因此中譯也隨之更新上市。

翻譯如同跟隨作者的心靈足跡，亦步亦趨把整個旅程走一遍。我再次感受到兩位資深嬉皮的風趣溫暖，與直面人生的真誠勇敢。讀這本書，彷彿看到她們睜著晶亮的眼睛，對人世什麼都好奇，什麼都新鮮，什麼都有趣，簡直如嬰兒一般。我們說愛笑的人「笑點很低」，「道德浪女」似乎是一種「興奮點很低」的人。

書裡充滿了性愛，而且有各種「花式」，包括關係的花式，與技術、道具的花式。書名既然叫做《道德浪女》，讀者翻開時應該已有心理準備，或者有很高的期待。超乎期待的是，書裡也有許多的「愛」，許多「關係」，以及許許多多「溝通」與「治療」。她們不厭其煩地，一個步驟一個步驟地寫著如何與伴侶協商，左一個小練習，右一個小練習，練習怎麼吵架、怎麼克服嫉妒、怎麼善待自己……。

朵思與珍妮的「浪女倫理」，核心價值就是愛與善意。主流想像中的多重關係是玩弄別人感情，或者性慾胃口奇大以致吞噬掉其他的一切；在《道德浪女》裡，完全不是。朵思與珍妮畢生的浪女實戰經驗，與美國六〇年代的反戰、反叛文化、性解放、公社等社會實踐密切交纏，性愛對她們來說，是社會連結的一種，是表達愛與善意的諸多方法之一。

因此《道德浪女》裡的性愛，從近距離特寫，一直拍到高空鳥瞰。近的，她們談感受、技巧；拉遠一點，談個人的心理，情緒與成長；再遠一點，談人與人的連結與衝突；再遠一點，談浪女的社會壓力與社會支持；再遠一點，談先賢先烈、歷史典故。在這焦距遠近的轉換之中，性愛就有了脈絡，不只是關起的房門後面，遺世獨立之事。

她們也毫不吝嗇地寫了一個段落，叫做「讚美一對一」。道德浪女沒有敵人，連一對一都不是他的敵人。她們覺得一對一，對某些人、在某個人生階段裡，也不失為一個很好的選擇哪。

所以這不是一本妖氣很重的書。這是一本很慈愛的書。朵思與珍妮，慈愛親切的兩位老太太，葷腥不忌鉅細靡遺地，跟你談性，就像她們剛烤了一個蛋糕一樣嘻嘻地笑著，你吃與不吃，她都說很好，都快樂。

朵思與珍妮觀察到，十幾年來，在她們活躍的美加地區，多重關係的能見度已經提高了很多，「多重關係」一詞也已收進《牛津英語辭典》。至於臺灣，在《道德浪女》舊版與新版的十七年之間，性別平等教育已經在校園深耕多年，同志運動不斷茁壯，速度與幅度都居各種社會運動之冠。其他性少數的能見度，雖然沒有那樣的大躍進，但總還是束縛少一點，空間大一點。

但保守勢力反撲了，從「真愛聯盟」到「護家盟」、「下一代幸福聯盟」、「信心希望聯盟」，名稱百變，網路戲稱「萌萌們」，或簡寫為ＭＭＭ。萌萌們在二〇一八年末提起三項公投，壓縮性少數與性別平等教育的空間，直接牴觸了保障同性戀婚姻自由的釋字第七四八號解釋。結果三項公投都高票過關。而這並不是萌萌戰役的結束，因為就在公投當天傍晚，護家盟已經聲明，他們連以專法保障同志關係也不同意。

萌萌的基督教聖戰，不會停在這裡。道德浪女，作為性少數中並不怎麼討喜的一支，未來還有硬仗。且以《道德浪女》一書，當作一聲充滿和平主義嬉皮氣息的戰鼓。

推薦序一
寧做浪女，不當蕭婆

許欣瑞（《波栗打開開》資源網召集人）

《道德浪女》第三版終於有中譯本了，你不會相信我有多激動、興奮又百感交集。

第一版《道德浪女》出版於一九九七年，上市後立即成為重量級圭臬讀本，要說是非典型親密關係的聖經也不為過。不過中譯本要到五年後，也就是二〇〇二年才問世。我則是到二〇一二年才拿到書，十年間白雲蒼狗，書早就絕版，出版社也消失，手上拿的是好友崔妮慷慨贈送的二手書，她自己跑遍舊書攤才收到這本。

隨後數年，我辦了數十季的浪女讀書會，大家圍著初版譯本，一次又一次進入兩位作者的感情觀與性愛觀，逐一對照印證我們自己的愛情與激情，然後在書中每頁空白處，密密麻麻記錄下各種經驗、想法與提問，每翻一頁，就好像看見過去的青春也從眼前翻了過去。

鏡頭轉回十六年前，我與他剛決定在一起時，就說好了要進入開放式關係（open relationship），數年後又成為多重伴侶（polyamory）的狀態，這一路走來，該有的內心戲諸如嫉妒、不安、比較、哀怨都做足了；那些吵架、冷戰又哭著和好的各類戲碼，也是一樣都沒省略過，才走到如今歲月靜好、現世安穩的地步。而當時我連《道德浪女》都還沒聽過，更遑論從中擷取任何經驗提點與策略建議。

二〇一二年《道德浪女》入手，我訝然於書中內容帶給我的熟悉感。我在情感裡短兵相接、貼身肉搏所得來的血淚經驗，原來早就有人寫成文字，更甚者，有些已然成形，但我還模模糊糊說不清楚的領悟，《道德浪女》也幫我梳理成文字講出來了。閱讀過程中，「真的！」「沒錯！」「就是這樣！」的心情不知重複了多少次，彷彿感受到兩位作者拍拍我的肩膀，輕聲說：「是的，你不孤單，我們都是這樣走過來。」是的，我們並不孤單，也不奇怪，就算成長於不同時空與不同文化中，我們仍順應同一股浪潮共同前進，此事證明這是人類情感文化史的必然進程，我們沒有錯。

但浪潮還是會因防波堤的阻礙而稍微停滯，這六年來我們死守初版譯本，還是記掛著彼端進行到什麼程度。尤其早耳聞《道德浪女》二〇〇九年就增刪出版了第二版，然後第三版也在二〇一七年上市，連原文書我們都到手了，光看目錄就興奮地知道內容已大不相同。但看見滿頁英語蝌蚪文，便頭皮發麻自知無力駕馭，只好依依不捨闔上書。我其實也打過主意要瓔珞上身，使盡手段來色惑利誘，或情感勒索身旁朋友來幫忙翻譯，無奈自身已人老珠黃，兼之城府淺薄、魅力不足，未能撐起翻譯全書的重量，朋友或逃離或失聯，而我們只好繼續翻閱初譯本，把扉頁都翻黃了。

沒想到去年才巴望著想弄清楚第三版的內容到底寫了什麼，今年（二〇一八年）就聽聞中譯本要出版的消息，又趁寫序良機，跟編輯凹來一份初譯草稿想先睹為快，沒想到點開檔案後，恍若與失聯多年的好友重逢般，百般感觸就這樣翻湧上來。

是啊，幾年過去，我們都還在浪頭上，也又共同前進了不少。《道德浪女》其中一名作者終於出櫃現真名；那些在臺灣逐漸廣泛使用的「無性戀」、「泛性戀」、「交織性」等詞彙，也如實出現在新版書中，讓浪女更具多元面向；更重要的是，多重伴侶的討論大大增加，真好，我們很需要。

而我們臺灣這邊有了《波栗打開開》資源網（www.poly.tw），開始舉辦座談會、聊天會、讀書會、工作坊，也著手翻譯、進行訪談撰寫故事，還提供伴侶協談與演講等服務。前述好友崔妮所成立的《拆框工作坊》（www.facebook.com/trini.poly）也沒閒著，尤其專營異性戀開放式關係社群。我們的能見度愈來愈高，逐步打開非典關係在臺灣的討論空間，讓彼此可以交換經驗、相互支持，我們深知前代的血淚經驗，對想進入非典關係的後代有多珍貴，正如《道德浪女》當年現身的意義。

更重要的是，我領悟了一件事，其實《道德浪女》呈現的不僅是浪女世界，兩位作者最後帶來的影響遠大於此。

無論要不要進入這類非典關係，我們可能都早已在感情裡百轉千折而遍體鱗傷，過去情傷總隱隱作痛，好像再也無法安心談一場戀愛，眼下的幸福場景再美好，總有股惘惘的威脅如影隨形揮之不去，好像隨時都在準備面對倉促分手的不堪。我完全懂。因為我也是這樣走過來。那些嫉妒、不安、比較、占有慾不斷作祟，讓我們成為感情裡的 crazy bitch（蕭婆？），最後傷人傷己。是的，我也當過揮舞著七傷拳的 crazy bitch，終極版那種，而且好幾次。

而這正是這本書（或說這類親密關係）的主要課題：如何克服嫉妒、不安與處理衝突。當我與男友一起進入非典關係，我們其實也就是在處理過去的情傷反應。就在雙方相互給予的自由與愛（以及爭吵與衝突，當然）之中，我以一種奇妙的方式開始痊癒。

幾年前，我把跟男友的伴侶關係寫成論文，內容也囊括其他受訪者的歷程，描繪出我們這一代非典關係的樣貌，那完全是一幅屬於臺灣經驗的在地風景。但其實，這本論文更像是一封十多年的長長情書，記錄著我跟他之間獨特而自由的羈絆。然後我理解，《道德浪女》也是一本寫滿愛的情書，是兩位作者依照自己的信念，傳遞愛的方式，無論是否要進入非典關係，你都能在其中習得愛的訣竅與方式，並療癒過去受傷的自己。

當然，我私心更希望，最後每個人都可以領悟到，其實當個 ethical slut（道德浪女），遠比當 crazy bitch（蕭婆）更健康、自在而快活。

推薦序二
我們在這裡，走著

崔妮、兔兔（《拆框工作坊》負責人及社群夥伴）

或許你覺得自己與世界格格不入，或許你看見身邊的朋友為自身慾望所苦，也可能你只是想看看世上的其他人如何生活。無論你屬於以上哪種狀況，這本闡述慾望與實踐的書，都能滿足你的需求。

二○○二年，初版的《道德浪女：性開放的全新思考》在臺灣出版。那是什麼樣的年代呢？BBS、網路聊天室正流行，對性好奇的男男女女可以躲在暱稱後，與網友盡情大聊各種性話題，從有什麼性幻想到能不能接受一夜情，性自由的世界似乎正從眼前打開。其中尤以「花魁異色館」BBS站對我們來說最為重要，那裡有著各式性議題版面，開放關係版則於二○○八年創版。在花魁，你不需要遮掩自己真正想要的性關係，這就是性權，可惜多數人以為這只是「sex」。

《道德浪女》一書讓我們了解到，自由與穩定兼具的親密關係是真實存在的。如果你覺得自己受錮於一對一的關係中，你可以讀讀這本書，找出感興趣的部分，與伴侶進行討論，並試著在生活中落實。

新版的《道德浪女》兼顧了更多不同類型的人群，包含無性戀、不以性器官性交為主的人們。即便你有過不愉快的性愛經驗，或曾是性暴力的受害者，你還是可以擁有浪女生活。浪女的多樣性，讓我們在閱讀過程中，有機會從自己的經驗出發，與書中內容相互對照印證。

本書誠實地面對開放式關係並非特效藥的事實，在暢談開放式關係帶來的愉悅同時，也毫不避諱提醒讀者，社會大眾對此關係型態可能產生的異樣眼光，以及可能面臨的風險與挑戰。試著讓書中的觀點與實踐經驗陪伴你，可使你的摸索之路不致太過無跡可循。

在美國，浪女們仍是少數，但已有歷史悠久的浪女支持團體，以及相關的學術研究。在二〇一九年的臺灣，開放式關係／多重關係等詞彙雖已開始在生活中出現，但少有人明白其真正含意，通常以各自表述為多，相關研究亦僅限於碩士論文階段，相關團體則在近年才開始成形。

在當代社會中，要嘗試各種性經驗已非難事，但要想實踐開放／多重關係，最困難的地方在於認識自己、溝通並制定協議，以及經營關係。臺灣的社會環境向來較不重視實踐與鍛鍊，許多朋友常常停留在假想階段，從未付諸實行。要開放到什麼程度？如何協商雙方界線？如何照顧每個人的需求？大家常常溝通得不清不楚，對關係各有想像，卻很少相互核對，且害怕發生衝突，時常開放初期就卡住。然而正如本書所說，重新學習需要花一點時間、犯一點錯，請大家心裡要有個底。

對某些實踐者來說，無論是與家人同住或獨居，一舉一動都得遭受人際網絡的關注，長輩期待你結婚生子，關心（干涉）你的私人生活。許多人進入開放／多重關係後，雖不像劈腿者需要對伴侶費盡心思說謊，可以享受伴侶間的坦誠信任，但面對鄰居與家人卻得學著隱瞞。要想獲得家人朋友的理解與接納，很可能會是場長期奮戰，再日常不過的感情事分享，到了開放／多重關係，卻可能危及工作及生活的一切。

如果你身邊有朋友正為此所苦，比如ㄊㄚ同時受到不只一人吸引，或是ㄊㄚ和伴侶不希望彼此約束，你可以試著與對方分享書中的相關案例。本書內容相當周全，從性行為、關係經營以至家庭規劃等各式議題，都能提供實用的建議。

《道德浪女》多年以來一直都是啟發我們、提醒我們，有時還陪伴我們度過情傷或挫折的好書。有人說親密關係的好處之一，就是能透過對方的觀點來認識自己，在開放式關係中，你能獲得不只一人的觀點，也就有更多機會讓自己成長。

【作者簡介】

崔妮與兔兔是開放式／多重伴侶關係的實踐者。崔妮二〇〇五年開始透過網路尋找同好並嘗試聚會，二〇〇九年以開放式／多重伴侶關係為主題完成碩士論文。二〇一六年，崔妮與兔兔開始固定舉辦以異性關係為主的開放式關係聊天會，希望能藉由對話與互動形成支持社群。

第一部

歡迎光臨

第一章

誰是道德浪女？

許多人都夢想擁有所有他想要的**性**、愛和友誼。有些人認為那根本不可能，因此屈就於現狀，但總是時不時地感覺有點寂寞，有點挫折。另一些人試著追求夢想，但終究不敵外界的社會壓力或自己的情緒，便將此夢想束諸高閣。不過，有一些人堅持下去，而且發現，與許多人發展開放的性愛親密關係，不僅可行，而且其回饋往往超乎我們的想像。

人們享受自由性愛已有數百年了——不過通常安安靜靜，沒有歡聲雷動。在這本書裡，我們要分享技術、技巧與典範，前輩們就是這樣做到的。

所以誰是道德**浪女**？我們啊。還有很多其他人。說不定你也是呢！如果你渴望自由，如果你渴望火熱而真誠的親密關係，如果你渴望很多朋友、大量調情、大量情感表達，如果你嚮往讓慾望帶著你任意遊走，那你就已經踏出第一步了。

為什麼選擇這個標題

當你第一眼看見這本書，或第一次聽說此書時，你也許已經猜到，這書裡的一些用語並非我們所慣用的那個意思。

什麼樣的人喜歡自稱浪女，還陶醉其中？他們又為何要強調自己是道德的呢？

走遍全世界，「**浪女**」（slut）在大部分地方都是一個具有高度攻擊性的字眼，用以形容一個女人性生活如狼似虎、人盡可夫、可恥。有趣的是，「浪女」的同義字「**種馬**」（stud）或「**玩家**」（player），是形容性生活活躍頻繁的男人，但卻帶有讚許、艷羨之意。如果你問某個男人的品德如何，得到的回答是他老不老實、是否忠誠，正直嗎？人格高尚嗎？但妳若問某個女人的品德，則很可能妳得到的答案是：她在什麼情況下，睡了什麼人。我們對此，大有意見。

因此，我們要驕傲地**回收**「**浪女**」一詞，以表達我們的認同，甚至喜愛。對我們來說，浪女可以是任何**性別**的人，只要你有勇氣以這種激進立場來歡慶性愛：性愛很好，快感對你有益。一個浪女可以選擇完全不做愛，也可以決定跟整個第五艦隊都搞一搞。他可以是異性戀、同性戀、**無性戀**（asexual）或雙性戀，可以是激進的社運組織者，也可以是與世無爭的郊區居民。

我們這些以自己為榮的浪女認為，性與性慾之愛是善的基本動力，它們有強化親密關係的潛力，能提升生活品質，開啟靈性的覺知，甚至能改變世界。我們更相信，所有你情我願的親密關係都有這樣的潛力，所有的性愛路徑，只要經過清醒選擇並審慎實行，都能成為個人與社群生活中正面的、創造性的力量。

浪女與人分享性愛，就像慈善家與人分享他的錢財一樣：他們擁有的很多，所以有餘力與人分享，分享使他們感到喜悅，而且分享使世界變得更美好。浪女們常發現，他們給出愈多的性與愛，自己也就擁有愈多：一個五餅二魚的奇蹟，貪心與慷慨攜手同行，讓每個人都得到更多。你能想像嗎：

活在豐盛的性愛裡！

關於你

你也許夢想，可以維持好幾段長期的性關係與親密關係。你也許夢想擁有許多友誼，有的包含性，有的不包含。也許你對生殖器性愛沒有興趣，但你仍然想要建立一段溫暖相愛的伴侶關係……或者兩段溫暖相愛的伴侶關係，或者三段溫暖相愛的伴侶關係。也許你想要一對一，但你希望按照你與伴侶自己的慾望來建構這段一對一關係，而不是拿著文化欽定的藍圖，照章辦事。也許你想要單身，你想要在某些地方以某種方式與人有連結，但不想改變基本的獨立。也許你希望參與一種伴侶關係，是你們可以偶爾找一個雙方都慾望的人上床，或者三不五時策劃一個不一對一的夜晚。也許你夢想玩三人行或四人行，或者群交。也許你珍惜獨處，希望能夠找到自給自足的方法，只要朋友或情人偶爾幫你一下就好了。

也可能，你想探索一條不一樣的道路，試試看新把戲，看看感覺如何，看看你忙碌有趣的人生裡，能夠容納多少種不一樣的關係。

以上種種可能性，以及沒有入列的另外一百種，都是當道德浪女的好理由。你讀這本書會發現，我們的想法中，有的合於你想要的人生，有的不合。拿你想要的，剩下的就不理他。只要你和你在乎的人有共識，有成長，並且把自己與周遭的人都照顧得很好，你的道德浪女生涯就功德圓滿，所以不要讓別人的意見——包括我們的——左右你的人生。

關於我們

如果把各式各樣的性愛畫成一個派餅，那我們就占了很大的一部分。

朵思在舊金山以治療師（therapist）為業，專長是另類性愛、非傳統關係、創傷倖存者治療。她自我認同為**怪胎**（queer）已經超過三十年，受惠於女性社群與男同志社群，也受惠於認同為怪胎之前的雙性戀生涯。從一九六九年開始，她投身於開放性愛的生活型態，那時她女兒才剛剛出生；一九七三年，她開了第一個「重新學習嫉妒」[1]的工作坊。從成年後算起的話，她這輩子約莫有一半的時間是維持單身，但與同住者、情人及其他親密摯友形成一個家庭。她住在舊金山北邊的山上。

很多人可能還記得在第一版的《道德浪女》，珍妮的名字是「凱瑟琳．A．李斯特」，那是她的兒子尚未成年時，她所用的筆名。現在兒子們都大了，獨立了，所以珍妮可以用真名了。珍妮唸大學的時候就是個青少年浪女，但隨後在傳統的異性戀婚姻中嘗試一對一關係超過十年。自從那段婚姻結束後，她就不再考慮一對一了。雖然大多數人會說珍妮是雙性戀，但她認為自己是「性別扭轉者」（gender-bent），她覺得如果一個人有時候是男的、有時候是女的，那她的**性傾向**要怎麼定義，實在很費解。她與一個生理男性結婚，此人的性別跟珍妮的性別一樣有彈性，這樣聽起來好像很複雜，不

[1] 作者原文用的是 unlearning jealousy。她們的意思是，嫉妒的情緒模式是我們後天學習而來，我們得拋掉那個已經學會的模式，重新學習一遍。如果翻「去學習」，語意不清，聽起來像是督促我們去學習；如果翻「忘記」，又有些偏離原意，好像只是把嫉妒埋得更深。此處譯為「重新學習」，因為除去舊模式與建立新模式是一體的。

過實際上並不會。她以寫作、出版、教書為生，住在奧瑞岡州尤金市。

我們兩人曾經是愛人、知己，一起寫書也一起計畫未來長達二十五年，我們在各種其他關係、計畫與家中進進出出。我們都有已成年子女，都活躍於BDSM／皮革戀／特殊性癖社群，兩個都是創作者。如果不強迫所有關係都塞進那個「至死方休」的一對一模式，會怎樣？我們覺得，我們就是很好的例子。

性愛冒險家

基本上，這個世界認為浪女是沒品、丟臉、濫交、隨便、縱慾過度、不道德的冒險家——浪女具破壞力、失控、被某種病態心理驅策著，所以無法與人建立健康的一對一關係。

喔，當然還有：不道德。

我們則自認為是有志於尋找性愛空間且不失理智的一群人，我們希望解放自己、享受性愛，只要是能夠適合彼此的方式，無論多少種，我們都想試。如果沒有嘗試，我們就不知道合不合適，所以我們總是顯得好奇、極富探險精神。當我們被某個人吸引時，我們希望能自由地回應，然後從自己的反應裡面，尋找那個迷人的人究竟哪一點吸引我們。我們喜歡和別人產生連繫，因為我們之間的差異打開了我們的眼界，為我們提供嶄新的方式來做我們自己。

浪女不見得是性愛運動員，雖然很多浪女確實比一般人多了許多訓練。絕大多數浪女重視性愛，不是為了創紀錄，而是為了它帶給我們的愉悅，以及我們與美妙情人共度的美好時光，無論美妙情人有多少人。

我們熱愛冒險。**冒險家**這個字眼有時帶有貶意，暗指某人不成熟、不切實際，不願意「長大」、「定型」於一個預設好一對一的生活方式。我們很納悶：冒險有什麼不對？我們就不能一邊冒險，一邊養小孩、買房子、處理重要的事情嗎？當然可以；浪女也有貸款的資格，跟其他人一樣。我們喜歡生活複雜點。雖然在發掘新的人、探索新觀念時，要同時維持工作與家庭生活的穩定，對生活構成了挑戰，但我們就需要這個來保持參與的興致。

從開放的性愛生活中，我們學到最寶貴的一課，就是文化設定的愛、親密與性，都可以改寫。當我們開始質疑那些別人告訴我們的「應該」，就能夠將那些老劇本加以改編、重寫。藉由打破規則，我們解放自己，也使自己擁有力量。

> 我們痛恨無聊。我們貪婪地想要經歷人生所能經歷的一切，也慷慨地想要分享我們所能分享的一切。

我們痛恨無聊。我們貪婪地想要經歷人生所能經歷的一切，也慷慨地想要分享我們所能分享的一切。我們很樂意成為任何人的愉快時光。

新版本新在哪裡？

前一版本的《道德浪女》出版八年以來，**多重關係**（polyamory）的能見度已大為提高，這意味著有各種種族、性別、性傾向與背景的人，都開始踰越文化強制的一對一關係，探索其他的可能性。在這一新版，我們盡可能對各種不同的潛在讀者講話。因此，你會發現我們重視有色人種、無性戀、無愛戀（aromantic）、青少年與二十出頭的年輕人、不屬於二分性別的人，以及其他容易被「**性肯定**」（sex-positive）社群忽略的人。

我們也把早該談的，性愛的合意（consent），移到這個文化對話的最前線，為這個重要的主題寫了全新的一章。此外為了好玩，我們還寫了一些個人或想法的簡史，記錄他們對今日另類性愛文化的型塑之功。

本書用語

如果你坐下來，寫一本與性有關的書——我們希望會有那麼一天——你會發現，經歷了幾世紀的言論審查以後，我們已經沒有剩下多少字眼可以用來談性的愉悅與憂愁。我們使用的語言多半隱含負面評價：如果談性而不失禮貌唯一可用的字眼只有醫療用的拉丁文：vulvas（陰戶）、pudendas（外陰部）、penes（陰莖）、testes（睪丸），那難道只有醫生才能談性嗎？性除了疾病以外沒別的嗎？同時，源自英語的那些字：cock（屌）、cunt（屄）、fucking（幹），以及，是的，slut（浪女），則多半帶有敵對或粗鄙之意，並且被用來侮辱、貶低某人及其性慾。委婉用語如「peepees」（尿尿的地方）、「pussie」（女陰）、「jade gates」（宮門）、「mighty towers」（一柱擎天），聽起來又好像我們羞窘難當。也許我們就是羞窘難當。

我們的應對之道是把英語的本字奪回來，把它們當作正面的描述，把它們洗乾淨，作為性解放語言之用。因此，我們用了「**浪女**」一詞（而且我們很得意，「浪女」一詞已經成功進入一般用語了，例如「**浪女遊行**」[2]〔slut walks〕、拒絕「**浪女羞辱**」〔slut-shaming〕。我們在書裡也會用諸如「**幹**」、「屌」、「屄」這些字眼，不是用來侮辱，而是用它們的原意。

我們從性解放的立場寫這本書，我們相信，這是朝向一個更健康、更快樂、**更安全**的世界。我們也知道，對很多人來說，性並不是一件正面的事，原因可能是文化與宗教羞辱，可能是性暴力的過往遭遇，或者生殖器的性交根本不是他們想要的。

我們最愛的烏托邦願景是：性、愛與親密關係能夠真正自由，並且成為我們生命中的正面力量，我們將更有能力解決諸如強暴、性霸凌、羞辱與壓抑。真的，我們希望這本書能夠促成一個新世界，使你不必再屈就於沒有愛或沒有自由的性生活。

文化盲點常以「**中心主義**」的型態出現，如伴侶中心、異性戀中心、歐洲中心。非一對一、婚外性行為與**開放關係**的定義都是「它們**不是**什麼」，也就暗示了它們是例外，跟「正常」人所有的「正常」關係不一樣。

多重關係一詞創於一九九二年，而且我們要興奮地報告，這個字現在已經收錄在《牛津英語辭典》

2 「浪女遊行」起源於加拿大，號召參與者豔裝上路遊行，以抗議父權強暴文化。其後許多主要城市都舉辦過。

裡面了。「多重關係」的拉丁與希臘字根意思是「愛很多人」，很多浪女都覺得這個字眼很適合用來描述他們的生活型態。「多重關係」可簡寫為「**多重**」（poly），比如說「我是個多重。」有人用來指稱同居而有承諾的多重關係，也就是群婚；也有人用以泛指傳統一對一關係以外所有的性、愛、成家模式。「**多重關係**」一詞進入語言的速度非常快，或許大家等待這樣一個字眼，早就等很久了。

在這個新的性與親密關係的國度裡，一直有新的字眼跑出來，描述（或試圖描述）人們推陳出新的，各種過日子的方式。如果你讀的時候碰到一個你不了解的字，請看書後的詞彙表，我們把定義列在那裡。書裡第一次使用到這些字眼時，會標示成**這樣**。

常有人問，我們為什麼一天到晚談性。我們認為性就是房間裡的大象：巨大無比，占據空間，但在討論關係時卻絕少被提及。我們會在書裡談到許多不同種類的愛，及其性表達。

最後，我們會盡最大努力讓本書盡可能地**泛性**（pansexual）且性別中立：這本書是寫給所有人的。在舊版裡，我們交互使用「他」與「她」；但在新版裡，隨著打破二分法的生活型態與性別認同愈來愈常見，我們改用性別中立的代名詞「ㄊㄚ」[3]（they）。「**泛性**」（pansexual）包括所有性主體：異性戀、雙性戀、女同志、男同志、無性戀、非二分性別（nonbinary）、**跨性別**（trans）、怪胎（queer）、老的、年輕的、身障、變態、雄性、雌性、質疑中（questioning）、轉變中（transitioning）。這本書裡的例子與引述，來自我們加起來一共八十年的浪女生涯裡，所遇到的所有生活型態的總和：世界上有無窮的方式可以「正確」地當一個性主體，而我們肯定每一種方式。

「多重」的先驅：金賽博士與他的研究室

有些人認為，像婚外性行為、自慰、同性戀或BDSM（皮繩愉虐），即使雙方合意，也仍然是「罪」、「變態」。但我們在書裡將主張，這些合意行為其實是很不錯的方法，可以提高生活品質，建立既道德又浪蕩的生活型態。如果你沒有被我們的主張嚇壞的話，便要感謝金賽博士與他的同事們。

金賽（Alfred Kinsey）是一個「鷹級童軍」[4]，他成長於一個壓抑的父權家庭，專制而有宗教狂熱的父親要他念工程，但金賽卻反叛父親，去念了昆蟲生物學。在他針對人類性事寫下隻字片語之前，金賽已經是首屈一指的癭蜂（gall wasp）專家，寫了兩本專書頗獲好評，也針對生物與自然寫過一些東西。

3 作者從有分性別的「he」、「she」改用不分性別的「they」。中文裡的「他」並不像英文的「he」那樣性別分明，所以此處借用網路語言，譯成「ㄊㄚ」；後面視行文需要混用「他」、「她」或「ㄊㄚ」，但注意維持句子的一致性。只有在具體指稱某人（例如兩位女作者）的時候，使用符合其性別的代名詞。

4 「鷹級童軍」是美國童軍系統頒發的最高榮譽。

金賽對美國人性實踐的研究，始於他在印第安那大學時，與同事合教一門人類性事的課程。他發現自己沒辦法回答學生的疑問，因此被激起好奇心：沒有任何科學研究在探討人類的實際性活動。這時，不善社交的金賽開始了一場個人的實驗：他遇見並愛上了克拉拉．麥克米蘭（Clara McMillan，或稱「麥克」），並且和她結婚。麥克聰明，有點男人婆，當時是研究生，學化學的。K教授[5]（這是學生對金賽的暱稱，金賽用了一輩子）與麥克結婚時，兩人都是處子，當時很多年輕情侶都是這樣；兩人因為缺乏性經驗而遇上不少困難，這就成了金賽決心研究性事的另一動力。

金賽做事向來徹底，他做癭蜂研究時蒐集成千上萬的癭蜂標本，就是這種精神使他一馬當先地提出了劃時代的研究計畫：訪談數千名不同性別、種族與階級的美國人，問他們的性經驗與性態度。他得到充足的經費，可以雇用並訓練一批人成為受肯定的性學研究者，並協助進行這個龐大的計畫。

他們總共蒐集了一萬兩千多筆極為細節的性史，其中有八千筆訪談是金賽自己做的。金賽觸及一些很少公諸於世的生活方式：少數社群、教會、小鎮的家長會等等。他在這些社群裡極力鼓勵「百分之百的參與」，以免遺漏那些特別害羞、容易不好意思的人。時至今日，即使統計技術一日千里，金賽的研究及其結論仍然受到很高的評價。所有後續的研究都受到金賽及其團隊的重大啟發。

用今日的術語來說，金賽創造的這個研究者及其伴侶共同形成的骨幹團隊，就是一個「多分子」[6]（polycule）或者「星座」（constellation）。通常，當我們公開談性，就比較能自由地將慾望付諸行動：所以，別意外，K教授與麥克各自與好幾個研究者有性關係，他們也和彼此的伴侶有性關係。這種情形裡所遇到的困難（頗有一些），至少有一半來自同事間的性關係，一半來自性嫉妒。金賽的不體貼無疑也是其中一個因素。雖然偶有零星衝突，金賽團隊仍然維持同事關係以及偶爾的情人關係，直到一九五六年金賽過世。團隊的原始成員持續在「金賽性、性別與生殖研究中心」掌舵，直到一九八二年。

直到今天，金賽過世都已經半個世紀了，他還是一個爭議性人物。他的書《雄性人類的性行為》（*Sexual Behavior in the Human Male*, 1948）與《雌性人類的性行為》（*Sexual Behavior in the Human Female*, 1953）[7]賣出數十萬冊，他透過訪談與統計，揭露了男女性活動如自慰、婚

5 英文原文是Prok。

6 「Polycule」這個單字，是由「分子」（molecule）變來的。「Polycule」指的是數個非一對一關係共同組成的封閉系統，例如A同時與B和C有親密關係、且三人知情合意，那ABC三人就形成一個「polycule」。就像原子組成分子一樣，故譯為「多分子」。

7 兩書中譯合稱《金賽性學報告》。

外性行為與同性性行為的頻率，則在世界各地造成震撼。

然而，這部重要作品在五〇年代成為共產主義獵巫行動的箭靶，奪走了金賽的資金來源與健康。直到今天，那些反對當代性愛自由的人，還是貶低金賽這破天荒的研究，理由是他雙性戀、不一對一、有怪癖、對受訪者不加評斷。

但是性知識的精靈是不可能再塞回瓶子裡去了：今天的性解放文化要感謝金賽的研究，例如對婚前性行為、婚外性行為、同性戀、雙性戀、BDSM，以及，是的，對多重關係的接受。K教授、麥克和金賽團隊，都是道德浪女的守護神：不只因為他們是性愛與親密關係「星座」的先驅，也因為他們的研究把人類性經驗的多樣性，真切地呈現在世人面前。

第二章
迷思與事實

如果你勇往直前去探索新的情感關係與生活型態，你會發現前方有一些觀念擋著你——你自己的觀念，以及別人的觀念——關於社會應該怎樣，關係應該怎樣，人應該怎樣。這些觀念根深蒂固，而多半未經檢驗。

我們都被教導，一生一世、一對一的異性戀婚姻，是情感關係的唯一正解。我們總聽人說，一對一是「正常」、「自然」的；如果我們的慾望不合乎這個束縛，就是道德有瑕疵，心理不正常，而且違反自然。

很多人本能地覺得這個景象不太對勁。但如果你根本不知道自己抱持某個觀念，你怎麼可能把它挖出來檢視呢？「一生一世一對一，是情感關係的唯一正解」，這個觀念埋藏在我們的文化深處，因此幾乎隱形了：我們根據這樣的觀念運轉，而渾然不覺。這些觀念一直在我們腳下，形成我們假設的基礎、價值的基礎，也是我們慾望、迷思與期望的基礎。我們不曾注意到它，直到被它絆一跤。

這些觀念哪來的？通常是為因應某種情況而起，只是那些情況已不復見。

傳統婚姻觀念源自農業文化，人們自耕自食，自織自衣，自製自用。大家庭才能完成巨量的工作，讓每個人都有口飯吃。婚姻是一個工作關係。所謂「傳統家庭價值」，講的是這樣的一個家庭：包括祖父母、叔嬸與堂兄弟姊妹一起形成的組織，組織目標是求生存。今日美國仍然可見大家庭依著傳統的方式運作著，通常是來自其他國家的新移民，或者是經濟弱勢的城鄉人口，將傳統家庭模式當作基本支持系統。

在工業革命以前，性控制對於資產階級以外的社群來說，並不怎麼重要。工業革命開啟了一個性否定的年代，可能的原因是中產階級興起，以及都市文化沒有那麼大的空間可以容納小孩。十八世紀末期，醫生與牧師開始宣稱自慰有害健康並且構成罪惡，這個最無辜的性慾出口，被他們說成危害社會：割包皮在這個時期變成通行的習俗，就是為了遏止自慰。性慾變成了一個可恥的秘密，即使對象是你自己。

但人性勝出。我們是好色的動物，一個文化愈是性壓抑，那些隱密的性愛念頭與行為，就愈誇張。這一點，任何維多利亞色情書刊的愛好者都可以作證。

當希特勒與納粹正在德國興起時，心理學家威廉．賴希（Wilhelm Reich）有一次向一群年輕的共產黨員演講，論道性壓抑對威權政府來說非常必要。他認為，如果沒有強制外加一個性否定的道德觀，人民就不會受到羞恥的控制，而會相信自己的是非判斷。他們不太可能違反自己的意願大步參戰，或者去參與死亡集中營的運作。

核心家庭包括了父母與子女，相較之下比大家庭孤立，這是二十世紀中產階級留下的遺跡。孩子們不再到農場或家族企業裡工作了，養小孩跟養寵物差不多。今日的婚姻已經不是生存所必須。現在我們結婚是為了追求舒適、安全、性愛、親密感，以及情感的連結。離婚率提高，今日的宗教右派為之呼天搶地，但這現象只是反映出我們的經濟現實：大多數人有能力離開一段不快樂的感情關係，沒有人會因此餓死。但現代清教徒仍然要奮力鼓吹核心家庭與一對一婚姻，方法就是教我們，性愛是羞恥的。

我們認為現在這一套「應該」，跟其他很多套一樣，都是文化製品，而不是自然法則。自然孕育著奇妙的豐富性，總是提供無盡的可能。我們希望能夠活在一個這樣的文化裡：我們尊重浪女的決定，就像我們尊重一對伴侶歡慶五十週年。（而且，講到這裡，你怎麼知道這對伴侶真的一對一？）

我們正在嶄新領域裡，走著新的路。開放性愛關係沒有既定的文化腳本，我們得自己來。要寫自己的腳本很花力氣，必須很誠實，這是會令人收穫豐富的苦功。你可能會發現適合自己的方式，並且在三年之後改變主意要過另外一種生活——沒關係。腳本是你寫的，選擇是你做的，要改變主意也是你的事。

開放性愛關係沒有既定的文化腳本，我們得自己來。

練習：我認識且敬愛的浪女

在你認識的人裡面，把非一對一的那些人列出來，包括公眾人物、電視、電影、書本裡的角色等等。你覺得他們怎麼樣？你學到什麼，正面或負面的？他們是否使你明白，你想成為一個什麼樣的浪女、不想成為什麼樣的浪女？

對浪女的評斷

在你找到自己的道路以前，可能會因為不同流俗而遭逢刻薄的評斷。不用說你也知道，這個世界大體而言並不以浪女為榮，對於喜歡性愛探索的我們，評價也不高。

你可能會發現，有些負面評價來自你自己的內心，你都不知道它們藏得那麼深。我們認為，那些念頭證明主流文化如何積極鼓吹這些觀念，而不能證明任何真實的個人真的是這樣；不能證明你真的是這樣。

「濫交」

就是說我們有太多性伴侶，太享受。我們也常常被說「人盡可夫」，真是氣死人；我們一直都能分辨哪些人是我們的情人啊！

我們不相信什麼叫做「太多的性愛」，除非它指的是某些爽樂聚會裡，性愛選擇的多樣性超出了我們的性能力。我們也不認為這種性道德跟適度、禁慾有什麼關係。金賽有一次將「花痴」定義為「一個做愛做得比你多的人」，而科學家如他，以統計資料佐證他的論點。

做愛做得少比做愛做得多更道德嗎？我們不這麼認為。我們衡量一個好的浪女是否有品，不是依ㄊㄚ的伴侶數目多寡而定，而是看ㄊㄚ是否尊重愛護ㄊㄚ的情人們。

「不道德」

我們的文化也告訴我們，浪女是罪惡的、對別人不在乎、不道德、有毀滅力，總是在尋找下手偷竊的機會——從ㄊㄚ的情人身上竊取道德、錢和自尊。某種程度上來說，這種看法的基礎是將性愛視為一種商品，一枚用以交換其他物品的硬幣——天長地久，兒女成群，或一只婚戒——但如果這枚硬幣交換的是其他的物品，則均屬欺騙或背叛。

我們很少在浪女社群裡看到耶洗別（Jezebel）或卡薩諾瓦（Casanova）[8]這一型的人，也許對小偷來說，偷那種可以自由取用的東西，太不過癮了吧。我們並不擔心伴侶會洗劫我們的性價值，伴侶是我們一同分享快感的人。

「罪惡的」

有些人的道德感是奠基於上帝、教會、父母或文化的認可。他們認為的「好」，就是遵守一個至高無上的力量所訂下的律法。

我們認為，宗教對許多人甚有益處，例如信仰的安慰力量、社群提供的安全感等等。但是如果你認為上帝不喜歡性愛，那就等於認為上帝不喜歡妳。因為這樣的信念，無數人為了他們自然的性慾與

8 耶洗別是聖經裡誘人邪淫的人，卡薩諾瓦則以性伴侶眾多聞名。

性活動，而背負巨大的羞恥。

我們認識一個勤於上教堂的女人，她是個基本教義派。我們比較喜歡她的想法：她說她五歲左右的時候，全家開車出去做一次長程旅行，她裹著一條溫暖的毛毯，就在車後座發現了自慰的快感，因此她下了個結論：她的陰蒂就是上帝愛她的明證。

「病態」

十九世紀晚期，性行為心理的研究開始出現，理查．克拉夫－依賓博士（Richard von Krafft-Ebing）與西格曼．佛洛伊德（Sigmund Freud）都提出理論來呼籲大家對浪女多一點容忍。他們指出，浪女並不壞，只是生病了，他們深受變態心理所苦，那不是他們的錯，他們的精神官能症肇因於性慾的扭曲，是他們的父母親在訓練他們大小便的時候造成了此一後果。所以，理論上來說，我們不應該再把浪女綁在木樁上燒死，而應該把他們送進精神病院裡去，讓他們置身於一個禁止一切性慾表達的環境。

六〇年代是我們從童年到初成年的時代。那時對於表現出性慾的年輕人，普遍的做法是宣判他們為精神病患，並且將他們監禁作為治療——尤其如果他們是同性戀，或者性別認同與身體性別不同，因而對既有文化規範造成威脅，又或者是那些可能讓自己失去處女身分、破壞自己市場價值的女人。（想想看，喜歡享受很多性愛的女人常被侮辱為「廉價」，那背後的文化假設就是：女人的性是商品，所以，就像所有商品一樣，愈稀少愈值錢——因此一個女人如果廣泛地分享性愛，就拉低了自己的市場價值。）這種事情比你想像的更加普遍。最近我們開始聽到「性上癮者」、「逃避親密關係」、「承諾恐懼症」、「依附疾患」（attachment disorder）等說法。**病理化**性冒險實在太常見了，它總是在道德戰爭中成為打擊性自由的武器。

所謂「**性上癮**」實在是一個眾說紛紜的概念：很多人認為，**上**癮這個字眼並不適合用來討論像性愛這種行為議題。不過用性愛來取代其他需求的滋養——用以緩和焦慮或者挽救奄奄一息的自尊——是個問題，這點倒似乎大家都同意。

只有你自己知道，你的性行為是否已經變成一種強迫症狀，以及你想不想改變這種情形。有些人需要一而再、再而三地確認自己的性吸引力，老是利用性愛來再次得到保證，因為在內心深處，他們並不認為自己有什麼魅力、有什麼可愛。他可能覺得性愛是自己身上唯一值錢的硬幣，能夠用來吸引別人的注意、得到別人的認可，而實情也有可能真是如此。

有些相信「上癮模式」的團體與治療師會告訴你，除了最保守的性行為之外，其他通通都是錯的、不健康的、是上癮的一種症狀，或是一種病。我們卻要鼓勵妳堅持自己的信念，為自己創造一個支持的環境。有些「十二步驟」[9]團體鼓勵你為自己定義你覺得健康的性生活。如果妳的目標是一對一，那很好，如果妳的目標是不要再於友誼中尋找性愛，或者妳想要重塑任何其他的行為模式，那也很好。我們並不認為戒除性癮就表示妳一定得變成一對一，除非妳真的想一對一。

9 一種用以戒除上癮習慣的心靈重建方法。

「隨便，容易」

我們覺得很奇怪，難道「麻煩，難搞」才是一種美德嗎？

關於浪女的迷思

道德浪女所面對的挑戰之一，就是我們的文化老是認為「大家都知道」的事情就一定是對的。我們鼓勵你，面對任何以「大家都知道……」為首的句子，還有「常識告訴我們，……」開頭的句子，請務必抱持著極大的懷疑。這些語詞常常是文化價值系統的路標，他們的信念是反對性愛、以一夫一妻模式為中心，以及相互依賴（codependent）。質疑「大家都知道」的事情很困難，也令人很困惑，不過我們卻發現這麼做使我們受益良多：質疑是創造一個新典範的第一步，一個或許比較適合妳的新典範。

文化價值系統往往埋藏在文學、法律與原型的極深處，也就是說，以妳的一己之力要去動搖它，可能很困難。但是了解它的第一步當然就是：辨認它。以下就列出一些非常盛行的迷思，我們聽了一輩子以後，終於知道它們都不是真的，而且可能對我們的感情關係與生命造成傷害。

迷思一：長期的一對一關係，是唯一真實的感情關係。

在人類歷史中，長相廝守的一對一關係成為一種理想的典型是相當晚近的事，在靈長類之中只有人類如此。然而長相廝守的一對一關係所能給你的，即使沒有那種關係，也照樣能夠得到。生意夥伴、深刻的牽繫、穩定的親子關係、個人成長以及老年期的照護與陪伴問題，這些都在浪女的能力範圍之內。

相信這個迷思的人可能覺得，如果他們沒有與別人配成互許終身的一對，那就表示他一定有些什麼問題。好比說他寧可維持「個體戶」，或發現自己一次不只愛一個，或者試過一、二次傳統的感情關係，但都沒有成功……他們不去質疑那個迷思，卻來質疑自己：我不完整嗎？我的另一半在哪裡？這個迷思告訴人們，你不夠好，單單是你自己的話，是不夠好的。這種人通常對於伴侶生活有著不切實際的想像：完美先生、完美小姐或者完美者[10]會自動解決一切問題，填平所有鴻溝，使他們的生命變得完整。

這個迷思有一個分支，就是相信一個人如果真的戀愛了，就會自動喪失對其他人的興趣，也就是說，如果妳對於伴侶之外的人還有性或愛的感覺，表示妳一定不是真的愛你的伴侶。這個迷思長久以來已經毀掉了許多人的快樂，但它不但錯了，而且簡直錯得荒誕：手指上套個婚戒，並不會阻斷通往生殖器的神經啊！

---

10 完美先生是Mr. Right，完美小姐是Ms. Right，但是在性別運動發展到一定階段，又出現了Mx.這種稱謂，讀如「mix」，也是對人的敬稱，但這個「人」可以是任何性別。中文還沒有這樣的稱謂，只能勉強譯為「完美者」。「者」是不受限於性別框架的，可惜「者」不是一個稱謂。

我們要問，如果一對一是唯一可接受的選項、愛情唯一的正確形式，那一對一真的是人們的自由選擇嗎？知情同意權（informed consent）的前提是能動性（agency），如果你以為你沒有其他選擇，那我們認為，你並不能算是有能動性。我們有很多朋友選擇一對一，我們也為他們喝采。但我們社會中有多少人是有意識地做出這樣的決定？

迷思二：浪漫愛是唯一真愛。

看看流行音樂歌詞或經典詩集：我們用來形容浪漫愛情的字眼並不盡然都那麼讓人愉快。「瘋狂地愛」，「愛很痛」，「偏執」，「心碎」……這些描述的都是心理或身體的疾病。

我們文化裡稱之為浪漫愛的這種感覺，似乎是一個混合著肉慾與腎上腺素的大雜燴，間雜綴以不確定性、不安全感，甚至是憤怒與危險。那種脊椎上的涼意，我們認為是激情，但其實那跟一隻貓面臨了一個「戰鬥還是逃走」的情境時，背上汗毛直豎，是一樣的生理現象。

這種愛可能令人戰慄，可能席捲而來，有時候極有趣，但它不是唯一「真實」的愛，對一段持續的關係來說，這種愛也不必然是良好的基礎。

迷思三：性慾是一種毀滅性的力量。

這個迷思可以遠遠地追溯到伊甸園神話，而且將牽出一連串令人發瘋的雙重標準。有些宗教的教義說女人的性慾是邪惡又危險的，它的存在僅只是為了將男人誘入死穴。從維多利亞時代開始，人們就認為，男人無可救藥地性飢渴，永遠虎視眈眈；而女人則應該保持純潔、矜持、沒有性慾，以控制男人、使他們走上文明的道路：也就是說，男人是油門，女人是煞車，我們的看法是，這樣很傷引擎耶。以上這些想法，對我們來說都行不通。

很多人也認為，可恥的性慾，特別是想跟很多人上床的慾望，會摧毀家庭。然而我們懷疑，恐怕為數更多的家庭是毀於通姦所導致的痛苦離婚，而非毀於有品的、妳情我願的開放關係。

我們寧可以開放的心，傾聽自己的慾望，然後再決定要怎麼做。

迷思四：只有在有承諾的關係裡有性行為，才合乎道德。

有句古老的諺語說，男人是為了性才進入關係的，女人則是為了建立關係才願意有性。相信這種鬼話的結果，就是把性當作貨幣，用來交換財務安全感、身體安全感、社會接納，以及其他專屬津貼，限定給那些服從文化指令、成功進入一生一世伴侶關係的人。如果你相信這個迷思，你可能會認為，如果為了有趣、快感與探索而做愛——除了將兩人綁死在一起以外的任何目的——就是不道德，會毀滅社會。

迷思五：愛一個人，就可以控制他的行為。

這種劃地為王的想法，可能是為了讓人們有安全感；但是我們並不認為有什麼人有權利去控制另一個具備行為能力的成年人，更不認為什麼人有此義務去控制另一個人。被這樣對待的時候我們並不覺得有什麼安全感：它令我們覺得怒火中燒。「哇，她在吃醋呢——她一定真的很在乎我」這種老套，其實是人我界線被極度扭曲的症狀，可能帶來很大的痛苦。

迷思六：嫉妒是無可避免的，而且不可能克服。

嫉妒無疑是我們的文化中非常普遍的一種情緒，因為如此普遍，所以一個不曾有任何嫉妒感的人會被當成怪人，或是在逃避。但是，一個讓某甲爆發強烈嫉妒情緒的情境，對某乙來說卻可能根本是小事一樁。有的人會因為自己的情人輕啜一口別人的可樂而吃醋，有的人卻可以讓情人跟他的朋友遠赴天涯、進行長達一個月的愛情運動，還開心地和他們揮手說拜拜。

有人認為嫉妒是一種極具破壞力的情緒，他們別無選擇，只能屈服於嫉妒。相信這種迷思的人通常也相信，任何非一對一的關係，都應該維持全然秘密、不去取得共識，這樣才能保護那個「被背叛」的伴侶，別讓對方經歷這種極困難的情緒。

相反地，我們發現嫉妒就跟其他任何情緒一樣：它使我們不開心（有時真的非常糟），但並非無法忍受。我們也發現，許多導致嫉妒的「應該」是可以改變的，而改變思考模式常常是個好方法，甚至是個非常療癒的過程。在本書稍後，我們會更詳細地討論嫉妒，以及人們用哪些策略來處理嫉妒。

迷思七：與他人交往會減低原本關係裡的親密程度。

大部分的婚姻諮商師與一些受歡迎的電視心理學家都相信，當一樁快樂的婚姻中某一方有了「外遇」，一定是原本的關係裡有未解決的衝突，或未能滿足的需求。有時候是這樣沒錯，但並不像許多「關係大師」希望我們相信的那樣尋常。這個迷思告訴你，與別人上床是你對你的伴侶做了一件事情，而不是你為你自己做了一件事情；而且那是你對你的伴侶所能做的最壞的事。這個迷思完全不認為開放性愛也可能幫助你們成長，或者有建設性的結果。

把外遇視為一段關係的病徵，是一種殘忍又駑鈍的解釋，因為這會讓那個「被欺騙」的元配——他可能早就有不安全感了——不停地檢討自己有什麼錯。同時，大家則告訴「出軌」的那一方：他只是為了報復元配才「逢場作戲」，他不想要、不需要，甚至根本不喜歡那個新情人。

很多人在主要關係之外有其他性關係，並不是因為主要關係有什麼問題，或者元配有什麼問題。可能純粹是你對元配以外的人，感受到情緒或身體上的吸引，自然地延伸成一段新的關係。也許新關係裡有一種特殊的親密，而元配並不想要這種親密（例如特殊性癖或者去看足球賽），因此這段新關係的出現，反而化解了一個本來無法消弭的衝突。也有可能新的關係滿足了其他的需求——比如說，一種單純的身體關係，不用擔心陷入情感之中，或者可以與異於元配性別的人做愛，或者是元配無法做愛的時候可以跟別人做愛（例如旅途中，或者元配的身體不適等等）。

這些外面的關係並不必然會減低你與伴侶的親密感，除非你讓它產生了影響。我們衷心希望你不會讓它產生影響。

迷思八：愛情戰勝一切。

好萊塢告訴我們：「愛是不要說抱歉」，而我們這些傻瓜就相信這個。這個迷思認為如果你真的愛某人的話，你就永遠不必跟他抬槓、爭執、溝通、協調等等，你什麼也不必做。這也暗示：我們會對所愛的人自動產生慾望，無須為了點燃慾望而做任何努力。相信這個迷思的人可能會發覺，每次必須與情人討論，或者進行一場有風度（有時候並不怎麼有風度）的爭執時，自己就會覺得戀情是失敗的。他們可能也認為，任何不合乎「正常」標準的性行為——從性幻想到按摩棒——都是「假的」，且反映出愛的品質裡一定缺少了某種重要的東西。

一步一步朝向更自由的典範

對浪女而言，這個世界令我們微微的迷惘，你的媽媽、你的牧師、你的配偶與電視告訴你的每件事，可能都是錯的；那麼你要如何找到新的觀念來支持你的新生活呢？放棄舊典範可能會讓你陷於駭人的空虛，讓你腸胃翻攪，好像自由落體。你不需要那些舊的迷思，但你有什麼可以取而代之呢？我們鼓勵你在浪蕩的至樂中尋找你的真理，但萬一你需要一些提點的話，下一章就是我們覺得很有用的一些秘方。

> 我們鼓勵你在浪蕩的至樂中尋找你的真理。

下一代浪女

我們知道，有些讀者比這本二十週年的書還要年輕。而且這些新一代的浪女之中，有些就是數十年來實驗著另類性愛關係的那群人的子女，甚至孫子女。

我們跟十幾、二十歲的朋友談性，並且討論他們的性愛觀與前面的世代有何異同，我們很高興他們提出了以下的議題：

・「同意」是一種語言，我們的世代說得很流利。因為我們比較可以公開談論虐待與創傷——無論是過去的個人經驗或者是過去的集體文化——我們對於「觸發因子」（trigger）比較敏感，也比較了解它的運作邏輯（創傷的神經生理學在近年的科學研究裡大有進展，這幫了我們大忙）。我們寧可過度謹慎，總是選擇小心不要踩到別人的「地雷」。

・我們對於性別流動與實驗，態度比較開放。因為我們不怎麼相信性別二分，所謂性傾向也有很大的模糊地帶，那些舊日定義都漸漸變形成一個概括的類型：「怪胎」（queerness）。

・**生態性愛**（ecosex）是很多我這個年紀的人的新典範：把地球當作我們力大無窮的愛人，

以溫柔與尊重來報答她的豐富能源。

・我們對「多元交織性」（intersectionality）比較敏感，就是不同領域的歷史壓迫之間會交互影響。我們認為傳統的壓迫觀有點問題：比如傳統女性主義與傳統同志解放可能會忽略有色人種的議題。我們對於「文化挪用」（cultural appropriation）的問題，也敏感得多。

・我們是後愛滋世代，我們已經不再把陰莖插入當作「真正」的性愛。我們對於發展各種「**體外性交**」[11]（outercourse）技巧，以及其他低風險活動，都很有興趣。另一方面，我們旁觀那個活過愛滋的世代，覺得他們的人生好像因著可怕的爭鬥，而得到深化與昇華。我們還沒有面對過那種事情，所以我們很不同。

・我們看著老政客們想要禁止墮胎、限制避孕、取締性工作，我們只覺得毫無道理。我們的身體屬於我們自己，只有自己有權決定這身體要怎樣。我們認為身體控制是資本主義的基礎；把這個核心的控制權拿回來，能夠讓我們一起推翻父權與資本主義，找到更人性的生活方式。

・在我們成長的世界裡，沒有哪一種合意的性愛關係是「錯的」。我們在電視和報紙上看過**特殊性癖**、怪胎、多對多的家庭，我們想要的生活方式是能夠每樣都嘗試看看，合用的就用，而繼續對未來的其他選擇保持開放。

我們難掩興奮，我們期待，這些勇於探索又了解自我的新世代，將會創造出一個美麗新世界。

11 性交是「intercourse」，等於是「進入體內」（inter）才算性交。原文玩了一個文字遊戲把「體內」（inter）改成「體外」（outer），所以譯為「體外性交」。

第三章
我們的信念

我們是有品的人，道德浪女。對我們來說，善待別人、盡量避免傷害別人，是非常重要的。我們的倫理觀念來自自己的是非判斷，因為我們對周遭的人抱持著愛與同理。當我們傷到別人，我們自己也會受傷，並且自我感覺不好。我們不想活在一個彼此冷酷相待的世界裡。

做個道德浪女，是一條極富挑戰性的道路：我們並沒有一個多重情慾的「禮儀夫人」來告訴我們，如何禮貌地、尊重別人地走這條路，所以我們必須一路自己創造。不過，身為浪女並不表示你會任性地跟任何人在任何地方為所欲為。

我們的道德標準非常務實：有人身體受傷嗎？有沒有避免傷害他的方法？有人心理受傷嗎？我們可以如何支持他？有風險嗎？相關人士是否都明白其中的風險，並且盡力將風險減到最低？

以及正面的：那件事有趣嗎？能令大家從中學習嗎？有沒有人獲得成長？這世界因此變得更好嗎？

無敵重要的是，道德浪女很重視意願。當我們使用「同意」這個字眼——這整本書裡我們都會一直提到這個字——指的是「為了其中每一個參與者的利益、健康與歡愉著想，積極地共同合作」。如果有強迫、威脅、恐嚇、玩弄、欺騙或忽視等情形發生的話，就不算得到同意。而未經同意的性是不合倫理的——這一點沒有商量餘地。

道德浪女很誠實：對自己誠實，也對別人誠實。我們花時間搞清楚自己的情緒與動機，必要時更抽絲剝繭以釐清我們的感覺。然後，我們把恐懼與羞怯放在一旁，與需要知道的人分享我們思索的成果。

道德浪女也知道我們的性愛選擇與主流社會格格不入。我們的情感、自小所受的教育、整個文化標準，與我們的性慾常有衝突。但我們有意識地承諾，要支持自己與我們的伴侶，誠實地、光榮地處理那些衝突。

對其他沒有同意加入的人，我們不會讓我們的性愛選擇對他們產生不必要的影響。我們尊重別人的感覺，不確定別人覺得怎麼樣的時候，我們就開口詢問。

道德浪女知道哪些事情他們可以且應該控制，哪些事情則不能也不該插手。雖然我們有時候會覺得嫉妒、有占有慾，但我們是這些感覺的主人，我們盡量不去責怪或控制別人，但在需要支持的時候，我們會要求對方支持，好讓我們感到安全，覺得被照顧。

別緊張，這本書接下來就要談，你可以如何學習變成一個優雅性感的大人。我們就是來幫忙的呀。下面就是一些對我們有幫助的觀念，可能也會對你有幫助。

性愛再思考

你正在做愛嗎？是的，你是，我們也是。

也許你環顧周遭感到狐疑：你衣著整齊，說不定正坐在餐廳裡或擁擠的巴士上。你怎麼可能正在做？

我們認為，「你正在做愛嗎」這種問題，滿沒有意義的。性能量無時無刻無處不在；我們將它深深吸入肺中，又從鼻孔裡將它呼出來。要說你在某個時候有沒有在做某個特定的性活動很容易——你我此刻應該都沒有在性交——但是，性並不像開車一樣是一個獨立、可以定義的活動。

我們認為情慾的力量無所不在：當溫暖的春天早晨我們踏出家門，深吸一口氣充盈了肺，它在；當冰涼的溪水潑上溪邊的大石，它在；當我們受創意驅動而畫畫、說故事、寫歌、寫書時，它在；當我們對朋友、親人、孩子產生愛與溫柔的情意，它也在。我們兩人加起來已有四分之三個世紀的時間在寫性書、教性事，而我們發現，關於性愛我們知道愈多，就愈不知道如何定義它。所以我們現在要說出我們所知的真相：所有事情裡都有性。

我們現在在寫性書，你在讀，看看我們要講什麼。你我之間就是性啊！你覺得如何？我們覺得很好。

你我之間就是性啊！你覺得如何？我們覺得很好。

務實地說，我們曾經與人有過熱切而親密的長時間談話，那談話感覺就像性愛一樣。我們也曾經與人性交而並不覺得那有多性感。我們覺得最好的定義就是，只要一起做的人認為性是什麼，性就是什麼。對某些人來說，打屁股是性。對另外某些人來說，穿吊襪帶與絲襪是性。如果你和與你一起的人覺得吃冰淇淋聖代是性，那就是——對你們來說。你可能覺得這樣講很蠢，不過接下來等我們談到各方要對性行為達成共識的時候，這個概念就很好用。

否認 vs. 滿足

朵思的畢業論文題目叫做：「性愛是好東西，快感對你有益」。即使一個人在生命中的此刻不認為性愛對他有什麼好，我們仍然相信，對所有合意性愛免除羞恥的態度，對於我們身處的世界有很大的好處。這個觀念在二十一世紀的今日很激進，就像七〇年代朵思初次寫下時一樣。

我們的文化向來崇尚自我否定，當艱鉅任務當前，這倒還沒什麼。但是，自由自在地滿足自己慾望而毫無歉疚的人，卻太常被貶為不成熟、噁心，甚至是罪惡的。既然我們都有慾望，那麼清教徒的價值觀就無可避免地導致自厭、憎恨自己的身體與性慾、對自己的性衝動感到恐懼而內疚。

我們身邊滿是這些「活生生的受創者」：他們對自己的性慾感到恐懼、羞恥又痛恨，而且被這種情緒傷得很深。我們相信，快樂、自由、不帶罪惡感的連結是這些傷害的特效藥；我們認為，對於一個人的自我價值而言，性與親密感是核心，性能夠使他們相信生命的美好。

性不需要理由

如果你隨機地走向路人甲，跟他說這一番「性愛是好東西，快感對你有益」的道理，你大概會聽到一大堆唾沫橫飛的論辯與「是的，可是……」：性傳染病、意外懷孕、強暴、性慾的商品化等等。其實這些都沒能推翻上述的道理。

世界上沒有一樣東西能夠神奇得刀槍不入、不受有心人士的濫用：親屬關係會被褻瀆，性慾會被操縱，連巧克力都可以被濫用。但那並沒有改變這些事物令人驚喜的部分：危險藏在濫用者的動機裡，而不在這些事物的本質。

如果世界上沒有性病的存在，沒有意外懷孕，如果所有的性愛都是你情我願、高潮迭起的，那麼這個世界對性愛會有什麼看法？你會有什麼看法？如果你探索自己內心深處，會發現性否定文化的痕跡，躲在評斷性的字眼後面，例如**濫交**、**逸樂**、**墮落**、**沒有生產力**。

自認屬於性肯定文化的人、性解放的人，則經常掉進另一個陷阱：將性愛合理化。釋放身體緊張感、緩和經痛、維持心理健康、預防攝護腺問題、生小孩、鞏固關係等等有的沒的都是值得景仰的目標，也是性愛的美好附加價值。但它們不是性愛的**目的**。人們做愛是因為它感覺很好，做愛令人自我感覺良好。快感本身就是完整而充足的目標：道德浪女的核心價值之一就是快感無價。

愛與性是目的，不是手段

我們一對一中心的文化，總是把「一生一世配對」當作所有關係和所有性愛的終極目標。如果哪一段關係沒達到這個目標，就是一段失敗的關係。

我們卻不這麼想。我們認為性快感對於愛、承諾與長期穩定當然是有幫助的，如果你想要的話。但這些東西並不是享受性愛的唯一理由。我們相信的是，依照關係裡我們所珍惜的物事去評價一段關係，雖然這話聽起來好像是套套邏輯，但其中深藏智慧真理。

一段關係可以僅僅因為參與其中的人都得到了快感，而顯得珍貴。為性而性並沒有什麼不對。性可以當作通往其他好東西的道路——親密、連結、陪伴，甚至愛——但這並不會改變性快感的美好本質。

一段性關係可以維持一、二小時，它仍然是一段關係：參與者互相發生了關連——他們是性伴侶，是同伴，是愛人——在那段互動的期間裡。

一夜情可以是強烈、滿足、終生難忘的；一生一世的愛情也可以是強烈、滿足、終生難忘的。道德浪女可能會在諸多關係中選擇某一些，而不選擇某一些，我們相信所有關係都有教導我們、改變我們的潛力，還有最重要的是，所有關係都能帶給我們愉悅。

朵思還記得她在一九六七年訪問過一個年輕的嬉皮。那人提出了我們聽過最簡單扼要的道德浪女宣言：「我們認為跟你所愛的人做愛是好事，我們也相信應該愛每一個人。」

你已經是完整的個體

性愛的基本單位是一個人；加上別人可以創造親密、趣味，互為陪伴，但不會令人完整。這世界上你唯一可控制的就是你自己——你的反應、慾望與行為。因此，道德浪女的第一課就是讓自己掌握控制權，認清什麼是自己可以控制的，而什麼屬於別人。稍加練習，你就能夠讓自我完整：我們稱之為「完滿」（integrity）。

這世界上你唯一可控制的就是你自己——你的反應、慾望與行為。

當你與自己的關係很好的時候，你就有很珍貴的東西可以與人分享了。

充裕不缺

很多人認為，這世界上浪漫的愛情、親密關係與人際聯繫都是有限的，而且一直就處在缺貨的狀態；所以如果你將它給了一個人，那你一定是從另一個人那裡奪走了一些。

我們將這個觀念稱之為「餓死經濟學」（starvation economy）。很多人從小就學到這樣的觀念，也許因為父母提供的親密與關懷不夠，所以我們就認為世界上的愛是限量的，我們得為了生存去打拼，結果常常是和兄弟姊妹們展開喋血競爭。

在「餓死經濟學」中長大的人，日後可能會對人、事物或觀念變得非常有占有慾，只要那些東西是他所在乎的。他們用「限量」的眼光看世界，他們得到的一切都來自於一筆捉襟見肘的、小小的共同儲蓄，所以一定會被別人拿走；同樣的，別人若得到任何東西，也一定是從那共同儲蓄裡面取出的。

區別「餓死經濟學」和真實世界中的限制是很重要的。比如說，真實世界裡，時間是有限的：即使是最投入的浪女，一天也只有二十四小時。但愛在真實世界裡並非有限之物：有九個小孩的媽媽能夠深愛她的每一個小孩，跟只有一個小孩的媽媽愛得一樣多。

我們相信，人類享受性、愛與親密關係的能力遠比大多數人認為的更強——搞不好是無限的——當你擁有很多滿足的人際關係，你就有能力擁有更多！想像一下，如果你活在一個性與愛充分供應的世界裡面，如果你擁有你所能想像的各式性與愛，那會怎麼樣？你再也不會有被剝奪或欲求不滿之感。想像如果你能頻繁地練習你的「愛情肌肉」，你將會變得多麼強壯，而你必須給出多少愛啊！

開放可能是解答，而非問題

性冒險不過是一種逃避親密關係的方式嗎？依我們的經驗來看，通常不是。你確實可以用外遇來逃避原來感情關係中的問題，或減低與元配的親密互動，但我們並不認為這個模式是不可避免的，甚至不認為這是個普遍的模式。事實上，很多人發現外遇增加了他們與元配的親密度，因為外遇減輕了原來關係裡的壓力。

這一章講的是我們的信念。你一定要有你自己的信念。對我們而言，重要的不是你同不同意我們的話，而是你能否質疑當前盛行的典範，並且為自己決定你要怎麼想。練習下判斷——練習不是會讓你更厲害嗎？數以千計的道德浪女每天都在證明：古老的「大家都知道」的迷思不一定是對的。

我們鼓勵你去探索你的現實，建立自己的傳說，讓它在你改變的過程中激勵你向上，在你成長的時候支持你，並且讓你的驕傲與快樂，在你的所有關係裡都閃閃發光。

關於愛情

當我們的情感關係花開遍野地展現彩虹一般的各種可能性，每一種情感關係激發的愛的感覺都不一樣。當我們發現愛意自心中湧現，以各種奇妙的方式示現：性慾之愛、家人之愛、朋友之愛、激情之愛、柔情之愛、無法抗拒的愛、照顧之愛，以及無數其他面目——欣喜歡迎之餘，我們也就發現了一條滋養的大河，它將在我們生命裡，源源不絕地流淌。

但是就像真正的河一樣，它可能有很多水流。要在這樣一條變動不居的河水裡穩定地游泳，你必須學會愛你自己。有的人認為愛自己就是自私，在自己的人生裡把一部分的焦點放在自己身上，則是自戀。這個問題用想的不見得容易，去做倒是簡單得多。我們相信，自我養護可以讓你度過難關，並且引導你與自己發展出一個親愛的關係。當你遵照一個簡單的指示，比如說做一碗湯來安慰自己，花時間沉入一本你喜歡的書，或者去一個美麗的地方，遺世獨立地散步，你就得到一個「對自己好」的經驗，你就知道如何回答這個問題：「什麼意思啊，愛我自己？」

還有一個辦法可以發覺你對自己的愛，就是去愛另外一個人。如果沒人在你旁邊說你很有價值，你就感覺不到自己的價值，那為什麼不去做一點對別人有價值的事情呢？很多浪女遇上了沒有約會的不快樂週末，就跑去當地的教會準備晚餐給街友吃，然後自我感覺良好到滿出來，因為自己帶給別人愉悅。

學會愛自己上手了以後，你就可以學著與別人分享。別人可能告訴你，愛這個字眼是保留給一種無法抗拒的溫柔與激情感受，只適用於那些對你做出巨大承諾的人。別人還說，當你說愛，就表示你做出一個巨大的承諾。但是如果我們思考「我是如何愛某個人」，而不是「我是否愛某個人」，這樣不是比較好嗎？

想像一下，如果每一個在乎你的人，都告訴你說他們很在乎你，你會有什麼感覺？想像一下，如果我們都容許自己辨認、承認，並且把甜美的感受說出口，做一些小小的表示，也許不會驚天動地，但卻會讓人生變得值得，那這個世界會變成什麼樣子？

第四章
浪女百百款

道德浪女就像一棟房子有很多個房間：從快樂的獨身主義者到狂喜的群交者，以及更多不同的人，都可以在這裡找到歸屬。這一章，我們要談浪女的各種生活型態，我們與我們的朋友樂在其中，也造就了不少歷史上的快樂浪女。不論這些腳本是否適合你，我們希望你能因此得到一些靈感去開創你的探索，或者因為知道道德不孤必有鄰，而感到安心。

情感關係的先驅

雖然「道德浪女」一詞相對來說是新穎的——朵思於一九九五年發明的——其實踐卻並不新。文化對於非一對一關係的接受程度，在不同的時代劇烈擺盪，有時嚴厲拒絕，有時自在接受。但無論教會與國家持什麼態度，總是有人在開放性愛中找到快樂與成長。

古代文化

人與人之間發展性愛、浪漫、家居關係的方式，有無窮多種，如果你是文化人類學家的話，可得花上一輩子的時間才能窮盡：裡頭包括古代巴比倫的廟宇倡伎（temple prostitute）、摩門教（Mormon）

的一夫多妻，以及更多其他類型。這裡我們並不打算一一列舉，只是要指出，二十一世紀北美地區師承歐洲的文化價值，可以追溯到羅馬帝國與基督教的早期，那時的理想典型是獨身，退而求其次才是一對一的婚姻。其他文化不受此影響，因此發展出各種人際連帶：一夫多妻（polygyny）、一妻多夫（polyandry）、群婚（group marriage）、儀式性的群交，或者視婚姻為一種不含情慾的家務關係，以及你所能夠想像得到的，各種人心與身體的安排方式。

性愛社區的烏托邦

創建性愛烏托邦的實驗，在歷史中不時可見，通常都有其哲學或宗教基礎：想知道的人可以去查十九世紀俄亥俄州的奧奈達社區（Oneida community，見一一三頁）、印度（六〇年代晚期開始）與奧瑞岡（八〇年代開始）的奧修（Osho）普納社區（Rajneeshpuram），以及遍布於紐約、貝里斯（Belize）與舊金山的克瑞斯塔共識社區[12]（Kerista intentional community，開始於六〇年代早期，一直到九〇年代）。這只是隨手舉幾個例子。這種社區經常由某個領袖建立，而當領袖不再存在時，社區也隨之萎頓。但他們的生活哲學卻流傳下來，是主流文化之外的嶄新視野與實踐。例如今日許多修行譚崔（tantra）的人，可追溯至普納社區的宗師奧修。

12 「共識社區」（intentional community）是指一群具有某種相同理念的人，決定建立一個共同生活的社區。「共識社區」通常選擇某種非主流的生活方式，有很高的團體凝聚力，有時候有某種形式的財產共享。

藝術家與自由的靈魂

許多藝術家與作家致力於探索另類的情感關係，並且以之為基礎構築他們的人生。如果你想知道他們如何在更少支持的年代裡經營這種情感關係，你可以去讀二十世紀早期在英格蘭的布盧姆茨伯里團體（Bloomsbury group），或者自由思想家如薇塔・薩克維—維斯特（Vita Sackville-West）、哈洛・尼可森（Harold Nicholson）、喬治・桑（George Sand）、H・G・威爾斯（H. G. Wells）、西蒙・波娃（Simone de Beauvoir）、金賽博士（Alfred Kinsey）、愛德娜・文生・米雷（Edna St. Vincent Millay）的作品。有多少平凡人和這些作家一樣，成功地過著開放性愛的生活？我們不知道，因為他們沒有留下文字紀錄。但我們可以肯定，總有一定數量的少數人，能在合乎倫理的多伴侶生活裡，滿足他們的需求。

愛的世代

朵思在六〇年代的烏托邦理想中成長，珍妮比朵思稍晚一點；我們兩個都深受那個勇於探索的時代影響。那個年代的很多觀念如不服從、探索另類意識、種族平等、性別平等、生態意識、政治參與、開放性愛與，是的，合乎倫理與充滿愛的非一對一關係——已經滲透到主流文化中。我們能夠在五〇年代寫這本書並且出版嗎？我們很懷疑。所以如果你讀了並且喜歡《道德浪女》，那都要感謝嬉皮（hippie）。

我們能夠在五〇年代寫這本書並且出版嗎？我們很懷疑。所以如果你讀了並且喜歡《道德浪女》，那都要感謝嬉皮。

浪女今日

人有多少種樣子，浪女就有多少種樣子：來自各種文化、世界各個角落，各有宗教信仰與生活方式，有富有貧，受正式或非正式的教育。

我們絕大多數人都跟非浪女在一起生活，只是偶爾，才跟那些與我們價值觀相同的人接觸：有些團體舉辦研討會、見面會、「**嚼嚼會**」（munch）、討論會或派對，來改善浪女的孤立處境，協助浪女交換資訊與互相支持，並擴展親密關係。這些研討會有很重要的功能，就是把性愛的地下社群帶到尋覓者的視野裡，並且在地上的世界建立機構，才能提供更多的支持。其他的浪女則遠離主流文化，與價值觀相同的人們一同建立居住社群。

生活在二十一世紀以一對一關係為中心的主流文化裡，一個浪女能夠藉由研究別的文化、別的地方、別的時代而學到很多：妳**不是**世界上唯一嘗試這麼做的人，它**有可能**實現，有人曾經這麼做，而且並沒有傷害到ㄊㄚ自己、ㄊㄚ的情人、ㄊㄚ的小孩——事實上，ㄊㄚ們所做的，也不過就是自得其樂而已。如果你上網搜尋「多重關係」加上你所在的城市名，跑出來的資訊會多得讓你嚇一跳，即使你住在一個你以為非常保守的社區裡。

先驅們的性愛次文化，有的留下了大量的文獻紀錄，有的則不曾見諸史冊，包括了男同性戀社群、女同性戀社群、跨性別團體、雙性戀、無性戀、皮革社群、換伴社群，還有一些追求靈性的異教徒次文化、摩登原始人[13]（modern primitives）、譚崔廟寺與激進仙子[14]（Radical Faeries）等等。這還只是美國而已。就算你不屬於任何一個性愛取向的社群，他們還是值得你瞧瞧，因為他們發展出的表現性感的方式、溝通性愛的方法，都相當具有啟發性，可以應用在我們自己的性愛選擇上；他們在美國的**性否定**（sex-negative）傳統之外建立了另類的社交與家庭結構，並生活在其中，亦有可觀之處。

朵思在一九七〇年最喜歡的一家舞廳，就是多重變態的最佳縮影。她回憶道：

> 「總和」（Omni）是「性總和」（Omnisexual）的意思，那是一間北濱的小酒吧，光顧的人有男有女，有異性戀、男同性戀、女同性戀、雙性戀，還常常有許多跨性者。那裡的性愛價值觀很開放，從嬉皮式的「自由性愛」怪胎們到性產業的專業工作者。我們去那裡跳舞跳得極野，釣人釣得極瘋。
>
> 幸好有跨性別這麼一群人，所以沒有人能夠擅自把別人擠進某個慾望分類裡去。妳可能跟一個很吸引妳的人共舞，卻不知道他的染色體到底是男是女。妳很難堅壁清野說自己是女同志還是異性戀，因為妳實在不知道正在跟妳調情的這個人是什麼性別。
>
> 結果出人意表：我也成了「總和」的常客，因為它是我身邊最安全的一個環境了。當任何預設都行不通的時候，我們就必須互相尊重。如果妳跟我當時一樣，是一個二十來歲的年輕女人，妳就會知道被別人以尊重的方式追求，是最能使妳鬆一口氣的解脫，因為在異性戀的社會環境裡，男人總是為了表現男性特質而太過唐突粗魯。

我們認為，我們之所以無法擁有自由與開放的空間來表達自己的性慾，有部分原因是文化中劃定的性別角色所致，可是，有人已經移動了男女的界線，也移動了愛同性還是愛異性的界線，或者能夠不受生殖器限制探索性愛。我們發現這些人有好多東西可以教我們。想想這些截然不同的生活方式、愛的方式，可以幫助我們想清楚，我們想不想改變自己作為男人或女人的生活方式？還是我們想要介於兩者之間？

女同性戀

在女同性戀的社群裡，我們有機會看到一個全是女人的世界裡會發生什麼事。對女人來說，情感關係與認同有時會混淆，特別是我們的傳統文化幾乎根本不允許女人有任何獨立的身分認同。很多女人自小相信她的身分認同是依伴侶的地位而定，所以她會覺得一旦沒有一個關係，她就會整個失去自我感。所以最常見的感情狀態，就是一種非一對一關係，所謂的「序列式一對一」（serial monogamy），這種現象在女同志社群裡被放大了。她們通常與新歡先發展了某種連繫，然後才跟舊愛告別，伴隨著**戲劇性**（drama）的情節：有個伴兒，似乎就使人比較有安全感，總比那巨大、空洞、未知而又駭人的「獨自生活的女人」標籤要好吧！

年輕一代的女同性戀們質疑這樣的傳統，其中之一是指出：這種非一對一關係其實型塑出一種比

---

13 美國一個鼓吹身體刺青與打洞藝術的組織。他們說他們生活在「現代」社會，但是願意以「原始」的方式對抗社會主流規範，刺青與打洞就是原始人對待自己身體的方式。

14 遍布美國各地的一個男同志組織，他們在野外露營聚會，集體拉高音調吟誦經文，但自陳「十分不正經！」

較不孤立的感情關係。女同性戀多重關係的特徵是：非常認真地思考且額外重視雙方共識，因此，她們處理情感時總是開誠布公，這本來就是女性社群的強項。

我們從女同志姊妹們身上學到的另外一件事，是找到了一個新的方法來擴展女性角色：成為性的「發動者」。在異性戀文化裡，男人早已被指派擔任「發動者」，他們也被訓練得性慾勃發。在一個女人與女人有性關係的世界裡，妳很快就會明白：如果我們都認為自己是睡美人，等待著白馬王子過來把我們吻醒的話，那我們大概得等上一百年。

女人求愛的風格——當羞澀內向無濟於事的時候——常常是比較直率的，重視同意，而少有越界或猴急；因為很多女人在「求愛」一事上，早已有太多被侵犯的經驗了，她們絕不想如法炮製。女人非常非常在意安全感，所以比較傾向於慢慢來，會把自己的意圖說得很清楚。在勾引的時候她們可能顯得很羞澀，然而一旦確定受到歡迎以後就會變得很大膽。女人希望她的每一個舉動都得到清楚的允許，因此她們的溝通模式可以說是協商同意的最佳範例。

在此我們還想提出另外一個女女性愛的明顯特徵。女人與女人之間的性愛，很少有人會像進行陰莖—陰道性交那樣，期待雙方要同時達到高潮，所以女人成為「輪流」的專家。女同性戀也是世界級的愛撫高手、體外性交高手，這些性愛模式都與陰莖插入無關。如果她們想要插入，她們關心的重點是什麼能讓伴侶得到快感：我們可從來沒見過一個假陰莖是因為它自己有需要而立正站好的！而且你還可以選擇自己喜歡的大小與形狀呢！

男同性戀

男同性戀社群常反映出傳統對於男性性慾的看法，並且更為強烈。有些男同性戀偏好長遠而穩定的感情關係，而有的男同志則是浪女的世界紀錄保持人。男同志浴場堪稱為友善群交場所的典範，也是為性而性的典型。

男同志性愛通常預設了雙方勢均力敵，不像男女之間的互動總有有權的一方與阻擋保留的一方。所以男人通常不會以操弄或強迫的方式來取得對方的同意，他們通常是直接上前追求，得到一個簡單的回應，這樣就行了，不必連問三次。男同志彼此都給對方很大的空間去說「不」，當他們說不的時候就是不：這使得追求變得很簡單，因為你絕不會企圖偷偷摸摸地接近某人，也從來無須迂迴委婉。你永遠可以開口問，因為對方也永遠可以拒絕。這種取得同意的方式既直接又簡單，真是再好也不過了。

普遍來說，跟女人比起來，男人比較不會害怕性侵害。雖然確實有些男孩子被性騷擾，也確實有些男人被強暴，這是一個可怕的事實，但是男人與女人相較，仍然比較有保護自己的自信。男人會因為表現得十分性感，而得到文化支持。所以雖然同性戀的禁忌使得很多男同志起了自我懷疑（覺得自己是不是哪裡不對勁，或者以其他的形式來表現這種已內化的同性戀恐懼症），可是絕少以性功能障礙的症狀出現。男同性戀整體而言是很善於探索身體感覺的，他們總是能夠發現怎樣才會爽。

一手建立起安全性行為知識的，也是男同志。面對愛滋病的風行，許多人倒退回到性否定的立場，可是男同志社群卻堅守立場，並且創造出一個環境，讓火熱、有創造性而仍然安全的性行為，能夠實踐與流傳。

雙性戀與泛性戀

雙性戀與泛性戀常常被貼上這樣的汙名：「不肯交出異性戀特權的同性戀」、「到處玩玩的異性戀」，但是他們自一九七〇年代以來，已開始發出有力的聲音，建立他們自己的社群。

有些人寧可說自己是**泛性戀**而不是**雙性戀**，因為他們覺得「雙性戀」一詞在認識論上，就是暗示世上只有兩個性別。我們喜歡雙性戀運動者羅賓．阿克思（Robin Ochs）的定義：「我自稱雙性戀，因為我認識到自身有被人吸引的潛質，不管是浪漫愛情的吸引還是性的吸引，而吸引我的人不限於某一生理性別，不限於某一社會性別；這種吸引未必同時發生，未必是同一模式，也未必同樣程度。」你可以隨意用你覺得舒服的字詞，只要知道也有人做了跟你不一樣的選擇就行了。

看看雙性戀生活的理論與實踐，能使我們進一步探索情慾、愛情的吸引力與行為，究竟本質為何。有些人向來只與某一性別的人發生性關係，但是他們知道自己體內其實具備與其他性別的人發展情慾關係與感情關係的能力，因此自認為是雙性戀。另一些人則可能與男、女或其他性別都做愛，可是還是自認為異性戀，或自認為同性戀。有的雙性戀跟某一性別在一起的時候喜歡某種互動模式，跟另一性別在一起的時候則喜歡另一種，也有的雙性戀自認是「性別盲」。有的人跟所有性別的人都可以做愛，但只跟其中某一性別建立浪漫愛情；有的人則相反。雙性戀的選擇與情慾模式形成一段光譜，族繁不及備載。雙性戀挑戰了我們對於性別的假設，很多雙性戀都可以娓娓道來，他與不同性別的性愛和關係有何異同。這是雙性戀獨特的有趣知識，能夠為我們提供豐富的性愛與性別故事。

隨著雙性戀愈來愈有能見度，傳統定義的性認同也就受到一些挑戰。具體來說，就是我們必須面對這個事實：什麼樣的人對我有性吸引力是一回事，而我會有什麼樣的性行為，又是另一回事，至於我的性認同，那可又是第三件事了。這一類的問題漸漸把傳統為性認同畫下的界線給吃掉了，這可能會使純粹主義者（purist）很沮喪，不管是哪一種性傾向的純粹主義者。本書的兩位作者呢，我們是浪女，很享受這種流動性，我們很珍惜跟任何我們有興趣的人一起玩的機會，而不必放棄自身基本的性認同。

珍妮經過了一段困惑的時期，才走到今天這樣認同雙性戀的地步：幾乎在她與女人有性關係的十年之後，她才開始能夠很自然地用「雙性戀」這個字眼來描述自己：

> 現在當紅的「雙性戀俏女郎」（bisexual chic）令我倒足了胃口。同時我也聽到一些對雙性戀非常殘酷無知的評斷，有來自異性戀的，也有來自同性戀的。
>
> 結果，一直等到我確定我跟男人與女人都可能產生情慾與愛情，也等到我強壯得能夠在那些負面評價之前大聲說出自己的認同，我才終於自認為「雙性戀」。
>
> 現在回顧我的人生，我發現我的居家慾望通常指向男人，浪漫愛與性愛感受則平等地指向男人、女人或介於兩者之間的人。對於我模稜兩可的性別表現，雙性戀社群也比異性戀社群、同性戀社群都更支持我：某些日子我搽口紅戴珠寶，某些日子我穿男式長褲與牛津鞋。因此，「雙性戀」是最適合我的認同，我想待在那裡。

異性戀

過去數十年來，主流文化裡很少有異性戀的模範：當年，歐茲與海瑞[15]那種一對一、父權、專注於服從與生兒育女的家庭，是主流文化眼中的性愛與情感典範。我們兩人很高興我們熬過了那個年代。

現代的異性戀提供了快樂浪女生活的各種可能性，從長期的「V字三角關係」[16]（"vee" triad，兩個人與第三個「中心」伴侶分別有性關係，但這兩人之間沒有性關係），到享樂為目的的群交，以及其間的各種可能：包括開放關係、三人行、四人行、多人行，到親密大家庭（有時稱為「多分子」或「星座」）。（珍妮在此附帶請讀者注意，不要以為看起來一男一女的伴侶組合，就必然是異性戀。其中一人可能是雙性戀、跨性別，或者怪胎，也說不定兩人都是。所以，如果你想確定的話，最好問問本人。）

自從本書的上一版本面市以來，文化上已有了一個重大改變。現在一個人可以隨ㄊㄚ高興跟ㄊㄚ所愛的人結婚成家，無論ㄊㄚ是什麼性別。意思是，很多人想在異性戀浪女累積下來的智慧裡尋找靈感，看看他們怎麼在親職責任與情慾探索之間，找到平衡點。

值得注意的是，異性戀也許承擔了比其他人更多的性別角色壓力。所以，有辦法突破限制的異性戀——例如男人當奶爸帶小孩、女人負擔家計的，女人剪短髮穿厚底靴、男人穿五彩絲綢和天鵝絨的，或是那些必須在傳統生活型態裡存活，但是卻能夠妥善保護性別表現非典型的孩子的父母——他們的生命智慧值得我們學習。

跨性別和性別怪胎們

跨性別和性別怪胎（genderqueer）包括了很多族群，對於所有有志於超越先天性別制約的人來說，她們是很好的學習對象。朵思在她接觸女性主義的早期，就與男變女的變性人成為好友或情人，並且發現她們真是最佳典範，使妳明白如何保持女性化（事實上還常常過度女性化呢），而仍然能夠據理力爭且充滿力量。

我們能夠從跨性別朋友身上學到的是：性別是有可塑性的。那些服用荷爾蒙來改變性別的人，使我們明白某些行為與情緒，可能跟荷爾蒙有關。曾經以兩種不同的性別（生理上與文化上的性別）過生活的人，能夠告訴我們哪些是受荷爾蒙所影響，哪些則不是；哪些性別特質永遠是妳可以自由選擇的，不管妳的內分泌系統怎麼說。性別怪胎與非二分性別者（nonbinary，那些選擇在常見的性別角色之間過日子的人），使得性別界線軟化，並且展現沒有二分性別的世界會長什麼樣子。

我們能夠從跨性別朋友身上學到的是：性別是有可塑性的。

15 《歐茲與海瑞的冒險》（*The Adventures of Ozzie & Harriet*）是一部播出時間長達十四年的美國電視喜劇，劇中四個成員真的是一家人，而劇情也常常取材自他們的真實家庭生活。它呈現出理想化的家庭生活，從來沒有人大小聲。

16 例如甲乙兩人同時與丙有親密關係，甲乙兩人都知情，但甲乙之間沒有親密關係，這時，三人的關係圖畫起來如一個V字形，所以譯為「V字三角關係」。

如果你覺得這跟你無關，因為你對自己的性別非常確定、不會改變，請想想，很多人生來就具備兩性的特徵：一千個新生兒中，有二到十七個寶寶（看你用哪種定義）的染色體組成或者生殖器官，落在男女兩極之間的性別連續光譜上。這種情形稱為**陰陽人**。陰陽人支持團體興起後，就反對以手術的方式讓這樣的嬰兒符合某個性別，更反對大動干戈地進行一大堆手術與荷爾蒙治療。大地之母（還是大地之父？）似乎不太相信世界上只有兩種性別，我們兩個也不相信喔。

尤有甚者，很多人，雖然生殖器官與染色體與他的生理性別一致，但卻強烈地覺得，如果能夠以另一性別（不同於醫生為ㄊㄚ指定的性別）的樣子生活的話，ㄊㄚ會快樂得多也適合得多；也許你身邊有朋友或家人就是這樣，只是你不知道，除非他們願意告訴你。

變性人能夠告訴我們，別人把妳當作男人和女人的時候，對待妳的態度有多麼不同。跨性別的人勢必得成為一個在敵意世界裡生活的專家。要站起來反抗我們文化裡對於「真男人」與「真女人」的僵固劃分，非心智強壯之人不能為也。沒有別的性少數會像跨性別這樣，那麼容易承受直接的身體壓迫：「痛擊怪胎」[17]（queer bashing）。在一九六九年著名的石牆暴動裡，主要是性別怪胎——T與扮裝皇后——站出來反抗警察的暴政，此事亦開啟了同性戀解放運動。

本書出版上一版本至今，媒體已經有很多關於跨性別的報導，社會對於性別多樣性的接受度也已大幅提高。跨性別的權利愈來愈被視作基本人權。因為主流小兒科醫師的支持，很多地方已經能夠允許孩子依據他自我認定的性別就學。名人公開他們變性的歷程，豐富的電影與電視提供許多很棒的故事，那都是超越性別的生命故事。跨性別的人使我們明白爭取自由的決心。

譚崔與神聖浪女

單身禁慾不是屬靈社群裡唯一的性實踐。以非一對一關係為基礎所建立的宗教社群，早期的例子有摩門教會（Mormon）、奧奈達社區（Oneida，見第一二三頁）、譚崔瑜珈（tantric yoga）中的密宗性交（maithuna）、早期地中海地區女神膜拜信仰中的廟伎（temple whore）等等。我們今日知道的譚崔，其實就是西方化了的密宗修行，運用呼吸、眼神接觸與肢體活動，來進入高度情慾的另類意識狀態；各大城市都有教譚崔的工作坊，還有很多很棒的教學書與教學錄影帶。另外像「療癒之道」[18]（Healing Tao）或「酷多需卡」[19]（Quodoushka），也是把古典靈性傳統或性愛傳統更新，以供西方世界練習修行的例子。異教徒與「激進仙子」也會歡聚一堂一起過節，慶祝古老的情慾節如「五朔節」[20]（Beltane），或者自創比較合於當代生活方式的儀式，例如舉辦性開放仙女大會，或舉辦其他富含幽微情慾的舞蹈、擊鼓活動。

---

17 美國向來有這種「仇恨犯罪」，例如某甲與某乙素不相識，亦無私怨，但僅僅因為某乙是跨性別者，某甲便看她不順眼，殺之而後快。

18 「療癒之道」是泰國人謝明德（Mantak Chia）所創。謝明德是華裔，自幼學習佛教、泰拳、禪宗、功夫等等，後來在泰國成立「療癒之道」學校，隨後推展到全世界。這可能是泰國的新宗教運動中，少數獲得國際成就的。

19 「鹿族醫療社」（Deer Tribe Metis Medicine Society）是新時代運動中的一個宗教團體，創於一九八六年。他們蒐集美洲原住民或古老文明中的性愛技巧與理論，翻新綜合編成一本手冊，叫做《酷多需卡手冊》。

20 古代蘇格蘭北部的習俗，在五月初慶祝春天降臨，象徵感官敏銳、生殖力旺盛。

這些修行者了解：性愛與精神信仰是緊緊相連的。我們在《新下者之書》（*New Bottoming Book*）已經講過了，「每一次高潮都是一個屬靈的經驗。想一想，那是一個感到完整的時刻，妳處於完全整合的狀態，妳的意識伸展開來，超越了身與心的割裂，在狂喜中，妳的每一個部分整合在一起……。當妳將屬靈意識帶進性生活裡的時候，妳會直接意識到始終在妳周身流動的神性：妳與神性直接相連……。對我們而言，性愛就是看見上帝的機會。」

特殊性癖、皮革戀與皮繩愉虐戀（BDSM）

許多文化人類學家認為，當代皮革文化始自第二次世界大戰，軍人在男對男的權力關係裡嚐到了權威的滋味，戰後便把它帶回家裡。不過我們要指出，許多形式的特殊性癖，比這還早個幾百年甚至幾千年。希臘哲學家亞里斯多德喜歡作馬給女性朋友騎，而綁縛式性愛早自十七世紀起，就是日本藝術的描繪主題了。

今日的特殊性癖者提供了可觀的知識，告訴我們無論碰不碰觸生殖器，都可以喚起情慾，也告訴我們如何在協商同意的範圍之內，把表象的不平等當作遊戲。多重關係、開放關係在特殊性癖社群內相當常見，因為你很難找到一個願意嘗試所有性幻想的單一伴侶，或者你對他的陪伴永不嫌煩。我們兩個都從特殊性癖、皮革戀與皮繩愉虐社群裡，學了不少性愛的相關價值與行為。

性工作者

請拋開電視與八卦小報對性工作者的渲染。性工作者並非全是走投無路的藥癮者、被貶低的受害者，或者掠奪成性的拜金者。很多健康快樂的人在性產業工作，他們從事的是非常重要、正面的工作，那就是治療我們這個性否定文化所造成的創傷。性工作者是我們的朋友、情人、同儕、作者、治療師或教育者，也是表演者與藝術家。ㄊㄚ們能為我們帶來很大的啟發，關於人我的分界、界線的設定、溝通、性愛協商，以及在傳統的一對一關係之外，達到成長、心靈相繫與身心滿足的方法。

有的性工作者從事生殖器性愛來賺錢，但是專業的支配者、色情表演者、情色舞者、電話與視訊性愛從業員、神聖親密師[21]（sacred intimate）、代理性伴侶[22]（sexual surrogate）以及其他許多情慾專業者，也都被認為是性工作者。不要以為性工作者跟客戶之間的連繫一定是冰冷現實、鐵面無私，或者鄙夷貶低的；也不要以為只有沒出息的癟三才常常去找性工作者。有的嫖客/性工作者的關係，後來變成雙方很重要的情感支持來源，充滿了連結、溫暖與喜愛，而且持續經年。

21 「神聖親密師」以一對一的方式帶領學員探索身體的感受。他們使用的方法可能包括性接觸，所以在美國某些州的法律下，會被視為性產業，不過他們通常會盡量在法律允許的範圍內執業。

22 「代理性伴侶」通常與性治療師合作接案，來協助病人克服性功能障礙或親密關係的問題。

文化多樣性

討論性愛多樣性的同時，我們也別忘了，我們活在一個多元文化的社會。這世界上每一種文化、每一種次文化、每一個種族的文化，都有其建立關係、性愛連結與家庭的獨特方式。而這些方式全都具備正當性及價值。

浪女生活的樂趣之一，就是有機會與那些和你不同背景的人發展親密關係。如果你去試，這些差異可能會讓你跌一跤，有點糗。這過程也許有點尷尬，可是每一次尷尬都讓你長了一點知識，知道別人是怎樣的：那可能正是我們的文化中所缺少的。

也請記住，很多人，尤其是外表差異清晰可辨的那些人，只有在自己成長的社群裡最有安全感，如果要他們跨入一個比較同質的性愛環境裡，可能得冒不小的風險。如果在你的原生社群裡出櫃為浪女會轟動武林驚動萬教，你可能會選擇犧牲你的安全感與歸屬感，而加入一個大部分人都長得跟你不一樣的社群。

在不同的文化裡，溝通、連結與關係的界線都很不一樣。光是個人空間就很不一樣：據說，如果拉丁美洲人的雞尾酒會上有歐洲裔的美洲人在的話，你一眼就可以認出他們來，就是那些別人一開口跟他講話、他就退後一步的人，因為拉丁美洲人講話總是靠得太近。音量也因文化而異，有的文化看重冷靜自持與沉靜，有的文化習慣以戲劇方式表達，呃，就是，很大聲。

我們建議你看看這些差異，並且質疑自己的價值判斷。你認為那個人太吵，可是他是否比你更善於表達？那個沈默的人是不是看得比較仔細？如果一個人沒有讀很多書，卻知道你的車子或電腦是怎麼運作的，他是不是很聰明？有些友善的人公開又熱情地提出性邀約，但是被指控太超過了，他們為此困惑，他們到底是什麼樣的人？也許他們以為，如果你不喜歡的話，你就會說不。也許他們建立連結的方式，也有值得你學習的部分。

很可惜，許多性愛社群都無法真心歡迎世界上不同的文化、種族、性別、性取向與性慾。我們這種在歐洲裔文化裡長大的人，常常期待朋友們臣服於我們的文化，這就是我們處理文化差異的方式。如果你對身邊的人嗤之以鼻——或者更糟，你覺得你對他們無所不知——只因為他們的膚色、性別、性傾向、說話方式、穿衣風格、宗教或原本的國籍，那你就會錯過他們那嶄新又迷人的視野。

我們的建議是，當你和陌生為伍的時候，就叩問陌生的智慧。你一定會找到的，而那收穫將使你更豐富。

我們的建議是，當你和陌生為伍的時候，就叩問陌生的智慧。

你能學到什麼？

如果思考這些讓你有點緊張，那是因為有一些界線是你已習慣的，也視為理所當然，你以為它們適用於所有社交與情慾情境，可是現在卻發現有些時候未必如此，因此你會感覺受到威脅。只要雙方都成年並且你情我願，那就沒有什麼放諸四海皆準的性別或情慾界線。情慾探索的界線何在，並不是由某個至高無上的權威鐫刻在石版上傳給後世的。

你會認識一些人，就你的標準來說算得上成功、快樂，但對於「一生一世一對一異性戀」這種標準，ㄊㄚ們並不買帳。你會發現你或許也可以——即使ㄊㄚ們的模式未必是你想要的。對其他性文化多點認識，會使你有機會覺察到自己的成見與不確定。

請傾聽你的恐懼：恐懼會讓你更認識自己。搞不清楚狀況可能挺嚇人的，但你可以把它當作一個擺脫一切成見、從頭開始的好機會。唯有看看世上有哪些可能性，才能從中找到適合自己的那一種。然後你就可以自在地決定你要把界線畫在哪裡、你的個人極限在哪裡，還有你想不想挑戰你的極限。做到這一點，你就能夠自由探索你最狂野的夢想。

請傾聽你的恐懼：恐懼會讓你更認識自己。

黑人與多重關係

我們要談一談多重關係，以及它在黑人社群裡的樣貌：我們感謝我們的朋友朗恩（Ron）與麗莎．楊（Lisa Young），ㄊㄚ們是跨國支持團體「黑與多」（Black & Poly, blackandpoly.org）的創辦人。下面的片段引述自《愛：黑人愛情革命》（*Love: A Black Love Revolution*），這是ㄊㄚ們即將出版的新書，謝謝ㄊㄚ們的大方！

「很多人不只是找尋著『額外』的砲友或偶發的情愛；我們視多重關係的自由與開放為生

存的關鍵。雖然對很多有色人種來說，表面的關係很簡單，但複雜的連結與浪漫愛情卻他媽的困難。原因在此。

想像一下周遭的一切都聯合起來跟你作對，而你要在這樣的情形下，去愛一個人。對黑人來說，起先是奴隸制度，然後是種族隔離，再來是社福系統，現在則是大規模監禁：我們從來沒有時間專心去愛。我們沒有時間熟悉、習慣彼此。當然啦，在家裡還是有愛、家人、社群等等，但把這些感覺拿到外面的世界裡，卻可能造成大麻煩。

我們都學會，如果要在這個世界上生存的話，必須非常強硬……但當我們要與彼此來往時，強硬就行不通了。我們的文化要我們強硬地維持界線來自我保護不受傷害：不被打倒，不被占便宜，不被剝奪人的基本需求，不被扯掉人性尊嚴。這樣的恐懼使我們拒絕一切令人軟弱的物事，使我們看不見這個事實：只有透過軟弱，才能發現真正的力量、成長、美好以及最重要的，愛。

我們黑人被當作物品一樣地送到這裡來。多重關係使我們有一個獨特的機會，能夠開心地定義自己。我們不想當什麼『曼丁格戰士』[23]（Mandingo Warrior）或者『努比恩公主』[24]

23 據說是令人愛不釋手、無法下床的床伴，通常指黑人男性。

24 形容身材姣好的黑人女性。

（Nubian Princess），我們不只是你派對上的玩物。我們希望平等地受到尊重，建立一個真實的、多對多的、紮實的關係。我們覺得社群裡的愛是充足的，有時候，那愛伸出手來，把我們包括進去。

但我們與白人的多對多社群之間，還是有巨大的分野。要如何搭起橋樑？」

第五章
對抗性否定

依浪女所見，這世界有時候滿危險的。很多人好像覺得，他可以極盡所能地阻止你性感。

反性十字軍想讓生育控制與墮胎成為非法，讓女人只能承受她不想要的懷孕或暗巷墮胎，於是愛就成為危險的事。有的人想讓性知識成為非法，無法從學校或網路取得，孩子們便學不到照顧自己身體健康的相關知識，也無從了解如何進行安全性行為（safer-sex）來避免性病。自從此書舊版出版以來，有個可怕的趨勢，就是雖然已有預防女性子宮頸癌的疫苗，卻有清教徒們拼命抵抗，因為他們認為接種這個疫苗，就是鼓勵她有性行為。如果一個人服用避免感染ＨＩＶ的藥物，他就會被罵「蕩婦」、「妓女」（在此顯然不是好話）。

有的人認為，你要當浪女，你就活該成為暴力的攻擊對象，不管怎樣一定是受害者的錯。他們可能會強硬地說，「你為什麼三更半夜穿一條短裙或緊身褲在那條街上啊？」或者宣稱，「難怪你被強暴或攻擊」、「你看起來這麼怪胎——難怪那夥人決定要扁你一頓！」

> 有的人認為，你要當浪女，你就活該成為暴力的攻擊對象。

我們也被認為活該承受其他的壓迫。如果你有多重性伴侶，這就成為一個懲罰性離婚的好理由，你可能會失去財產、小孩監護權與未來的收入。如果你的個人生活不幸被錯的人發現了，你便可能失去工作、未來的發展與專業的名聲。

評斷自己

我們希望，檢視了浪女生涯可能面臨的危險以後，你會問自己幾個問題。我的壓迫經驗是什麼，它如何影響我？我在人生裡必須說什麼樣的謊？我的衣櫃是什麼？你看得愈深刻，愈可能自問，「我對自己的性慾模式有什麼樣的預設？我對於『好人』、『善良人』的評斷標準，是不是回過頭來貶抑了我自己？」

當我們以外在強加的文化價值來評斷自己，當女人相信她們應該弱小而安靜，當男同志相信他們的性慾是一種精神官能症，當我們都相信如果我們肯一對一的話，就能變成比較好的人——這就是壓迫的內化。當我們拿這種不公平的價值去評斷其他與我們類似的人，比如認為某個朋友**太**浪或者**太**自由，這叫做平行敵意（horizontal hostility）。我們建議你讀一讀第二章〈迷思與事實〉，把它當作一個檢查表，看看你從我們這個性否定文化裡學到的觀點如何阻礙你。

外面的世界很殘酷

那些以非傳統方式經營人生與愛情的人，或許該做好心理準備：這個世界並不歡迎我們。對很多人來說，浪女情慾就是他躲進衣櫃裡的第一個經驗。浪女的怪胎朋友從經驗中學到的事情，浪女們也第一手地經驗到了。

雖然有某些方法可以保護你免於社交、財務與技術性的損失，但我們卻無法保證你**不會有**損失。在性愛上平易近人從來不容易。

如果前任配偶、父母、姻親等人，對於開放關係的潛能有不同於你的價值判斷，他們可能會對你有敵意。你那友善的街區牧師可能也不會同情你。把兩個伴侶一起帶去你的公司野餐，似乎不是個好主意，如果你還想在公司裡穩定地向上爬升的話。我們建議你謹慎地選擇對誰出櫃：對，我們知道你喜孜孜地恨不得與全世界分享你的喜悅，但是請記得，話說了就收不回來。我們知道有人丟了工作、小孩監護權與其他東西，只因為他們的性愛選擇被不適當的人發現了。在美國之外的某些地方，非傳統的性愛選擇更為害人，甚至可能被判死刑。

但即使在美國，某些州、某些城市也有法律禁止無血緣關係和婚姻關係的成年人住在一起。有些地方的房東不想把房子租給非傳統家庭的一群人。有些租約規定，如果房東發現房客有「不道德行為」或者「與不討喜的人來往」，就可以終止租約——在某些州，婚外性行為就是「不道德行為」。

同樣的，你的性愛生活最好別帶進你的工作場合。我們兩個都曾經因為做自己，而失去工作或失去客戶。有一些州與城市提供男同志、女同志或跨性別者某種保護，但我們可不知道任何地方是保護浪女的平等權的。

我們呼籲，能夠驕傲現身的浪女們就驕傲現身吧，因為如果大家看到很多浪女能夠不傷害別人也快樂地過日子，那要憎恨浪女就比較難。不過，除非你非常確定你的工作場所與重要關係，對於浪女持正面意見，不然的話，我們建議你要謹慎。

法律協議

謝謝迪倫・麥爾斯（Dylan Miles）律師，謝謝他提供法律意見，並且一直是我們這個社群知識豐富又心胸寬大的家庭律師。

近年來，性少數的法律權利已逐漸確立，例如聯邦最高法院做成將同性婚姻在全美各州合法化的歷史性決定。有一些州新增了一些規定，例如若一個小孩成長的家庭裡雙親不只兩位，那麼任何一位都可以在需要的時候主張監護權來繼續照顧小孩，小孩就不會被送到寄養家庭。非血緣父母也可以取得親職的一切權利義務。只要我們的同盟能夠跳脫框架並成功地爭取人權，我們就都能受益。

我們還是只能與一個人合法締結婚姻。如果你跟伴侶以一種類似婚姻的模式一起生活，希望能夠財產共享、遇到生老病死能互相支持、一起養小孩或經營公司，那我們強烈建議你們將你們的狀態與企圖，以正式法律文件記錄下來。你應該聽過很多恐怖故事：一個人住院以後，ㄊㄚ的愛人無法前往探視；某人意外死亡後，ㄊㄚ的長期伴侶身無分文也無家可歸；某個人從來就是一個小孩實質的父親或母親，可是小孩的生父或生母過世後，小孩的監護權卻判給了小孩的祖父母或前妻／前夫……這些應該足以說服你，把你們的約定列入正式法律記錄。

法律上，你並不擁有你的小孩，所以你們的法律協議範圍會受一定的限制。你可以在遺囑中表明意願，在你死後你希望誰來照顧小孩，不過法院並沒有遵守你遺願的義務。有時候，沒有血緣關係的父母得以收養情人的小孩，成為孩子的繼父母。但有些州與城市並不支持這種繼父母的收養模式，也就是說，如果這小孩出生的時候，你是他的第三個父／母，那與一個第二任、第三任或第十五任婚姻中的父母比較起來，你的親權就是比他們小。

我們很鼓勵大家把你們的計畫與協議寫下來，特別是你們對生活型態的選擇，並且正式簽名。在美國大多數的州，這種宣示沒辦法直接要求法院執行，但如果後來出現歧異的話，這宣示就可用來證明當初大家共組家庭、建立關係的意願，每個人的承諾也會很清楚。在共組家庭的時候，大家一起把家庭的願景寫下來，這件事情本身就有正面價值。

別忘了讓你的財務、醫療與遺囑的持久授權書（durable power of attorney）保持在最新狀態。這些都是法律文件。由於法律並不在乎浪女使用金錢與支配財產的意願，所以要想讓你的慾望得到法律支持的話，就要以正式與法律的形式來表達，這樣機率才會大一點。

我們推薦你看一下諾羅出版公司（Nolo Press）的書，他們出了很多嚴謹的DIY法律書，關於家庭與公司的法律，裡面有範例，也有如何一步一步執行的指南。不過，如果你們的協約特別複雜，或者牽涉到很高的價值（例如高額財產，或者一家很成功的公司），你需要的可能就不只是DIY，而需要諮詢律師。如果你有那麼多錢的話，你應該比我們知道得更多。千萬要找一個對於非傳統關係心胸開闊的律師；你可以先在電話裡問幾個問題，省得付了大錢以後，才發現你的律師根本把你當作巴比倫倡伎。

非傳統的性愛關係可以有無限多的生活方式，我們既沒有篇幅也沒有本事在此為你一一盡數。從「收養你的伴」到「設立公司信託」都可以。但是，拜託，別以為你的好意、摯愛與天縱英明可以保護你。浪女沒有那種命。做點功課，讓法律站在你這邊。

別以為你的好意、摯愛與天縱英明可以保護你。

最古老的行業

如果性工作合法的話，這個世界會變成什麼樣子？如果性工作可以在光天化日之下，而其評價標準就和任何其他工作者一樣：工作技巧、服務態度、是否盡責？

想像一下，如果性工作像諮商工作一樣，被當作一種專業：客戶與服務提供者簽約。如果客人對於服務滿意的話，他會一直回來光顧；如果不滿意，客人就會去找下一個試試看。倡伎戶可以像診所一樣，新來的性工作者向有經驗的執業者學習，實習的性工作者比較便宜，由有經驗的執業者指導並監督他完成工作。

如果性工作合法的話，被皮條客或人蛇販子剝削的工作者可以離開，通報受到虐待並提出告訴，甚至組成工會——就像其他工作者一樣。如果我們不要再讓司法系統忙於成年人之間合意的專業性交，或許警察就會有多點時間和資源，去終結那些真正的性犯罪，例如強暴、性虐待、性奴隸以及未成年賣淫。

如果性工作合法的話，性工作者就可以依其需求決定他要什麼程度的安全性行為——性工作者經常是世界級的專家，知道如何享受長達數小時的愉悅而不至於讓有害的病毒四處亂竄——他們也會做該做的檢查與治療，不會傳播害蟲。

長期的伴侶關係常會遇到激情消退的問題，那種壓力會使得關係裡的人漸行漸遠。如果性工作合法的話，長期伴侶就可以聘請專業的性工作者來重新點燃性愛的熱度。治療師也可以把客戶轉介給專業性工作者，協助客戶探索最深沈的夢想與最古老的恐懼，就像轉介給其他專業者一樣。朵思曾遇過一個客戶，他的配偶幫他買了一節「女性調教師」（dominatrix）的服務作為生日禮物。

許多性工作者都很努力學習專業技巧，而我們則連有這樣的技巧都不知道。例如ㄊㄚ們可以自由選擇身體反應：何時高潮、避免勃起、G點噴泉，以及各種巧妙運用骨盆腔肌肉的方法來享受快感。性治療師能夠幫助我們從性否定社會裡的恐懼與禁令中解脫出來，讓我們知道也許我們都是性愛天才啊！治好羞愧、治好創傷、暴力之外的性之美好、幻想的力量……我們可以學習與成長的事情還有好多！性可以是通往療癒與美好的一個重要旅程，性工作者就是可以教導我們的專業者。

有些人覺得為錢而性是很骯髒的。我們的性工作者朋友卻再一次地證明了，事實剛好相反。我們付錢給牧師、教士、猶太教士「拉比」（rabbi）、伊斯蘭教領袖「伊瑪目」（imam）、印度教上師「咕嚕」（guru），為什麼就不付錢給性愛教士呢？無論靈性或性愛的治療者、指引者，都應該因為他們提供的珍貴服務而得到維生所需。

現在，英國、荷蘭、德國、澳洲與紐西蘭都有某種合法的性工作。我們要強調，這些國家讓有才華又認真的專業者以其專長維生，幫助客戶改善生活也有助於社會，而且這些國家都適應得很好。

第六章
建立重視意願的文化

世界各地對於性侵害的無所不在，無論情節輕重，都愈來愈重視。不過，若要讓大家關注一件我們一直避免去想的事情，可得好好花一番力氣。當我們主張性自由，並且著手建立一個社區、在裡面以性肯定的方式表達自己時，立刻就會撞上這個事實：我們這個社會對性與意願的價值觀堪稱瘋狂。如果禮貌地拒絕性會導致危險、排擠或排斥，那就不可能建立一個性肯定的文化。

朵思曾經在一場關於意願的演講裡，要求從未受到性侵害的人起立。在場約有兩百人，只有四分之一的人站起來，多半是男人，也有一些女人。坐著的，除了女人以外，也有很多男人。這麼多人仍然坐著——我們敬佩他們有勇氣與決心，能夠解放自己的情慾，即使曾經有人傷害過他們。

我們美妙的性自由，取決於兩個非常重要的條件：不受性別歧視的自由，與不受強暴的自由。不只個人必須改變，社群也必須改變。控訴強暴與對孩童的性猥褻並不容易，所以我們的社群需要為了我們的安全好好加把勁。我們鮮少能成功將侵犯者送進監獄，但我們至少可以不邀請他來參加派對，把他們踢出我們能夠控制的環境，無論是網路世界或實際生活。

重大的性侵行為包括對人下藥之後強暴、用暴力強暴、猥褻幼童，以及其他蓄意侵犯他人界線的行為。這些都是很嚴重的犯罪，即使通常不容易起訴。另一些性侵則需要多一點討論，因為有時候被指控的一方並不認為自己做錯事。言語侵犯如強人所難的調情、對方已經拒絕還一再爭執、物化對方或貶抑對方，可能不像肢體侵犯那麼傷人，但還是會使我們的社群瀰漫著危險的氣氛。踰越別人設下的界線，或者試探一些沒有在事前明確得到同意的事情，有可能會撕裂關係，甚至產生漣漪效應，連帶毀掉那個關係所在的社群。

會有這樣的衝突，大部分是因為我們的文化荒謬地設定男性必須是性的發動者，而女性是接收者。於是有的人覺得他本來就應該步步進逼，有的人則覺得除了說「不」以外，說什麼都是，嗯，放蕩。在這樣的模式裡，「不」被當作是「再靠近一點」的邀請，那災難性的結果也完全可以預期了。要達到性愛的解放，你必須檢視文化對你的性別有什麼設定，而且你很可能必須去更動它——除非你願意讓你的餘生都限制在性別刻板印象裡。我們對各種性別的人有什麼建議呢，如何能夠改進？我們真希望每個街角都有個很方便的「十二步驟」團體能參加，或是一門什麼課可以去上，但在我們寫作的此時，這種資源還不多見。有些社群成員得摸著石頭過河來進行這些工作，我們樂見有更多人投入一起努力。

> 要達到性愛的解放，你必須檢視文化對你的性別有什麼設定。

給創傷倖存者

各種性別、各種年紀、各種文化背景的人，都經歷過性創傷。性侵害、強暴、兒童性虐待，甚至是醫療創傷，都會使我們日後要享受性生活變得非常困難：我們可能會有創傷經驗重現（flashback）、解離（dissociation）、創傷後壓力症候群（post-traumatic stress disorder），或者純粹是無邊的恐懼。

從創傷中倖存的人，尤其是兒童，會特別脆弱，且容易缺乏安全感，或容易覺得被侵犯。觸發因子的反應模式一旦形成，這個人就有可能對一個小小的冒犯反應過度，好像這就是以前發生過的那件可怕的事一樣，或是反應得好像他還是當年受虐待時的那個小孩。外人看來，那恐懼可能顯得不真實或者不合比例，但這不是重點——恐懼是真實的，它與性的感覺完全沾不上邊，而且可能使當事人恐慌得無以復加，連討論都沒辦法，或者連聽對方道歉都沒辦法。

別放棄！為你寫此書的治療師朵思，專長就是治療創傷倖存者的舊傷，而她很高興地在此宣布，許多人都找到方法可以與他們受侵犯的歷史共存，當痛苦的記憶翻湧上來時能夠好好照顧自己，成功地重新掌握自己的身體自主權，並且享受著自由快樂的性愛。

有時候，只需要大家合作來建立安全感與清楚的界線，達成共識、創造安全空間，並且以支持與了解的態度來彼此對待。倖存者可能會需要忽然停下來，慢慢從創傷回憶中復原，有時即使是做愛做到一半，ㄊㄚ也得停下來。這時，倖存者與ㄊㄚ的伴侶都需要有意願面對可能的中斷。如果你就是這樣，我們希望你能耐心對待自己，因為對自己與對伴侶寬容一些，可能就是你療癒自己的方式。

我們在第十五章〈嫉妒地圖〉會討論到如何處理觸發因子，好好照顧自己。這些資訊，對於你處理其他的情緒地雷，也是有用的。如果你的伴侶苦苦掙扎於擺脫醜惡的暴力史、奪回自己的身體自主權，我們希望你能夠做ㄊㄚ的同盟，以耐心支持ㄊㄚ的戰鬥，支持ㄊㄚ取回愉悅性愛所需的一切努力。我們也列出延伸閱讀，那裡有一些關於療癒性創傷的有用資源。

給被指控的人

如果你曾經使你的伴侶遭受創傷，那你的情況就不一樣。當我們被指責做錯事情的時候，我們的天性是立刻變得防衛起來，想要說出自己版本的故事。但是，如果一個人本來滿喜歡你的，喜歡到會和你做愛的地步，現在卻生你的氣，嚷得好像想剝了你的皮，那你也許應該停下來想一想，自己的行為是不是有應該改變的地方。

也許你覺得「搞一下」就是要有所得。那樣的話，性生活豈不就像消費一樣：如何花最少力氣，得到最多商品？那是否表示你的情人或潛在情人，就是一件商品？習得這種觀念的你不見得會變成問題人物，但如果你根據這樣的觀念行事的話，那就是問題了。

你如何改變自己？然後，你如何讓大家知道你已經努力改變了，所以大家可以放心地重新接納你了？

如果這是你的現況，請記得你是一個完整的人。那些使人驚嚇或受傷的行為，是你的一部分，但你也有別的部分。花點時間自省一下，想想你有什麼強項，以及你的倫理觀念。你想如何發揮你的強項？從你自己的倫理觀念出發，你可以做什麼？

給所有人

以下這些策略，我們已經知道不管用了：

病理化。就是把別人的反應當作某種疾病，好像給人貼標籤可以發揮抗生素的效用。那個人是個獵食者、反社會人格、斯德哥爾摩症候群患者、父權受害者？（其實我們偶爾都會有類似以上所有人的某種行為。）只要沒有立刻孤立某個強暴犯，我們就是「強暴辯護人」（rape apologist）？我們常將某個問題定義為疾病，好像診斷本身就是解答：貼個標籤，討論就結束了，好像我們已經完成了一件事。但是什麼也沒改變啊。

劃清界線。這是一種心理防衛，就是認為好人百分之百都是好的——所以如果某人有某個不好的部分，那他一定百分之百都是壞的，應該被永遠流放他方，絕不容許再給他機會去改變或成長——這樣我們才感到安心。劃清界線可能會使社群分裂破碎，每個人都只是選邊站，而不是去思考他們可以如何改善狀況。

尋找真相。有時候某個人說，「某某人對不起我，他傷害我，並且造成了我的痛苦。」而另一方則堅稱，宣稱痛苦的那人捏造事實，只是為了報復，或者真的很想要而得不到，所以怨氣沖天。那我們要相信誰呢？當我們無法百分之百確知事實真相的時候，我們需要勇氣來找出解決之道。我們必須了解到，我們是命運共同體，而不是刑事偵查體系；我們應該針對此刻能夠做的事情採取行動，運用此時所有的資源，來改善目前的情況。

抓戰犯。誰的錯？誰先對不起誰？我們很少會怪自己：我們都有自己的一套方法來合理化自己的行為，認為那是正當的。但是，當我們輕描淡寫自己的涉入而重責他人，以此維護安全感的時候，我們也剝奪了自己的力量。我們賦予「別人」無限大的力量，好像他們才是改善目前情況的關鍵。很多人聽到別人被侵犯的經驗會感到極度不適，於是就拼命找理由來怪罪受害者，以便讓自己遠離這件事：你看起來太性感、喝太多酒、誰叫你喜歡極端的性愛而不是普通的標準款？更使人困惑的是，同一件事某甲覺得是侵犯，某乙可能覺得是小事一樁，而某丙說不定覺得好玩又愉快。

不過，我們想介紹一些有用的方法來解決衝突。美國某些國、高中有教情緒智力與修復式正義（restorative justice）的課程，這些教案常常蘊含著過人的智慧。這些學程訓練學生成為同儕的輔導員、和平維護員，在衝突還沒有演變為毀滅性暴力事件之前，就先介入處理。這種安排已經被許多研究證明有很好的效果，即使是在很「麻煩」的學校，這類訓練也能夠減少打架與停學的數目，提高學生的畢業率。

有些學校現在會設置一個安靜房，惹了麻煩的小孩被帶進去坐在書桌前，用寫的回答以下問題：「發生什麼事？」「我在裡頭做了什麼？」「我可以怎麼做，來改善現在的情形？」「我可以怎麼做，來避免類似的事情再度發生？」當我們遇到關於性愛界線的問題時，或許也可以自問這些問題——無論你是「受害者」還是「加害者」——然後看看能不能創造一個比較有建設性的對話。

在抗爭不斷的六〇年代，我們常說，「你若不想成為問題的一部分，就要想辦法成為解答的一部分。」世界各地都有協助促成改變的資源，我們要把那些資源拿來為我們的「性肯定社群」服務：非暴力溝通工作坊、憤怒管理課程、衝突解決課程、教你如何清楚說「不」的自我防衛課程、加害者的支持團體、倖存者的支持團體等等。

我們鼓勵各個社群提供本社群的倫理與界線給新加入者，同時我們也知道，徒法不足以自行。我們必須願意加入這個過程，一起討論這些議題，並且支持改變、療癒與成長；我們每一個人都應有所貢獻，都應該無限期參與這些關於意願與界線的協商過程。我們有權利要求那些習慣霸凌別人、習慣越界或做出其他違規行為的人，去學習必要的課程——去工作坊或者去修課、參加團體一起努力改變強迫性或反社會的行為、接受治療，或者遠離酒精——然後再努力回頭尋求社群的接納。

我們不可能預防一切問題，但是我們可以創造一個性肯定的文化，積極而有建設性地面對問題，而不是因為羞愧就把問題掃進地毯下。

乾淨的愛

你能不能想像有一種愛不受嫉妒與占有慾的干擾：一種洗淨了黏膩與絕望感的愛？我們試試吧。

我們可以取法佛教：如果打開心扉去愛而不帶依附，對對方沒有期待，純粹為了愛之喜悅，而不求回報地去愛，那會怎樣？

想像你見證所愛之人的美麗與品德，不再想著要用ㄊㄚ的能力來滿足我們的需要，或者用ㄊㄚ的美麗來突顯自己很有行情。

想像在純淨的愛照耀下，看著一個人：不再算計著那個人，和我們期望的完美伴侶或夢中情人，有多符合或者多不符合。

想像在童年一般的自由與純潔之中，遇見另一個人，和他玩在一起，不再暗中計畫如何令那個人付出我們在真實童年裡渴望得到但並未得到的愛。

但是……但是……但是。萬一你對某人敞開心扉，然後再來就不對了呢？如果那個人喝醉了，或者嘲笑你的公開示愛？如果他不能滿足你的夢想呢？如果搞了半天他跟上一個情人其實也一樣？好，如果以上這些事情都發生好了。你損失了什麼？一點時間，一個短暫的幻想。就算了吧，從中累積一點經驗，當你走開的時候，你已變得比之前聰明了一點。

愛情並不能被塞進既定的框架裡，不過每個人偏偏都幻想就是要這樣，好像有個客製化的流程可以讓你創造一個人來解決你所有的問題。我們兩個也有夢中情人，但人不是黏土或石頭做的，你想拿個鑿子去「處理」他，是行不通的。

多少次你拒絕了愛的可能性，只因為那看起來與你的期待不符？有一些你確定非有不可的特質，沒有出現；或者某些你從未想過能夠接受的特徵，竟然出現了。如果你拋開期待，睜開眼睛直視面前閃亮燦爛的愛，牽起他的手，那會怎樣？

乾淨的愛就是沒有期待的愛。

把你的愛洗乾淨，並不需要高級的靈修或者每週一次心理分析。你大概沒辦法擺脫你所有的依賴——至少我們兩人沒有這個本事。但或許你可以試著看開一會兒：你的過去、憂慮、煩惱與你的渴求，都好端端的在原地，你需要的話，隨時可以重拾。但此刻，看一看你面前這個美好的人吧。

第七章
無限的可能

這本書的第一版，副標題是「通往性愛的無限可能的一部指南」。現在我們老了些，也聰明了些，我們覺得那個句子雖然口氣不小，其實還是太自我設限：浪女生涯意味著所有的無限可能，不是只有性愛的無限可能。如果你認為「獨身浪女」是一個自我矛盾的字眼，那我們可有一些範例可以讓你開開眼界：浪女品質是長在腦子裡的，不是兩腿中間，無論你選擇什麼樣的合意性愛關係，浪女生涯都可以輕鬆愉快地合於所用。

無性與獨身

對性說不的一群人，已經變成一群能見度愈來愈高的性少數。**無性**指的是不受性愛慾望吸引的人，**獨身**則是雖然感受到性愛的吸引，可是選擇不作為。我們認為，性愛自由應該包括不做愛的自由，不受干擾也不被**病理化**的自由。

無性是一種性傾向。有些無性者有性的感覺，但是他們只喜歡跟自己做愛；也有些無性者則對性無感。有的無性者可以與人做愛，讓伴侶有快感；有的人寧可避開性愛這檔事。有的人很享受非生殖器的情慾，例如皮繩愉虐、譚崔、角色扮演；也有人寧願徹底把性的念頭斬草除根。

獨身呢，則是一種選擇，把注意力集中在情緒、知性與靈性方面。性愛關係出問題的人也可能選擇獨身禁慾一陣子，好好地自我檢視：「當我獨身一人時，我會是什麼樣的人呢？」

有的人獨身並非出於選擇：囚犯、病患、身障者、窮鄉僻壤的居民、缺乏社交技巧的人，都可能很難找到伴侶。還有一些人獨身只是因為，他們就是暫時（或者永遠）不想跟人來往、不想跟人做愛，無論出於什麼原因。

我們並不認為「獨身浪女」或「無性浪女」這樣的詞彙有任何矛盾。一個人與他人建立關係的可能性是無窮的：浪漫關係、親密關係、家居關係，或者其他——如果你對於各種可能性都願意打開心扉、開放人生，那你就是我們之中的一員。

柏拉圖式的關係（友誼）

我們有一個朋友快把我們逼瘋了，因為他老是哀哀叫：「我沒有一段關係……我只有**朋友**！」我們有個消息要告訴他，也要告訴你：朋友關係**就是**一種關係，這是一種很重要的關係，可以提供絕好的機會，讓我們得到關係裡最珍貴的：親密、陪伴、遇到困難時的支持等等。

對浪女生涯持懷疑態度的人，很受不了「同時愛很多人」這個念頭，我們覺得很好笑……這樣的人自己還不是有至交好友，可以談最深層的秘密，可能還是他們生命中不亞於配偶或愛人的重要人物。

如果你有個情人，另外還有個好友，你就已經在練習浪女生涯所需的技巧了：面面俱到地滿足他們各自需要的親密、相處時間與友善溫暖。

友善的性

如果你的朋友中，有一位跟你很好很親密的朋友變成你的情人……那會怎樣？這會毀了你們的友情嗎？會變成一種更濃烈的關係，威脅到你其他部分的人生嗎？很多人在第一次遇上「友善的性」的機會時，最主要的擔憂就是這些問題。

如果一個社會堅信做愛只能是為了建立一段一對一、類似婚姻的關係，那麼「不能與朋友做愛」這個文化禁忌，就必然隨之而來。我們卻反其道而行，我們認為友誼就是一個做愛的好理由，性愛也是一個維護友誼的絕佳辦法。

我們認為友誼就是一個做愛的好理由，性愛也是一個維護友誼的絕佳辦法。

如何學會享受親密關係卻不墜入愛河？我們會這樣回答妳：我們愛我們的朋友啊，無論我們是否與他們做愛：他們是我們的家人，在我們的生命中，他們比婚姻還要長久。經過練習後，我們發展出一種基於溫暖與相互尊重的親密關係，這比墜入愛河的絕望強求、黏得化不開或盲目、瘋狂，要自由多了。這就是為什麼「福利朋友」[25]（friends with benefits）的關係是如此珍貴。我們與這些愛人絕不可能結婚，但當我們體會到我們之間的愛、尊重與珍惜時，這種性愛友誼不僅成為可能，甚至成為我們的偏好。也許妳擔心妳的性慾可能會害妳失去最好的朋友，但有經驗的浪女，可能正奇怪著妳為何還沒跟她做過愛呢，因為他唯一沒幹過的朋友就是妳了。

朵思剛剛成為女性主義者的時候，曾經誓言維持五年不要進入感情關係，因為她想知道，如果不要成為某人的「家後」的話，自己究竟是誰。那些年間，她有不少美妙的關係，各種親密關係像彩虹的色調一樣，從一起帶小孩、一起住到一起修車，當然也有許多美好的性愛與相戀。她發現，只要她保持對人溫暖友善，讓對方知道她喜歡對方什麼，那麼大多數人都能夠很自在地待在她身邊。這個方式運作得很好。這個路數讓她發現在這個世界上身為女人與身為性慾主體的新方法——今日她之所以為她，以及她開的課，都奠基於此。

同樣的，有些人在生命中只與一、二個人發展親密關係，你可能會覺得把親密連結擴張到太多人的話，有點冒險。共享脆弱是增加親密程度最好的方法，那有時候感覺很恐怖。但是當你冒險分享一個害怕的感覺，那其實會深化你們的連結，而且你通常會得到類似的反應，例如「我也很害怕！」或者「我懂。再多告訴我一點。」何必硬要限制生命裡的某些關係，不允許它受到親密感的加持呢？

每一段關係都尋找著自己的定位，如果妳放手順其自然。妳與任何一個引妳遐思的人可以像水一樣四處溢流，只要妳讓它順其自然地找到適合妳倆的方式。

25 互相友善但不做愛的是朋友，只做愛而沒有交情的是砲友。「福利朋友」指的是既有朋友關係、又有身體親密的人。

關係安那其

在多重關係社群的術語裡，有個滿新的詞彙：「**關係安那其**」（relationship anarchy）。意思是在多重伴侶裡，並沒有一個「主要關係」與其他「次要關係」（或者任何類似的層級區分），而是每一段關係都分開處理，然後規矩愈少愈好。

安那其們在人生的各個議題上都避免區分層級。這個理想目標說起來簡單，做起來可複雜得多。質疑被社會視為理所當然的界線與結構，會使我們獲益，因此安那其的經驗會是很豐富的資源，告訴我們如何破除成規去探索世界，以及假若屏棄那些外加的結構，人生和愛情可能會變成什麼樣子。

一般來說，關係安那其看重自由勝於承諾，所以關於性與愛，關係安那其們傾向於盡量縮減協議與承諾。當然，這並不是說，每個人都有權做出可怕的事——即使是最狂野的安那其，也要有對安全性行為的基本了解，不可以有身體或情緒的虐待等等，以便得到足夠的安全感來與伴侶互動。關係安那其還是得磨練他們維持親密關係、建立連結、表達愛意的技巧。但是，假如你是那種頭上有權威就渾身不舒服的人，你覺得規則就是用來打破的，那關係安那其可能滿適合你的。

單身生活

對某些浪女來說，單身是他在前後任情人之間的一個暫時過渡，或者是剛分手的人用來療傷的一個階段，也可能是自我選擇的一種長期的生活方式。單身是一個了解自己的好方法，因為你不再需要去適應成為某人的另一半了；學著自己過活並樂在其中，然後當你決定再度與人為伴的時候，就有許多可以與他分享的了。單身的浪女生活有歡樂也有挑戰，所以我們會在本書花滿大的篇幅仔細討論。

在以一對一為中心的文化裡，單身者經常隻身涉入一夜情的國度：妳跟釣上的人回到家裡火熱地搞搞，隔晨兩人對看，再決定這段關係有沒有成為人生伴侶的潛力。如果沒有，妳便離開，覺得很糗，而未說出口的規矩是：妳以後跟這個人在一起的時候一定會覺得不自在，因為他已經被妳放在天秤上面秤過，並發現重量不足了。介於「全然陌生」與「全心承諾」兩者之間，性愛親密關係該怎麼處理，我們沒有腳本，不知如何處理，於是就把做愛當作試鏡。

> 單身是一個了解自己的好方法，因為你不再需要去適應成為某人的另一半了。

而單身浪女則有很多方式可以「進場」。可以作為區分的一個標準是：妳讓情人們彼此之間維持多遠的距離。單身浪女有一種模式是多重性伴侶之間零互動，對於彼此的存在一無所知；這樣可以避免複雜，代價是某些型態的親密關係就不可能存在了，比如說相互支持、形成社群的機會就沒了。

另一種模式是引介情人們彼此認識，比如星期日一起吃個早午餐。也許聽來瘋狂、不可能，或者像一部災難片，但是未嘗試之前請不要輕易否定它。妳的情人們有很多共同點——比如說，你就是他們的共同點——他們也很可能會互相喜歡。

如果你單身，而選擇開放的性關係，那你要注意一下如何使你的性愛、情感與社交需求得到滿足。方式是無限多的。重要的是，你要察覺自己的需求與渴望，然後就可以有意識地尋求滿足。如果妳假裝無欲，假裝性愛、感情還是情緒上都不需要支持，妳就是在對自己說謊，結果妳可能只是以一種迂迴的方式在滿足需要，可是迂迴的方式通常都不太有用。這種人通常被稱為「操控」（manipulative）或「被動侵略」（passive aggressive）——在我們看來，這種人就是還不明白應該如何直截了當地滿足自己的需求。

當你明白自己真正想要什麼，並且直接提出要求，你會很驚訝地發現，答案經常是「好啊」。回想一下，當別人請你支持他，要你抱抱他，或者讓你知道怎樣可以讓他開心，你是不是覺得鬆了一口氣？回想一下，當你真正幫助了別人，無論是讓他靠在你肩膀上哭泣，還是正中紅心地讓他完美達到高潮，那是多麼好的感覺，覺得自己遊刃有餘。讓你的朋友也有機會因為滿足你而自我感覺良好吧。

「差不多一對一」

性愛專欄作家丹．薩維奇（Dan Savage）於二〇一一年發明了「差不多一對一」[26]（Monogamish）這個詞，然後便火速蔓延開來；我們認為，也許大家早就需要這個字眼了。

「差不多一對一」是指一對伴侶同意說他們的關係相較於其他外部關係具有優先性，但是偶爾的「外搞」（fling）是可以接受的，甚至是保持家裡火苗常旺的恩物。很多「差不多一對一」伴侶會一起跟雙方都同意的第三人上床，或者相約某個晚上「大解放」，幹什麼都可以。我們知道好些一對一的伴侶因為喜歡某個名人，就好玩地設下「一次性」的例外：「好啊，如果你可以把丹．薩維奇弄上床的話，你就去，沒問題！」——我們認為這就是「差不多一對一」幻想了。

許多伴侶覺得偶爾「外搞」的想法令他們心癢，但一時又還不能接受多對多，那麼「差不多一對一」就像是你的腳趾，把它伸進水裡去測測水溫吧。

伴侶生涯

有伴的人有許多開放關係的模式，例如序列式一對一，就是一次跟一個伴侶在一起；還有一向很受歡迎的「未經同意的非一對一」（nonconsensual nonmonogamy），也就是偷吃。我們可以視這些生活方式為「不知情的自由性愛」，但我們兩個覺得，公開、直接地愛，更自由也更安全。

開放關係的鐵律是：如果一對情侶或一個群體，將照顧彼此與經營關係置於第一順位，然後才考慮讓其他人加入的話，這樣的開放關係運作得最好。所以，浪女伴侶必須願意負擔這些我們將在本書稍後一一討論的工作：好好溝通，以最清醒的意識來處理嫉妒、不安全感與領域感（territoriality）等問題。在這種伴侶關係裡，你要能夠知道自己的界線並且好好溝通，能夠與人達成共識並且遵守協議，要尊重彼此的界線，以及他們為關係所設下的界線。這對情侶或群體也要記得滋養自己的連結，讓關係保持在快樂、健康、滿足的狀態。

26 「Monogamish」是從「monogamy」變成的，去 y 加上 ish。英文形容詞裡的 ish 是「差不多」、「有一點」的意思，例如 red 是紅色，reddish 就是有點紅。丹．薩維奇要形容的這種關係，是一對一關係的變體，在一對一關係裡容許一點例外，所以譯為「差不多一對一」。

情侶們也許在主要關係之外有自己的次要關係，也可能有幾個分不出排名的情人。關係可以依照情緒距離的遠近來分，或依身體距離的遠近來分，或依接觸的頻繁程度來分。關係可以是短期的或長久的，甚至終其一生；有的每週見兩次，有的一年見兩次。

剛跨足非一對一關係的情侶，常常會花很多時間討論兩人的界線在哪裡。新手通常比較關心的是「他們不希望伴侶做什麼」——他會列出一些令他覺得有點沒安全感或者極為害怕的事情——而不是關心自己實際的慾望。設下這種界線，對很多人來說，是踏入這個令人茫然的浪女世界裡，必要的第一步。然而，當伴侶關係愈來愈嫻熟於這些界線的操作，他們就會愈來愈關注「我喜歡什麼」，然後思考什麼樣的策略可以讓這些事情不超出安全界線。我們在第十八章〈開放一段既有的關係〉，會更細節地討論如何創造並且跟上這個學習曲線。

我們認識一個女人，她的生活型態是始終維持兩個主要伴侶，一個男的，一個女的。他們三個人各自還有其他伴侶，所有這些人一起形成一個巨大的網絡。她的主要關係都維持很久，一起養育子女、孫子女，她的前任情人們也仍然是這個大家庭裡的活躍成員。

在某些開放關係中，各個成員分別外出尋找新對象。他們經常協議說什麼人、什麼時候可以去哪一家俱樂部釣人，也會小心不要在網際網路或報紙的徵友廣告上彼此撞見。他們可能會互相交換歷險和奇遇，偶爾也會介紹外頭的玩伴給一起住的情人認識。

有的開放關係則是尋找類似的另外一對情侶，然後一起玩，可以四人行，也可以交換伴侶，總之是跟已經認識的人、一起挑選的人。不少多重關係的情侶會尋找與她們情況類似的情侶——有類似的價值觀與類似的界線——來建立關係，發展出很愜意的生活方式。這樣一對與一對的搭配，可能成為一生的關係，激盪出火熱的性愛與真正的家庭連繫。

有的開放關係願意順其自然地定型，讓它隨著時間自然變動。有時候我們多年後又跟以前的情人聯絡上了，覺得好像一隻舊手套一樣合手。

層級與另類方式

許多多重關係族群習慣用階序的語言來定義關係：住在一起、類似婚姻關係的伴侶是「**主要關係**」，相愛但是不住在一起的是「**次要關係**」，喜歡一起廝混（通常是在床上）但不那麼頻繁，或者沒有那麼深的承諾的，叫做「**第三關係**」。還有些伴侶關係的稱呼是「**終生伴侶**」，以及非常甜蜜的「**共築愛巢的伴侶**」（nesting partner）。

雖然這些術語到處通用，有時候也簡明扼要很有幫助，不過我們對於搞一個分類系統來把生命裡的人按照重要性一一排名，有一點疑慮。珍妮說，「E是我的終生伴侶，朵思是我的寫書伙伴。如果我要買房子，E是最重要的人；如果我要寫書，那朵思就是最重要的人。每個人在我的人生裡都有他的位置——為什麼要把他們排出高低？」

大於二

互相承諾的人數可以大於二。承諾的程度可能有深有淺，比如說一對已經在一起的情侶，對第三者，甚至第四者所做的承諾，其程度就與元配不同。一段感情關係如果隨著時間過去而陸續增加了新的成員，無可避免地亦折損一些成員，結果通常都會形成很複雜的結構，家庭角色會在嘗試與錯誤之後重新安排。三方關係或四方關係中的個人常常會發現，他們在這個家庭中的角色是與時俱變的，會不斷地發展、成長：這個人今年像是大家的「媽媽」，未來卻可能轉變為「小孩」或「爸爸」；一個人也可能在不同的伴侶加入時，有角色上的轉變。

三人行這種家庭結構，其中的伴侶可以是任何性別組合而成。有些人因為跟主要關係之外的情人愈走愈近，而漸漸走進三人行或四人行的關係。也有的人積極地尋找群婚的對象，因為那就是他們想要的家庭。我們聽過有的人自我認同為「三性戀」（tri-sexual），因為他們身為三人行之中的一員，他們強烈認同這種愛情與生活方式。

要讓三人關係取得平衡並非易事，因為任何家庭的三人關係裡，都有三段關係：A&B，B&C，C&A；每一段關係都不一樣。三人關係就像一個家庭裡的手足關係一樣，並非所有關係都會在同一時間處於同一層次。我們曾經參與一場冗長的討論，關於三人關係裡誰應該坐在汽車後座。對所有的浪女生活來說，或許在三人關係中尤其關鍵的是，要超越競爭心：所有人都可以得到所有東西，一定夠用的。

要超越競爭心：所有人都可以得到所有東西，一定夠用的。

公開性愛

許多浪女都喜歡群交，無論他們在哪一種關係模式裡。適合用來舉行性愛派對的場所如派對屋[27]、性愛俱樂部、換伴屋、浴場、「尋歡洞」[28]（glory hole）等等，在主要的大城市裡都可以找得到，各種性愛偏好都適用。在第二十四章裡，我們會和盤托出。群交場所對「差不多一對一」的情侶來說，是一個安全的探索之地。情侶們可以一起參加派對，也可以分開去，可以單獨釣人，也能以兩人組合的姿態釣人；可以見見對方的朋友，跟許多不同的人玩玩，而同時維持著令兩人感到幸福的連繫。在這種方式裡，主要關係之外的性愛，只發生在特定的環境裡。

群交常常會發展成家庭關係，很多人每次必到，大家漸漸互相認識，也許便一起進行其它的活動，例如一起吃個超大規模的感恩節大餐。電影《性愛巴士》（*Shortbus*）的故事，就是在演一個友善的社區性愛俱樂部，裡面有各式各樣有趣的人，共同選擇組成了一個大家庭。

自主選擇的家庭

我們用「小圈圈」（circle）一詞，來形容一群人彼此之間的關聯。這種關係看起來可能像星座圖，

27 舊金山有些房子專供出租為派對場地之用。

28 在隔間牆上挖一個洞，讓性交雙方看不見彼此。

有一些人在核心區，跟好幾個人相連，而靠近外圍區域的人則只跟一個或兩個人相連（也可能那已經是另一個星座的一部分了）。這些星座可能只是隨意的組合，也可能變成一個大家庭，關於生兒育女、賺錢養家、照養病者與老者，以及累積財富等重大事項，都自有約定。

詹姆士．瑞米博士（James Ramey）在他的大作《親密友誼》（*Intimate Friendships*）一書裡記錄了他的觀察。他說，非一對一的關係常常會形成他稱之為「親屬網絡」的關係，人們因為性愛的連繫而形成了心手相連的社區，它的作用就像小世界裡的村鎮一樣。也有人把我們群聚的情形稱之為「**部落**」。

朋友形成的性愛小圈圈很普遍——有人把這種朋友稱之為「砲友」（fuck buddy）。這樣的小圈圈可能是開放的，並歡迎新成員加入，通常是由既有的成員引進。當妳身處於這樣的小圈圈時，任何成員的新情人都有可能成為妳的家人與朋友，所以注意力的焦點就從競爭與排他，轉變為包容與歡迎，通常還真的很溫暖喔。

有的小圈圈是封閉的，只有當既有成員都表同意時，新成員才受到歡迎。封閉式的小圈圈有時是為了避免ＨＩＶ感染與其他性病傳遞而採取的一個安全策略，而且又能在一個人口過多的世界裡提供一點點區隔。封閉式小圈圈的規矩是：妳可以跟小圈圈裡的所有人玩樂（所有人都願意從事較安全的性行為，而且可能彼此都知道是否為性傳染病的帶原者），但不可以和小圈圈外的人做愛。那妳就可以玩遍多樣的性愛關係，而仍然身處一個有邊界的場域。這樣的生活方式也稱為**多重忠貞**。

以上只是浪女們安排生活與性愛的幾種方式。你可以選擇其中一種，或者好幾種，或者發明你自己的特有種。我們認為，關係結構應該視成員需求而設計，而不是成員去配合抽象的完美關係的理想。只要每個人都有樂趣，需求都得到滿足，就行了，沒有什麼方式對或錯。

讚美一對一

雖然一對一並非我們兩人的首選，我們還是讚美一對一關係，因為對於深思熟慮的浪女來說，它是無限多可能之中的一種——與其他關係相較，一對一關係帶來一些風險也提供一些收穫，對很多人來說，它是個很棒的選擇，無論暫時性或永久地一對一。

我們有一個朋友，只比本書的第一版早幾年出生，她很年輕很年輕的時候就讀過這本書了，簡直是太過分了。她說：「我跟我某個一對一的朋友聊天，這聽起來好像某種奇特的BDSM約定喔：相約只跟一個人分享性愛。不是錯啦，當然，只要兩個人都同意。只是……好怪。」

我們覺得，如果你無法理解怎麼會有人要選擇一對一，那你也許可以把它想成一種契約，就像皮繩愉虐的支配者（dominant）與臣服者（submissive）會簽下合約以確認雙方的共識，這和其他的關係一樣，都是雙方同意且知情的選擇。

一對一有什麼好處呢？我們認為包括以下幾點：

· 把精力集中在一個伴侶身上，而不是分散在好幾人身上。
· 省下力氣來處理其他重大責任，例如新生兒、研究所學業、忙碌的工作⋯⋯。
· 願意為了滿足伴侶的慾望而延伸自己的性慾，而不是將他的慾望外包給關係之外的人——或者反過來，願意犧牲某些個人慾望，來維持健康的關係。
· 比較容易維持一個簡潔的行事曆，除了你自己、伴侶和受扶養者的需求以外，不需要再容納其他人的需求。

當然，沒人規定你一旦選擇了一對一關係（或者任何其他型態的關係）以後，就不許改了。珍妮認為，如果世界上所有人都可以自在地選擇各種型態的關係，不會受到社會的評斷或制裁，那大家就可以隨著生命的變化，而選擇不同的關係型態。剛成年時可以過浪女生活，拼事業和養小孩時可以一對一，中年時可以轉為多對多（可以維持先前的伴侶關係，也可以分手後以單身的身分），最後優雅地緩緩步入充滿溫愛的獨身生活。不過，我們也知道有些退休社群超級浪蕩的就是了。

我們對於一對一關係唯一的反對理由，不是針對這個關係型態，而是大家普遍認為一對一是我們僅有的，合乎道德的選擇。此書讀到這裡，我們希望你已經明白，它只是無數選項中的一個，而你可以自己決定（參考你伴侶的想法）哪一種關係最適合你。

如果你想過了，而決定要一對一關係，那麼你在本書中所學得的大部分（如果不是全部的話）技巧：處理嫉妒、時間管理、慾望自然的潮起潮落等所有同樣會發生在一對一關係中的問題，仍然對你大有幫助。所以請繼續讀下去吧。

第二部

浪女實踐

第八章
富足

對性愛的傳統看法，多半都立基於一個未曾明說的假設：一定有某種東西不敷使用——愛、性、友誼、承諾——不足以讓大家享有。如果你也這麼想，如果你認為你想要的東西數量有限，那麼你也許會覺得大聲主張你的所有權是很重要的事。你可能會覺得你必須把你的那一份從別人那裡拿走，因為如果那真是那麼一個好東西的話，一定有某個別人在跟你競爭。你也可能覺得，如果別人有所獲得，表示留給你的份就少了。

我們希望所有讀者都能得到他所想要的。以下就是一些能夠幫你移除障礙，通往豐饒之地的觀念。

餓死經濟學

人們通常是在童年學到「餓死經濟學」（starvation economy）的，當父母筋疲力竭或沒有空閒時，我們就必須很費力地滿足自己的情緒需求。我們學到的是，只要稍一鬆懈，可能就會有神秘人物跑出來搶走我所需要的那一份愛。有的人甚至經歷過紮紮實實的飢餓——必須為了生存所需的食物而競爭——或完全被忽略、被剝奪或被虐待。也有人在日後的人生裡，因為遇到情人、配偶或朋友擅長操縱別人、懲罰別人，或有所保留，而學到了餓死經濟學。

童年習得的信念常常根深蒂固、不易覺察，無論對個人還是文化都是如此。所以你得很仔細才能看出它的模式。你什麼時候可以表現出「想要」某個東西？人們會想，如果你愛比爾的話，那你愛瑪莉一定就變得比較少；或者如果你對朋友付出很多，就表示你對你的配偶付出較少。所以，你怎麼知道你是伴侶心中的第一名呢？

這種想法是個陷阱。我們都知道，有了第二個小孩以後，並不表示父母對第一個小孩的愛就減少了；有三隻寵物的人，對其中任何一隻的照顧也不見得就比只有一隻寵物的人來得少。但是一旦講到性、愛、浪漫關係的時候，大部分的人都很難相信：你得到較多，並不表示我得到的較少。而我們常常表現得好像致命的飢荒就在眼前，如果不囤積一點愛的話就完蛋了。

放下

放下過去對飢餓的恐懼，可說是道德浪女面臨的最大挑戰。你得在信念上跳一大步——你必須放下一些彷彿屬於你的東西，相信將會有新的取而代之，還有：相信這是一個富足的世界。你必須清清楚楚地知道自己值得被愛，值得關懷、溫暖與性愛。如果這個世界過去對你並不怎麼慷慨的話，這就會是很困難的一件事。

不幸的是，我們無法承諾說，世界**一定**會對你慷慨。我們認為會的：如果你能對你已經擁有的愛稍微放鬆占有慾，那你會得到更多，不僅已經愛你的人會愛你，可能別人也會。我們的經驗真的是這樣的。不過，放下餓死經濟學可能會讓你覺得像玩高空鞦韆一樣，尤其是一開始的時候：你必須放開你已經有的安全感，相信在縱身一躍的那頭，一定有什麼會接住你。

這樣鋌而走險，底下有安全網嗎？唔，有的，但你得在信念上跳另外一大步……因為安全網就是你。你要能依賴你自己，養育你自己，有能力自己陪伴自己。如果你無法忍受獨處，那麼你大概也不太可能有勇氣去放棄那些「你的」東西。

從另一個角度想，知道世界上有足夠的愛、性、承諾、支持和照顧，是多麼自由的一種感覺啊！以前，珍妮的伴侶出去跟別人約會的時候，她一定會和自己的其他情人也約好，那她就不必自己一個人度過夜晚。現在呢，她說，「我知道如果我要的話，我有這個選擇，但大部分的時候我選擇獨處，享受獨自放縱的機會。」她知道世界上有足夠的陪伴，所以她覺得很安全，已經不需要再三保證了。

現實世界的限制

與餓死經濟學不同的是，我們想要的東西有一些真的是有限的。比如說，一天只有二十四小時：所以要挪出足夠的時間來，跟所有你在乎的人做那些你喜歡的浪女之事，可是個很大的挑戰（有的時候就是不可能）。

時間，是我們依自己的方式而活、依自己的方式而愛的時候，所遇到的最大限制。這絕非浪女獨有的問題；一對一的人也會挪不出時間來做愛、互相陪伴或溝通。

仔細的計畫是有用的——如果你還沒有一本共用的約會小冊或線上行事曆的話，最好從現在開始吧。尊重彼此的現況，並維持自己的彈性，這是很重要的。有時會出現危機：小孩生病了、工作有緊急狀況，或者甚至是另外一個伴侶好死不死恰好在這個時候需要陪伴與保證。也許你也應該想想，讓自己的需求得到滿足要花多少時間：你一定要留下來過夜，隔天早晨一起吃早餐嗎？還是說只要一、二小時的抱抱與談話就可以了？

不管你的時間表怎麼排，請記得，要讓所有相關的人都知道，這份名單可能會比你過去所想到的人還要多。我們的一個朋友沒有把一個約會的時間告訴他太太的情人，她的時間表因此受了影響，而他咕噥著：「我明明有告訴**某人**呀！」

別忘了把你和伴侶互動、和小孩子玩的時間也排進去。也別漏掉了你自己：很多忙碌的浪女發現，安排獨處的時間休息一下、充充電是很重要的。珍妮曾經住在一個像中央車站一樣人來人往的家裡，她跟她的一位女性朋友約好了：當朋友出城去的時候，珍妮可以借用她的房子當作獨處的隱居地——那是個罕見而珍貴的禮物。

空間對很多人來說是另外一項現實的限制。我們很少有人能夠幸運地住在一棟多房間的華廈，可以勻出房間來專供性愛用。如果你和朋友在臥室裡，而同住的伴侶睏了想上床睡覺，那問題就來了。睡在自己公寓裡的窄沙發上，而你的伴侶則在你的床上與另外一個人恣意尋歡，就算是最進步的浪女大概也會覺得太超過了。如果你與你的伴侶或其他情人一同分享臥室或其他玩樂空間，我們的建議是，在約會之前就達成清楚的共識，然後嚴格遵守。如果你們負擔得起的話，可以讓你們的臥室分開，或者有私人空間，就可以解決這個問題了。我們訪問的一對情侶說，「要有分開的臥室，這對我們來說是沒有商量餘地的；如果沒有分開的臥室，我們不可能維持現在這樣的生活型態。」

東西也可能成為問題。想和我們在乎的人一起分享我們的東西是很自然的事情。但是如果這些財物——錢、食物、藝術、性玩具——在法律上與情緒上屬於不只一個人的話，那麼這樣的本能就會造成一些問題。如果有任何人覺得某樣東西是他的，那麼我們強烈建議：在你把這個東西拿去和別人分享以前，先小心地跟那個人溝通。有時候這個規則很簡單：不要讓你的情人喝光了你配偶打算拿來當早餐的牛奶。不過有時候這規則也會變得很微妙。雖然你在法律上絕對有權利將別人送給你的禮物轉送給另外一個人，但是想想，一個妻子看見她先生的父親節禮物（領帶），圍在他的情人脖子上，那種惱怒也是可以理解的。同樣地，如果你想與另外一個人分享的，是你的情人為你做的東西，或者兩人在慶祝週年的親密旅行時一起買下的東西，那你最好先取得共識再做。很多浪女出於衛生與感情因素，會將性玩具分別限定為只與某一個人使用：我的按摩棒、哈利的假陽具等等。我們希望這應該是不用講也知道的吧：把共同擁有的錢借給或送給另外一個人，而沒有與共同持有者討論，絕對是不可以的。

性的經濟學

「液體暴政」（tyranny of hydraulics）是朵思發明的用語，用以指稱支配性愛各個面向的生理事實。也許你希望自己是個性愛超人，可以無限制地要勃起就勃起，這樣幻想雖然不錯，但是我們可從來沒有遇過這種人。如果你很期待跟某個男性情人進行傳統的性活動，你可能會失望地發現他不行，因為那天稍早他已經跟另外一個人搞過、射過了，我們可以理解這種失望的心情。但即使是最能享受多重高潮的人也無法永遠保持興奮。

要解決這樣的問題，你需要重新調整你對於「性」的定義與期望：非得要勃起嗎？一定要高潮嗎？一定要射精嗎？如果A比B先達到高潮，何不繼續那些美妙的刺激，直到B也到達圓滿大結局？

學習譚崔瑜珈的人已經發展出一些方法，使有陰莖的人不必射精也能感受到高潮。這些策略對於避孕與安全性行為只是略有幫助而已，絕對不能取代保險套。但這些策略卻有個美妙的副作用：學會不必射精就高潮的男人可以克服他們的反應空窗期，而高潮好多次。從事其他種類性愛活動的人，則發展出另一些方法，使熱情的浪女可以給他們的伴侶一次或多次性高潮，自己也享受充沛的性快感，無論浪女的身體興奮到什麼程度。勃起來來去去，但是整個神經系統可幾乎無時無刻不在運作。在你因為「液體暴政」而放棄多重關係之前，我們建議你至少先試試這些可能。（請看第二十三章〈性愛與愉悅〉，還有我們列在延伸閱讀裡頭的書，都可能幫得上忙。）

勃起來來去去，但是整個神經系統可幾乎無時無刻不在運作。

請記得體外做愛。請記得性愉悅的幅員如此寬廣，不一定非要勃起不可。請記得感官之欲。重新發現按摩的妙用，為按摩而按摩。跟你的情人進行一場認真的、淫蕩的對話，好好討論一下要對對方做什麼。

你真的會餓死嗎？

當你試圖為自己關係的開放程度畫下界線時，要辨別哪些恐懼是基於現實，而哪些恐懼純屬幻影；

有時這並不容易。首先，你必須努力且誠實地探究自己，把人生中最讓你感到不安全，你覺得最有可能被剝奪的領域先圈出來。你可以試著自問：「我最害怕什麼事情會發生？」

如果你的伴侶很喜歡他的朋友，這會使得他不再愛你嗎？如果情人不再覺得你很特別了怎麼辦？如果她們如此狂喜、快樂，不再需要你了呢？她到底為什麼會喜歡你呀？當我們害怕餓死的時候，這些恐怖的小念頭就會從心裡冒出來。

你必須搞清楚你的恐懼究竟是不是真的有可能發生。然後你必須決定你想拿它怎麼辦。常常聯絡、好好溝通、察覺是否有人覺得被剝奪或者太過分、常常檢視內心的真實感受（你的失望真的是因為他不能勃起，還是其實是因為他昨夜出去約會，令你既生氣又嫉妒？），這些做法都很有幫助。我們將在稍後討論：當你害怕時，如何能得到支持與保證。

界線會延伸

有時候你就是必須試一試，然後看看會怎樣。有句陳腔濫調說：「如果你喜愛什麼，就由它去吧」，雖然聽起來多愁善感，但此話核心卻藏著真理。節食的人有時會被鼓勵讓自己餓一下，體驗飢餓的感受，並藉此得知他們能夠挺過這種感覺；同樣的，有時候你也需要讓自己經歷一下被剝奪的感覺，只為了向自己證明：有「被剝奪感」並不是世界末日。有時候放下一種愉悅，會讓你開啟自己去體驗另一種早已存在的愉悅；有時候會有新的愉悅出現；有時候你則會發現：你現在也不需要那麼多啊。我們無法告訴你放手是什麼感覺，我們只能向你保證：你會從裡面學到東西。

學新東西要花點時間，所以請讓自己有充分的時間學習。弄清楚你正在努力學習什麼事情可能會有些幫助——比如說，當你的伴侶出門約會時，如何覺得自己很安全、很性感、很獨特——並且答應自己，你會學下一件事情。嗯，學完這一件，還有下一件事情要學。任何改變，無論大小，都是一次一點點完成的；所以今天就完成這一小步吧，明天或者下禮拜，你就可以進行下一步了：今日事今日做，就是為明天做好了準備。

多重關係先驅：奧奈達社區

約翰．亨佛瑞．諾依斯（John Humphrey Noyes）是一八四〇年代，佛蒙特州鄉間的一個新教傳教士。在那兒，他發現了性愛與靈性之間的連結。諾依斯的太太經歷了四次危險的懷孕，最後皆以死產告終。諾依斯還是想要有性生活，但他覺得對太太很抱歉。因此他開始實驗有沒有不會懷孕的做愛方式。他發現，男人可以放慢速度，並且在會陰處施壓，便可以得到高潮但不會射精。男人這樣做就可以有多重性高潮，更令他驚訝的是，這樣的高潮更強烈，程度幾乎如同宗教式的狂喜。

諾依斯接受這種性愛方式，並且推崇它為聖禮，他傳教時說，性器官是「一個媒介，為我們傳遞對上帝最崇高的崇敬」。（世界各地有許多宗教團體都提出類似的哲學觀，並且創造了可觀的書、網站與工作坊，對情慾有興趣的探索者可以進一步了解。如果你好奇的話，用你最喜歡的搜尋引擎去搜尋「譚崔」〔tantra〕、「療癒之道」[29]〔healing tao〕、「酷多需卡」[30]〔quodoushka〕這些關鍵字。）

諾依斯與他的會眾很快發展成一個自由性愛社區，並且維持最初的型態長達三十年之久。為了遠離妄下斷語的鄰居，他們在紐約鄉間的奧奈達鎮（Oneida）買了地，最後建了一棟有九十三間臥房的大宅，並設立不同公司來支持這個社區，包括至今仍維持營運的奧奈達社區銀器用品公司。

奧奈達的理想是擺脫貪婪與占有慾。他們不鼓勵排他性的關係，奧奈達的人們盡力避免他們所謂的「黏黏的愛」——就是羅曼史，或者墜入情網——而鼓勵公共的愛（communal love）。

奧奈達社區發展出一種女權精神，超前那個時代甚多。他們很認真地確保男女在工作上是平等的，女人都短髮，裙長及膝，內著襯褲，這樣行動才方便；在選擇性伴侶時，女人也主動參與，社區會送女人去上大學，去讀法學院或醫學院。小孩從十八個月大開始，就由社區共同撫養，好讓他們習慣社區的公共生活。他們不鼓勵小孩與生身父母有過多的連結，女人可以自由地探索令她感興趣的工作。

不幸的是，奧奈達並未倖免於十九世紀流行的優生學。諾依斯搭上了優生學的潮流，認為他的社區是培育男超人與女超人的最佳溫床，所以開始鉅細靡遺加強控制，他要管誰和誰可以生小孩、誰和誰不行。你猜，諾依斯覺得誰的基因最好？他跟許多不同女性生下許多子嗣。

最後，諾依斯被迫出亡加拿大，因為新通過的《考姆斯托克法》[31]（Comstock Laws）很嚴格，連關於生育控制的文章都會被認為是猥褻而以刑法相繩。沒有了諾依斯的傳教熱情，奧奈達社區維持了一會兒，還是互相支持，但公共程度已大不如前：他們比較常步入婚姻，也在社區共有土地上建了私人房屋以供伴侶或家庭居住。最後，它看起來就像一個挺不錯的小鎮，而不是一個共有的公社。

那間九十三間房的大宅還在，現在是個博物館。

29 見註18。

30 見註19。

31 一八七三年美國通過的聯邦法，由安東尼·考姆斯托克（Anthony Comstock）一手促成。

第九章
浪女技巧

偉大的浪女是塑造出來的，不是天生的。為了使自己與伴侶保持快樂、不斷成長，妳必須透過有意識的努力與經常的練習，來培養浪女的技巧。有一些技能妳可以慢慢學習，這些將有助於妳順利展開冒險之旅，並且保持正確無誤的路線。

在我們看來，自我檢證永遠是個好主意：對我們這種沒有地圖就踏上征途的人而言，內在世界的地景能否一目了然，就變得很重要。妳可以自問：妳對這種生活方式有什麼期待？在一個感情關係不斷浮動的世界裡，妳花了那麼大的力氣學著讓自己有安全感，那麼依妳的預測，妳將得到什麼樣的回饋來補償妳所費的努力？已經走完全程的人列出一些他們獲得的益處，例如：性愛的多樣性、比較不依賴單一的感情關係，或者是在朋友、情人與伴侶形成的網絡中有歸屬感。我們的一些受訪者這樣說：

- 「我紓解了壓力——我不必再滿足伴侶的每一項要求或想望，這意味著我不必假裝成不是我的樣子。」
- 「每個人都有自己獨特的方式去學習與了解，所以與很多人有親密關係，讓我更加珍惜整個宇宙。」
- 「我可以有十分火熱的情慾經驗，但卻不涉及生殖器官，也不需犧牲我在情感上的一對一。」

・「我的生活方式給了我自由、獨立與責任，排他性的伴侶生活不會給我這些。」
・「我認為人這種生物生來就不是一對一的。一對一違反我的本性。」
・「我從不相信鄰居家的草坪比較綠——我去過啊。[32]」
・「其他伴侶為我的主要感情關係注入情慾的活水。」

隨著妳閱讀這本書，並聽聞了一些成功浪女的故事，妳可能會發現一些對妳而言別具價值的好處。妳選擇走上這條道路的原因是什麼呢？

唉呀，很多人之所以走上開放關係的道路，是因為伴侶的催促，或因為他身邊的朋友都這樣做，所以他不想讓自己顯得太過拘謹。我們想要求妳的是：請妳自己搞清楚，妳這樣做是為了**妳自己**——因為妳為之興奮，因為開放關係提供了學習的機會、成長的機會，還提供了樂趣；因為妳想要。別搞錯了，這條道路可能佈滿荊棘。如果妳讓錯誤的理由掌舵，憎恨會輕易地毒化妳原先企圖挽救的感情關係。

性愛模式的改變可以成為妳重新型塑自己的一條道路：充足、愉悅的性與愛，像是掛在面前的胡蘿蔔；而害怕失去、無聊與自厭，則有如懲罰的棍棒。我們不太相信一對一的慾望是發自內心的，所

32 「鄰居家的草坪比較綠」這句英文諺語是說，吃不到的常常更令人遐想，或者用來表達常人都有的嫉妒心。這位受訪者一語雙關，一方面是說他不會嫉妒別人，另一方面是俏皮地暗示他跟鄰居上了床。

以我們猜想妳一定是從不知道什麼地方習得那些感受與信念；可能是從妳父母、以前的情人或是從社會文化裡學到的。既然是學來的，就表示你也可以去掉這些觀念，並且重新學習新的東西。探索你的情緒並且改變妳對此情緒的反應，可能有點困難——但是當妳大功告成的時候，妳將會感覺到多麼強大的力量與勝利！

> 性愛模式的改變可以成為妳重新型塑自己的一條道路：充足、愉悅的性與愛，像是掛在面前的胡蘿蔔；而害怕失去、無聊與自厭，則有如懲罰的棍棒。

通往成功的浪女生涯

我們所認識的那些成功的道德浪女，通常都有兩把刷子，幫助他們一路穩定前進，保持光明正大與誠實，並且將不必要的痛苦減到最低。以下就是我們認為很重要的技巧。

溝通

學著講清楚、說明白，學著有效地傾聽，是很重要的技巧。好的聆聽技巧是：仔細聆聽妳的伴侶在說些什麼，不要打斷他，然後覆述一遍，讓他知道妳聽到了。記得將這個澄清的技巧，用在你說出自己的想法與感受之前。這種方式可以幫妳確認妳對前述內容有明確的理解，然後再繼續你們的討論。同樣的，如果講話的人是妳，那麼期待對方會讀心術是不公平的——無論要花多少時間與努力，盡量讓妳的解釋愈清楚愈好、愈完整愈好，而在說明相關事實的同時，也別忘了提到妳感受到的情緒是如何。

如果你們的溝通常常失敗，那你們也許應該花一點時間與精力，學習更好的溝通技巧：很多成人教育中心都開設了各式各樣非常棒的溝通班，妳也可以上網搜尋「溝通技巧伴侶」和你所在的地區，這樣就可以找到當地的資源。

誠實說出情緒

要能夠開口要求，並且得到對方的保證與支持，是非常非常重要的事。珍妮的其中一個伴侶過去會在她開開心心地去跟其他情人約會的時候，跟她說：「告訴我：我什麼都不必擔心。」珍妮覺得，當伴侶需要保證的時候願意開口要求，而且他信任珍妮一定會誠實說出她的感受，那種感覺真的很棒。只要想像一下，萬一他覺得很不安全可是卻**不肯**要求保證？這樣妳就知道為什麼直接說出需要、求得滿足，是那麼的重要。

我們都曾害怕開口要求，也曾經因為害怕，結果就沒有開口要求，我們曾經苦惱至極，只因情人不會猜我的心，沒有給我們那些我們渴求的保證，我們也曾這樣想：「我應該根本無須開口要求啊。」因此，開口要求支持、分享脆弱的感受，都需要勇氣，讓我們表揚這種勇氣吧！當我們終於完成那些使我們害怕的事情時，給自己一點鼓勵吧，然後再多做幾次。

開口要求支持、分享脆弱的感受，都需要勇氣，讓我們表揚這種勇氣吧！

喜愛

能夠**給予**保證、**給予**支持，也同樣重要——無論是為了回應對方的要求，或是自己主動給予。如果你無法跟你的情人說你愛她，無法給她一個誠心的讚美、告訴對方他有什麼不得了的優點；卻期待他有足夠的安全感能夠接納你的其他關係，你也未免太樂觀了吧。

認真想一想你可以如何讓你的伴侶知道，他對你真的很重要。我們建議的是很多的擁抱、觸摸、甜言蜜語、真誠的恭維、愛的小禮物，以及其他會使雙方覺得很有安全感、心心相印的任何事情。

忠實

如果妳有一段或幾段主要關係的話，那麼請想一想你可以如何強化它的「主要」地位。許多處於長期關係中的人會保留某些活動，只和他們的人生伴侶一起做，例如特殊的性行為、過夜、某些溫言軟語什麼的。檢視一下你的公開行為：當你在一個狂野派對裡，和一個有魅力的傢伙調情時，你會很自然地把你的伴侶介紹給他嗎？我們覺得，再有魅力的人，如果他一看到我們的伴侶就沒興趣了，那將來一定會變成麻煩。所以不如及早發現。在參加派對前就跟你的伴侶約法三章，那派對中你就不必疑神疑鬼，不知道當你的伴跟人家聊得很開心的時候，你可以加入還是不能加入。

也請注意你如何處理其他不是主要關係的感情。一個你可能永遠不會跟他住在一起的伴侶，要如何感覺到你愛他，感覺安全？他有什麼權利要求你的時間與你的注意力？你如何讓所有對你重要的人，都感覺到你的愛意與保證？請認真地，讓每一個你愛的人，都知道你愛他。跟你的生活伴侶（們）

談好，如果其他伴侶需要支持或遇到危機，例如出了意外或者生病了，該怎麼辦？誰來煮雞湯？也許就你吧。

設限

要做一個開心的浪女，妳必須知道如何——以及什麼時候——要說「不」。清楚知道自己的界線在哪裡，並尊重那些界線，會讓妳始終自我感覺良好，預防那種「隔晨憂鬱」。有的界線是關於性行為的：如果妳平常都跟某個性別的人做愛，那麼妳願意跟另一種性別的人有性關係嗎？妳願意嘗試一些妳本來覺得有點變態的性愛嗎？關於安全性行為和避孕的界線顯然是必須的：某些東西你絕對不會想要一起帶回家。有的界線是關於親密關係的，例如接觸的頻率或關係的深淺。我們也鼓勵妳多想想倫理上的兩難，還有妳該怎麼應對。舉例來說，如果一個人已經有伴了，而她的伴並不知道妳的介入，那妳會不會跟這個人在一起？妳會不會對情人說謊？妳會不會假裝高潮？

當然還有最最重要的界線：「我不想。」即使是你們的周年紀念日，即使你應該要想做，即使你已經很久沒做了。你不需要藉口。

當你看重自己的界線，別人也會學著看重你的界線。只要你不怕設下標準，通常別人都能達到那個標準。只有當每個人的界線都明白公開，你才能真正自由地開口，談你最私密的幻想，因為你知道如果你的朋友不想參與的話，他會告訴你。到這個地步我們才能要求我們想要的，結果經常大有斬獲。

計畫

成功的浪女都知道，感情關係不會從天上掉下來；得花力氣，要有計畫，並許下承諾。很少人有大把大把的時間握在手裡，可以在你想要的時候隨時聊天、做愛、玩樂、跟家人相處，甚至爭執——在這些重要的事情上，凡夫俗子的現實常常是個絆腳石。沒錯，我們確實認為爭執是很重要也必要的；在第十六章〈擁抱衝突〉裡，我們會進一步討論如何吵架與為什麼吵架。如果說計畫吵一場架聽起來實在太荒謬的話，不妨想像一下，只因沒有排出時間來爭執，就讓兩人之間的緊張情勢累積好幾天，後果將如何？

開一個群組日誌來用吧。很多線上行事曆都有這種功能，每個人可以填進自己的約會，也可以看到其他人有沒有空，這就很適合。一旦你們約好要在一起，就一定要遵守約定——我們知道你很忙，但是把維繫關係的重要活動一直延後，而跑去工作經營生意，對這段意義重大的感情關係恐怕有點說不過去吧？

了解自己

如前所述，關於性別、性愛，我們腦袋裡都帶了一大堆垃圾。這些觀念有時埋藏得如此之深，所以它們可以在潛意識中指使我們行動，而我們渾然不覺，卻為自己與情人帶來許多痛苦與困惑。

這些深藏的信念，是性別歧視與性否定文化的根源；作為一個激進的浪女，妳得把它們連根拔起才行。要真正了解自己，就像進行恆久的自我探尋之旅，透過閱讀、心理治療等等來了解自己，更重要的是：和其他也在進行類似旅程的人大量交談。這是很辛苦的工作，但很值得，因為你將取得自由，能夠選擇你真正想要的生活、真正想要的愛情，並成為自己人生裡真正的舵手。

> 要真正了解自己，就像進行恆久的自我探尋之旅。

掌握妳的感覺

親密溝通的一個首要原則是：每個人都掌握著自己的情緒感受。沒有人能「使」你感到嫉妒，或沒有安全感——使你有這些感覺的人就是你自己。無論別人做了什麼事，你的反應與感覺，都是由你的內在所決定。即使有人故意試圖傷害你，你也可以選擇自己的感受。你可能覺得生氣、受傷、害怕或者內疚。這選擇常常是無意識的，但那是你內在的選擇。

要達成這樣的認識，並不像它聽起來那樣簡單。當你覺得糟透了，可能就很難負起自己的這個責任：如果這是別人的錯，那一切不是就比較簡單了嗎？問題是，當你為了自己的感受而責怪別人的時候，你剝奪了自我的力量。如果這是別人的錯，那就只有他能改正，對不對？那可憐的你就什麼也不能做，只能坐在那裡呻吟而已。

另一方面，當你掌握自己的感覺時，你就有很多選擇。你可以說出你的感受，你可以決定要不要回應這個感覺，可以學著如何進一步了解自己，可以安撫自己，或者請求對方的安慰。掌握自己的情緒，是了解人我邊界的基礎，也是自我接納與自我珍愛不可或缺的第一步。

> 當你掌握自己的感覺時，你就有很多選擇。

放自己一馬

像妳這樣好整以暇，像妳這樣專心一志，像妳這樣穩如泰山，我們打包票，妳還是會經歷許多從來沒有預期過的問題。

也許處理問題最重要的一步，就是承認問題確實會發生，而出了問題也沒有什麼關係啦。妳一定會犯錯。妳會面對一些自己的信念、迷思與「底線」，而妳從不知道自己腦袋裡有這些東西。將會有些時刻，你覺得糟透了。

我們能不能告訴你如何避免糟透了的感覺？不能！但我們覺得，你一定會原諒一個對你有誤解或者做錯事的情人與朋友，所以希望你也能同樣地赦免你自己。了解、珍愛與尊敬自己，絕對是了解、珍愛與尊敬別人的前提。放輕鬆一點吧。

我們的一個朋友，每次犯錯而意外產生強烈情緒的時候，都會很哲學地說：「喔喔——AFOG。」她說的「AFOG」就是：「Another Fucking Opportunity for Growth」——又一個他媽的成長好機會！從自己的錯誤中學習並不好玩，但總比什麼也沒學會要好吧？

說實話

你所經歷的一切——當你感到痛苦、矛盾、歡樂的時候——你一定要說實話，先對自己誠實，然後對周圍的人誠實。默默受苦與自我欺騙在這種生活方式裡是無容身之地的：當你很痛苦的時候假裝很快樂，並不會使你變成一個比較好的浪女；假裝會使你極不快樂，也會使那些在乎你的人比你更不快樂。每個人都有不開心的時候，所以你有很多同伴。當你有勇氣開口說出你的脆弱時，你身邊的人也會如獲特赦地開口說出他們的脆弱。

當妳說實話的時候，妳會發現妳和妳所在乎的人是多麼地類似。誠實能讓妳置身於一個支持自己也互相扶持的絕佳位置；這樣的人生就是植基於了解、溫愛與接納。當妳挖得更深並將妳的發現與人分享，妳會比以往更懂得自己與別人。竭誠歡迎妳的新發現，繼續挖。

練習：試試看這些保證

這些保證可能有用，也可能你需要創造你自己的保證。不管你想到什麼，把它寫下來，貼在冰箱上，帶在口袋裡；有需要的話，也不妨站在鏡子前面，對自己說：

- 我值得被愛。
- 我的身體很性感。現在這樣就很性感。
- 我會要求我想要的，拒絕我不想要的。
- 我可以把困境轉為成長的機會。
- 每一個新的連繫都讓我向外延伸。
- 快樂人生所需的東西，我全有了。

．性是我充滿愛的靈魂的美麗表達。
．我走在我通往狂喜的道路上。

羞恥簡史

我們多半成長於以身體為恥、以性為恥的氣氛裡。我們從很小就被教導羞恥，那時我們根本還小得無法了解這種極不舒服的情緒。

我們看過很小的孩子探索自己的身體，還在學走路的小孩子，對自己胯下有無邪的興致，同樣的興趣也驅使他們玩自己的腳趾。小孩子在這樣的過程裡學習了解自己的身體。

因此我們知道一個很重要的事實：我們每一個人都被教導，不要在客廳裡自慰。父母親的態度預知了未來：很多父母被小孩子的自慰行為驚嚇、表現出恐懼，於是我們得知自己的生殖器是骯髒、可恥的。也許有些人比較幸運，父母比較溫柔地告訴他說，大人都在關起的房門後自慰——我們要很高興地指出，這種幸運兒愈來愈多了。

如果我們觀察一下自己何時會感到羞恥，就會發現，那大約是最自我壓抑的地方，我們不知怎麼地覺得自己犯了非常大的錯，一旦有人看見我們這樣崩壞，就不會有人會愛我們，或者跟我們有連結了。那麼，我們如何找到復原之路，來處理這些我們還沒有能力理解時，就已經學會了的羞恥感？

箴言如下：**羞恥的敵人是好奇心**。就是令我們受懲罰的那種好奇心，即使我們可能才兩歲。那是想玩的好奇心，想探索怎樣會感覺舒服；同樣的好奇心讓我們想知道，當我們遇到愛我們、接受我們的人，想告訴對方我們在幻想中想和他一起做些什麼時，為什麼會忽然覺得口乾舌燥、臉紅語塞。

那麼，如何從這山到那山，不再受到擔憂與羞恥的干擾？發揮你的好奇心，問問自己：「我怎麼學會的？」「當別人告訴我說摸『下面』是可恥的事，我如何選擇相信我自己？」「現在，我相信我自己什麼呢？」「我認為哪一種觀點比較健康？」

也許，只要我們給自己一點安慰與支持，當我們在乎的人還卡在舊日舊習慣裡，如果我們能給他們一些安慰與支持，那麼也許，我們終於能夠相信，我們值得擁有安慰與支持。

好奇心還有另外一個好處，就是在性探險中，好奇心使我們重新變成孩子，像以前一樣，我們歡欣鼓舞地嘗試這樣感覺如何、那樣感覺如何，咯咯笑、扭來扭去，一直問：我的身體是怎麼運作的？你的身體是怎麼運作的？把好奇心身上的韁繩解開吧。發揮好奇心，耍耍笨。找點樂子。

治療師朵思主張，我們將在性愛中找到深層恐懼的安慰與解答，因為性高潮會將生命力量注入恐懼，並且療癒它。你可以把性快感視為一個驕傲而充滿力量的訊息：我們生命的底牌就是，我很好，我們都很好。

第十章 界線

很多人認為，做個浪女就要來者不拒，完全不在乎跟你做愛的人是誰，也不在乎你自己。他們認為我們活在過度開放的空間裡，人盡可夫，沒有圍籬也沒有界線。但是這些都距離事實甚遠。作為一個道德浪女，必須有很好的界線：清清楚楚、明確、有彈性，以及最重要的，要清醒。

我們訪問到一位很成功的道德浪女，他對「來者不拒」的指控深感憤怒，他指出，浪女們有很多機會發展出精緻、複雜的挑選機制：「其實，我們的界線比大多數人多，因為我們有較多的接觸機會」；我們與各式各樣的人以各式各樣的關係接觸的經驗也比較多。

什麼叫界線？

任何關係都有界線，在一段開放關係裡，沒有人能夠擁有別人，所以界線尤其重要。感情關係應該跟「所有權」無關。有特殊性癖好的浪女可能會探索某種權力交換，我們稱為「所有權」，但無論我們的關係模式為何，最重要且不容置疑的是，每個人都擁有自己，從頭到腳。每個人都有責任經營自己的生活，決定個人需求，並想辦法讓需求得到滿足。我們不能透過伴侶而活，也不可以認為一旦有了情人，所有的需求

——沒有人能夠擁有別人。——

就會自動得到滿足。很多人都以為，如果我們的情人不能滿足我們所有的需求，那就一定不是真愛，他們一定有什麼不適合之處，不然就是我們有什麼錯：要得太多、不值得，或其他類似的問題。

如果妳從小就相信：妳的關係會為妳帶來妳的另一半，或（我帶著厭惡之情這樣說）更好的另一半，或者相信：妳的認同註定要被你的感情關係淹沒，那妳大概得花點力氣學習建立自己的界線。透過界線，我們得以了解：從哪裡開始是你的地盤，我的勢力到哪裡為止；我們的交界在何處；我們如何成為分開的兩個個體。你必須明白自己的限制何在，在各種不同的情境裡，距離多遠才使你感覺自在，距離多近才是親密；你尤其必須明白，什麼樣的方式才能使你與你的情人感覺自己是獨立的個體，又獨特不可取代。

掌握你的選擇

如同前面已討論過的：每個人都擁有自己的情緒，而每個人都有責任處理自己的情緒。了解這一點是第一步，然後妳就能主張妳對於一項珍貴事物的權利：妳自己的情緒。當妳能夠掌握自己的情緒，便有了價值連城、不可思議的能量，能夠帶進妳的關係裡。

當你發現自己對於別人的行為有某種反應時，妳很容易沉浸於他們做了什麼、那件事有多可怕，以及他們應該如何彌補這件事。但妳也可以換個方式，試著了解自己的感覺，把它當作你內心狀態的一則真實訊息，然

> 當妳能夠掌握自己的情緒，便有了價值連城、不可思議的能量，能夠帶進妳的關係裡。

後決定你想怎麼處理這件事。你還想多發現一些嗎？你想要討論界線嗎？你需要一點時間獨處，靜一靜嗎？你有話想說，希望有人聆聽嗎？當你負起責任時，你就得到這些選擇，甚至更多。

妳無須負責妳情人的情緒。妳可以決定支持他——我們非常相信聆聽有治療的神效——但是彌補、修復並不是妳的工作。一旦了解到：情人的情緒不是妳的事也不是妳的錯，妳就能真正傾聽，並且真的聽到他說話，而不會落入非得釐清誰是誰非的陷阱之中，也不會強求那種情緒要有所改變或者消失不見。

有的人看見情人的痛苦與困惑，習慣性的反應就是強烈地想要去修復什麼東西。「修好它」的訊息有時像是在否定這個試圖表達情緒的人。「妳為什麼不這樣做……試試看那樣……不要管那個了……放輕鬆嘛！」這樣的反應傳遞了一個訊息，好像這個表達情緒的人忽視了某些顯而易見的解決方法，而且為這種事情感到不愉快根本就很愚蠢。

為你自己的情緒負起責任，並不表示你必須靠自己，赤手空拳地征服所有困難的情緒。你可以求助：要求情人的保證、朋友的確認、一個可以哭泣的肩膀、一隻可以傾聽的耳朵、一個可以一起腦力激盪的腦，朋友、情人，或者治療師都可以是求助的對象。而你呢，也可以把自己準備好，當朋友或情人需要這樣的幫助時，你便可以反過來成為幫助者……對吧？

試著清醒地操作你的情緒系統，這需要改變一些舊習，而你可能會覺得很不安穩，好像學騎腳踏車一樣。你可能會摔個幾次，但只要你重新出發，堅持下去，終究會抓到訣竅。一旦找到平衡的方法，你就永遠不會忘記。

關係的界線

關係也有界線。信仰自由性愛的個人、情侶或家庭尊重彼此的感受，他們達成的協議之中就包括了關係的界線。在一個開放的性愛社群裡，很重要的是：在每一段關係的界線之內處理事情。這意思就是說：妳在參加一場性愛派對前，要先和妳的伴侶談好，你的界線何在；絕不用你的情人去貶低你的配偶；或者在你做一個決定以前，影響所及的每個人都有機會參與討論，也就是不能在某人背後偷偷摸摸，諸如此類。

以性愛與親密關係為基礎的社群，能夠好好運作下去的條件就是尊重每個人的關係，不只是情人關係，也包括小孩、原生家庭、鄰居、前任情人等等。如果每個人都清楚意識到界線的存在，並且把界線放在心上的話，那這樣的社群就可能會演化成緊緊相繫的家庭系統。

要願意從錯誤中學習。有時候界線是很微妙的，所以我們希望你能讓自己放輕鬆，放手去探索。請有心理準備，你會在嘗試與錯誤中學習，當事情的發展未如你所預期，給自己一點同理心。記住，如果你永不犯錯，你就無法從錯誤中學習了！

記住，如果你永不犯錯，你就無法從錯誤中學習了！

倒垃圾

大家常常搞不清楚「誠實地分享感覺」與「倒垃圾」有何不同。倒垃圾表示你把對方當作垃圾桶，把問題一股腦兒地吐在他身上，然後就不管了。倒垃圾的人常常期待那個垃圾桶會做點什麼事來處理這個問題，即使只是把煩惱的重擔接過去也好，那倒垃圾的人就可以停止擔心了。通常你只要清楚聲明說，你只是需要跟對方分享你的感受，聆聽者並沒有什麼責任，這樣就可以避免倒垃圾。如果你說：「你今晚要跟寶拉約會，我很不爽」，然後就是一陣沉重而各懷鬼胎的沉默，這句話所承載的重量與以下這句截然不同：「今晚你要跟寶拉約會，我覺得有點沒安全感，但我希望你還是去，並且好好享受。我這樣跟你說我的恐懼可以嗎？可不可以談一談，看看有什麼方法能讓我覺得較有安全感？」

投射

另外一個必須小心的陷阱是「投射」：把別人當作螢幕，在上面播放你自己的電影。你只看見自己的幻想，卻忽略那個活生生的人。你想像你知道他在想什麼，但其實你想的只是自己的恐懼。你預期她的反應會跟你父母一樣：「我知道如果我沒有賺很多錢的話，你就會拒絕我」，「如果我讓你看到我很悲傷，你就永遠不會尊敬我。」你也可能會把期望投射在情人身上，期待不會讀心術的他們達到一些不可能達到的標準：「你應該把我照顧好！」「你這是什麼意思，你不想做？我很想啊！」

當你下定決心要掌握自己的感受時，你就不會再把自己的情緒投射到你在乎的人身上。然後你便能清楚看見你愛人周身的光輝。當你發現腦子裡轉的念頭都在責怪你的伴侶時，你可以自問：「我掌握（own）什麼？」你可能會在自己的內心發現，「哇，我講的話跟我爸爸生氣的時候一模一樣」，或者「我現在的感覺，就像我八歲的時候會因為生氣而自己躲進櫥櫃裡一樣。」然後你可以靠近你的情人與他分享，告訴他，現在發生的一切喚醒了你腦子裡的記憶，然後你們可以一起腦力激盪，看看現在能夠做什麼。當你們兩個一起試著掌握自己的情緒時，你的情人就可以在你探索情緒時支持你，而且更重要的是，他也可以學習別再投射他的情緒到你身上。你們就不會再覺得自己像是別人掌中的傀儡。

角色的界線

你可能會發現跟不同伴侶在一起的時候，自己扮演著不同的角色；更正確地說，是覺得自己像是不同的人。跟某個情人在一起，你可能覺得自己很年輕、柔弱無助、被保護；跟另一個人在一起時卻是大地之母。跟這個情人在一起時，你可能顯得小心、篤定、忠厚可靠，跟另一個人在一起時卻衝勁十足、膽大妄為。如果你沒有太多關於多重關係的經驗，那麼這些界線聽起來可能比較陌生，或者令人困惑。

珍妮曾經在一個派對上，經驗到自我接納的美妙感覺：

> 我很喜歡在角色扮演遊戲裡當「小女孩」，但是我當時的伴侶覺得怪怪的。經過一番尋尋覓覓之後，我發現我的朋友圈裡有一個男的很喜歡扮演「爹地」，就像我喜歡擁有一個爹地一樣的喜歡。我的伴侶很高興我有個安全的場合能夠扮演那個角色，我們兩人都覺得，我選了這麼一個能夠將我脆弱的部分託付給他的人，真是一個很棒的選擇。「爹地」跟我每個月見

一次或兩次面，我們用指尖畫畫、看迪士尼電影、吃花生三明治，以及其他稍微成人一點的開心事。

最近我去了一場派對，我的伴侶和我的「爹地」也都去了。從房間的這一端，我看到他們在那一端聊天，便過去打個招呼。我走近時，我的伴侶伸手做了一個邀請的手勢，然後說：「嘿，蜜糖，到這裡來，跟你男朋友和你爹地混一下。」這兩個男人能接納彼此、互相尊重對方在我生命中的角色，那種溫暖與被接納的感覺真是動人。

我們從多重關係中能得到的東西之一，就是有機會實現各式各樣的自我。當兩個人相遇時，他們便在交會之處產生關係，在那裡，他們是相似腳本中互補的角色。因此，透過在不同的情人面前擁有不同的樣貌，我們也許會發現，在不同的情境裡，我們會有不同的界線、不同的限制、不同的關係型態。

你內在的多樣性會以許多不同的方式展現出來。例如當情人甲在發火的時候，你也許可以保持冷靜、不動如山，但是情人乙生氣的時候，你卻忍不住覺得傷心——這件事「踩到你的底線了」，也許他使你想起一個舊情人，或者使你想起動輒處罰你的父母。當這種情況發生時，就是一個讓你掌握自己底線的機會。當你掌握自己的底線時，你就比較能夠決定，你與情人乙在一起時，你的界線何在，也會發現這界線和你與情人甲在一起的時候並不相同。

忘了公不公平的問題。道德浪女的生活並不保證所有事都是平等的。不同的關係有不同的界線、不同的限制，與不同的潛力。所以，如果你的情人找到一個她可以與之分享某種活動的人，而你也願意和她分享那個活動，那問題就不是「妳為什麼不跟我一起做？」而是：「那聽起來很有趣，你覺得怎麼安排，可以讓我們也一起做那件事？」

我們訪問了一個女人，她這樣講：

我的開放性愛給予我個人的自由、獨立與責任，那是一對一的伴侶關係不會給我的。因為每一天，我都有責任讓我的需求被滿足（有時沒有），必須創造並維持我生命中的感情關係，沒有什麼是我可以視為理所當然的。我遇到的每一個人都可能有和我建立關係的某種潛力，那可能性只在我和她之間，跟我與其他人的關係都無涉。這樣的生活方式，使我非常具體地感覺到自己是一個個體，是我創造了我的每一天。我知道我的整個生活——我跟誰搞、跟誰有關聯、有什麼樣的關係——都任我選擇，這使我更覺得自己已經長大了，是個成年人，是個負責任的人。我對我的伴侶承諾我願將人生與他分享，那表示我擁有我自己的人生，可以與人分享——一個完整的人生。我也很清楚地知道，他在這裡，是因為他想，不管「這裡」是哪裡。我們兩人相伴，每一天，因為我們真的想彼此相伴。

論無性戀

「看見無性戀教育網」（The Asexual Visibility and Education Network）將無性戀定義為「不受性愛吸引的人」。與之平行的另一身分是「無愛戀」（aromantic），就是不會與人產生愛情關係的人，無論他對性愛有興趣或沒興趣。無性戀與無愛戀都分很多級。「灰色無性戀」（graysexual）處在無性戀與有性戀之間的灰色地帶；「半無性戀」（demisexual）只對他愛的人有性慾；族繁不及備載（同樣的分級也適用於無愛戀者）。我們無法窮盡無性戀與無愛戀裡面所有的分級，但如果你覺得這些聽起來很陌生的話，我們鼓勵你去多找一點資料來看——很多人驚訝地發現，某些無性戀或無愛戀的認同，就是在說他呢。

和所有的性傾向一樣，無性戀與無愛戀是流動的，會隨著一個人的成長與改變，而逐漸演化。若一個人清楚意識到自己的傾向以後，當然也可能就此穩定下來。

許多無性戀與無愛戀者，覺得浪女生涯挺適合的，因為他能與伴侶找到合適的連結方式；他的伴侶則可以與其他人建立連結，因為有些東西，無性戀者與無愛戀者並沒有分享的興致，那他的伴侶就可以從其他人那裡得到。

珍妮參加了一些無性戀者的討論會與工作坊。令她驚喜的是，無性戀者關注的很多議題，都跟道德浪女一樣，比如說：連結可以有各種形式，觸碰生殖器或者不碰生殖器都行；還有，一段碰觸生殖器的關係，並不見得就是一段比較「真實」的關係。

第十一章
不道德浪女

有的人加入性愛邂逅，是因為他把性愛當作一場大狩獵：他總是企圖征服那不情願的、無意於此的受害者，好像他所看上的獵物，永遠不可能自己決定與這位誘惑者共享雲雨之樂，除非獵物中了計、上了當。我們發現，如果妳相信，會跟妳做愛的人一定是個呆瓜，這個想法就會變成一個自我兌現的預言[33]。如果妳用性愛去竊取別人的性愛，以支撐妳自己脆弱的自尊，那是沒用的，因為這樣永遠不可能建立一個堅實的自我價值，妳將需要竊取更多、更多，而永不饜足。

這種人常常用開放性關係來創造紀錄。蒐集型和獎章型的性愛人士把他們的伴侶當作比賽的獎品，而他們是下定決心要贏得這場比賽的。

妳也許沒聽過有蒐集癖的人，但是我們可以向妳保證，就是有這種人。我們有個朋友發現，她的一位準情人已經跟她媽媽、她姊姊都搞過了，正打算創造一個「大滿貫」呢。這種性愛意味著把伴侶當作物品，而不是當作人，這顯然不合於我們所要求的相互尊重。

---

33 自我兌現的預言，意思是這句話一說出來，就會使內容成真。比如你自卑地認為別人一定都不喜歡你，這樣的想法使你畏縮，那別人果真就不喜歡你了。

有的人拼命想「得分」，好像所有人都可以從「行情最好」到「行情最差」列出一個排名，而得到最多分、確保自己排名居高不下的方法，就是盡妳所能地蒐集性伴侶，能爬多高就爬多高。在這種排名裡，一個人的名次與價值依其瘦削、年輕、可口、健美、富有程度及社經地位高低而定。

我們不相信愛情是一場能夠以分數高低決勝負的遊戲，何況分數又是建立在膚淺的價值觀上。我們從豐富經驗中得知，外表與財富並非會不會愛的有效指標。我們盡量不去為別人排名，不去排序誰較好、誰較差，我們也不歡迎那些只因為我們的排名才對我們有興趣的人。排名會製造受害者，名次頂尖者與敬陪末座者皆然。被太多人因為錯誤的理由跑來追求，跟完全沒有人追求，一樣令人感到荒謬孤單。

如果一個人長久以來都從事無共識的非一對一行為，他通常會難以擺脫保有秘密的習慣，老是想「從什麼事情裡脫身」。這些人可能很難適應「妳情我願的浪女生涯」——他們太習慣對他們的伴侶隱瞞實情了，因此他們可能早已習慣用一種鬼鬼祟祟的態度來看待他們的情慾生活，他們總是因為偷嚐禁果而分泌大量的腎上腺素，且似乎沉迷成癮。對於這樣的人來說，要突破她的心防很困難，她也很難有機會去體驗：知道沒有人會因妳的歡樂而受傷，那是多麼快樂的感覺！她們也許得跨出信任的一大步，或者靠一些創意想像與角色扮演，才能有所改變。

拒絕採取病毒隔絕措施也拒絕學習的人，不是道德浪女。這種人會因為從事易傳染的性行為而跟情人爭執，堅持進行無阻隔的性行為，或者企圖偷偷突破情人的安全性行為防線，他們純粹就是玩陰的。如果你為了避免尷尬，就無視於病毒與細菌的現實，不採取預防措施，那也不是道德浪女所為。

好的浪女會說實話，即使他窘得不得了。

道德浪女不會許下妳做不到的誓言。如果妳受到某人的吸引，而他在尋找的是一生為伴的伴侶，妳想要的卻只是露水姻緣（或者剛好相反），妳一定要坦白說出來，即使這表示，你們性愛的可能性因此告吹，除非你們彼此的感情變得旗鼓相當。錯誤隨手即生——有時候純粹是意外，有時候我們其實應該能夠預見這樣下去會有人受傷。

我們兩人都曾經犯過這樣的錯。現在我們已經老了一點，也變得聰明一些，因此知道我們自己的限制：如果這個人，我們絕對不會想跟他搞第二次，那我們就連第一次也不搞。我們相信，所有值得做的事情都值得等待，直到時機成熟。高明浪女的正字標記就是從錯誤中學習，然後繼續向前。朵思很年輕、很愚蠢的時候，犯過這樣的錯誤：

那時我才剛結束一段很長的感情，我自己也四分五裂的。我在格林威治村的咖啡店裡，看見最近成為我前任情人的那個人，跟一個年輕可愛的小東西熱切地談話，卻不是跟我。我徹底覺得被背叛、失落、毫無價值。就在那時，一個向來被我吸引的年輕男人剛好過來跟我講話。我從未對他有認真的感覺。不知怎的，我覺得跟他回家、讓他整理我凌亂的羽毛似乎挺不錯的，但隔天我就後悔了，因為我發現我傷了他，棄他於尷尬的困境中。使我更有罪惡感的是，後來我才知道我的前任其實是對那個甜美的女孩子搥胸頓足，說他跟我分手後感覺糟透了——而且我們後來還復合了。我一直覺得我占了那個年輕男人的便宜，他對我表現愛意，我不經大腦地接受了，然後又直接擲還。如果我直接拒絕他，還不致這麼殘酷。

講到這裡就要說到報復性愛。跟一個人做愛以報復另外一個人，真的是很低級的做法。故意激起某人的不安全感、嫉妒與其他痛苦的情緒，是很沒品的事，而利用另外一個人、把他當作妳這齣戲裡的掌中玩偶，更是為人所不齒，這是巨大的傷害。在病態心理學裡面，所謂「反社會」（antisocial）的定義是：「不顧別人的權益而行事囂張」，我們要再添加一句：不顧別人的情緒也算。我們比較喜歡跟合群的人來往。

如果你的親密圈裡面有某個人不誠實的話，你會怎麼辦？如果你們這個大家庭的成員能夠談談發生了什麼事、分享經驗和感情的話，情況會好很多。如果每個人都羞於承認自己被心懷不軌的某個人利用了，那麼其他人就不會知道要自我保護。相信別人的謊言沒有什麼好羞恥的，我們大多數的人都曾經將信任付諸某人，結果卻發現他並不值得信任。誠實的人可能會被愚弄，但我們希望你會有足夠的謙遜從錯誤中學習，不要再被騙第二次。

以上這些情境，問題都出在有人不誠實，或者有的人只做愛，卻避免親密關係與情感連繫。當你不說實話的時候，你根本就心不在焉。你如果心不在焉，自然不可能與任何人有連結。你若與人沒有連結，怎麼會有任何感覺呢？

只要把情人當作人，並且容許每一段關係去找到自己的位置，而不要讓關係受到文化強加的模式影響，道德浪女就能夠創造可長可久的關係。

第十二章
調情與追求

調情（flirting）與追求（cruising）是可以學習的技巧，不過很少有人一夜之間就什麼都會了。

調情與追求不一樣嗎？兩者的區分並不明確。有的人認為，如果那個環境並不是情慾環境的話，你就是在「調情」；如果是俱樂部、討論會、酒吧或者其他擺明了要釣人的地方，那就是「追求」。你也可以這樣看：調情是採取行動的開端，追求是你已經確定對那人有興趣而做的事。兩者都牽涉到眼神接觸、肢體語言、微笑與溫暖中的性能量交換。那些性能量稍縱即逝，但早在你們進展到肢體接觸之前，就已經悄悄在你們之間飛來飛去了。

性別角色可能會使得調情與追求平添困難。在這個文化裡，男人被教導要步步進逼、堅持，絕對不接受「NO」這個答案；女人被教導要忸怩作態、要推託、要閃躲，絕對不會乾脆地給出「YES」這個答案。在這個愚蠢的方程式裡面，我們的位置愈極端，就會把彼此推得愈遠——結果從傷心到約會強暴都有可能。

不過好消息是，這兩種行為模式都可以改變。當所有性別的人都能夠依照自己的慾望，自由地說「YES」或「NO」，而不再顧慮其他因素時，我們就能更真實地互相了解，也得到更為正面的性愛。

說要，說不

性愛經驗豐富的人公認，知道自己要什麼，是一件非常好的事。在這樣的前提下，對你潛在的伴侶來說，事情就變得比較容易了，他可以提出直接露骨的提議。若是換了一個脈絡，這種提議可能令人勃然大怒。但他們信任你有說「不」的能力，只要你沒興趣，你就會說不。搞清楚自己想要什麼，是你自己的責任，不是除你之外任何人的責任；別人既沒辦法也不應該去猜你的心。所以，你得學習說不，學習輕鬆自在地說不，即使同一個晚上連續拒絕幾個你不想要的試探，也不會覺得很掃興。

> 當所有性別的人都能夠依照自己的慾望，自由地說「YES」或「NO」，而不再顧慮其他因素時，我們就能更真實地互相了解，也得到更為正面的性愛。

大多數人都不善拒絕：很多男人被教導，他們應該永遠對性很飢渴，所以如果有人對他有興趣，即使他還沒準備好或者不感興趣，他也會覺得，如果拒絕了，好像就不夠男人，或者自己很不應該。

自在地說「不」的秘訣在於：你拒絕時要說清楚，那是因為你自己的因素，不是因為對方的因素。所以不要說：「跟你？你瘋啦？」你可以說：「不要，謝謝。你人滿好，不過我覺得我們並沒有很心意相通。」或者「不要，謝謝。我現在並沒有在找伴。」「不要，謝謝。通常我喜歡在做這類事之前，多認識對方一點。」重要的原則是：你的「謝謝」應該是真心誠意的。有人問你，即使是一個你認為沒有吸引力的人，那也是一種恭維，他們值得你的感謝。如果你覺得「太荒謬了吧！居然有人會受我吸引？」那我們會擔心你自尊太低。

許多女人被教導，直接說不的話，太不女性化了。請自問：你上一次對性說不是什麼時候？你是怎麼說的？是禮貌、友善但是準確無誤的「不了，謝謝」嗎？還是那種「今晚不要啦，我頭痛」、「改天吧」、「我想想看」？我們強烈建議你，找出一個適合自己的「不要，謝謝」。如果你期待對你有興趣的人能夠讀你的心，能夠神秘地猜出你的「也許吧」就是「不要」，那你實在既不道德，也不浪女。

我們也需要練習說要。我們的文化迷思是，異性戀的互動裡，男人用懇求、拐騙或威嚇讓女人說要，或者至少讓女人不敢說不，然後男人就按照自己的想法為所欲為。自我認同為女性的人，需要與對方平等，在選擇的階段多參與，要明白自己喜歡什麼，而且遇到吸引你的人，你要能夠清楚告訴他你喜歡什麼。自我認同為男性的人往往被文化制約得只知道你「應該」想要，而不清楚你真正想要什麼，那麼你需要的是：當機會來臨時，對你真實的慾望說要。

一旦你可以自在地說「不」，說「要」就比較簡單。試試看，各種方法都試一下：「好的，請！」「好呀，什麼時候？」「好，不過我有一些界線，我想先跟你談談。」「好啊，不過我得先問過我的伴。」「好，不過今天晚上不行。下禮拜二你覺得怎麼樣？」「管他的，好啊！」

> 一旦你可以自在地說「不」，說「要」就比較簡單。

調情的藝術

每個人生來就會調情。不信的話，請看看小嬰兒如何跟旁邊的大人產生互動：眼神持續接觸、微笑、開懷大笑以示歡迎、送上自己心愛的玩具（不過規矩是欣賞完以後要還給他，就像成人玩具一樣）。

但是多數人在長大成人的過程裡，就失去這些珍貴的能力，所以得從零開始再學一遍。我們兩人都認為，調情本身就是目的，而非僅是達成目的的手段。請為了樂趣而練習調情，暫時把得到上床機會的目的擱在一邊。專心創造好的連結。觀察男同志如何與異性戀女人調情——友善地恭維、漫不經心地挑起性話題、不帶威脅感的親近等等，這些調情手段之所以有用，都是因為調情者了解，這段互動純粹是為了雙方的愉悅，而不是要在最短時間內衝進距離最近的一間臥室。

那麼，我們建議你藉由練習來學習調情。說到「調情」，你最容易聯想到的可能是「嘿，寶貝，你什麼星座的？」那不是我們要說的調情，剛好相反。優秀的調情必須看見對方，人類天生渴望被看見，當你讓對方感覺到你看見他，他自然會開始看見你。

調情經常是不經語言的。你可以保持眼神接觸，比尋常的看一眼更久一點點——比一瞥久一點，但不像死盯著看那麼久——這會讓對方知道，你覺得他值得注視。將身體轉向這位你有興趣的對象，保持一個開放的姿勢，手不要交叉，腳也不要。微笑。

如果你的調情進展到說話了，那我們建議你，從真誠的、個人的，但與性無關的稱讚開始。公園長椅上坐你旁邊的這位，是否牽了一隻貴賓狗，剛去美容院剪過毛？你是否聽見葡萄藤那邊的隔壁鄰居剛剛獲得升遷？這種真誠讚美傳達的意思是，「我有在注意你；對我來說，你不只是一個陌生人。」你也許覺得這樣根本不像調情，但是相信我，這是很棒的第一步。評論別人的身體外觀，尤其帶著性意涵的（「你的褲子使你的臀部顯得很漂亮！」），不是我們要說的調情。你的目的是使你的朋友覺得整個人被看見了，而不是被化約為身體部位的總和。

注意你得到什麼回應。如果我們在跟你調情，但你將臉轉開，後退一步，或者將手臂在胸前交叉，我們就知道你沒有興趣建立連結，那我們就會優雅地告退。像天下所有人一樣，我們也不是很喜歡這種感覺，但我們會盡力不要覺得被拒絕——你又不認識我們，你不知道你錯過了什麼。而且，我們知道，你一定是正要去和一個已經認識的人約會，所以純粹就是此刻沒空罷了。

我們認識的人當中最會調情的人說，他有一個永不失敗的開場白：「嗨，我是麥克。」從這裡開始，他和他有興趣的對象可以隨興之所至：天氣、風景、工作、小孩、寵物、糟糕的世界局勢、最喜歡的食物等等。這個階段的調情是探索，慢慢認識眼前這個不錯的人，慢慢發現你們的相同之處與不同之處，試試看你們可以怎麼建立連結。這個階段的性感之處在於能量：一閃即逝的笑容、眼睛裡的光亮。通常你可以感覺得出，什麼時候你們只是交談，而什麼時候是在調情——一切都關乎能量。

我們知道，如果你很害羞，因為大家都跟你說好女孩好男孩是不會調情的，或者你習慣一種捕獵風格的調情，你可能會覺得我們說的這種調情很難學。我們恨不得有一根調情魔杖，可以朝你輕輕一點。但我們沒有魔杖，所以你只好自己練習了。你可以找一個願意幫忙的朋友，最好是跟你的調情對象相同性別的人（如果不是相同性傾向的話），請他假裝兩人首次見面，試著跟他調情。你的朋友可以幫忙指出你是否表達得太微弱或者太強烈，並幫你改進技巧。當你開始享受調情，不

我們恨不得有一根調情魔杖，可以朝你輕輕一點。但我們沒有魔杖，所以你只好自己練習了。

為了任何其他目的，不去想它將通往什麼樣的下一步，那你就走對路了。

浪女的現身

除非你是在一個多重關係專屬的環境裡追求別人，不然的話，你很可能會發現，你有興趣的對象（還）沒有讀過這本書，可能也並不熟悉浪女的生活方式。所以，某個時候你得讓對方知道，一對一並不在你個人的選擇清單上。

我們沒辦法明確告訴你什麼時候可以這樣做、要如何告訴對方，我們只能說，與其後來說，不如早點說。如果你們只是要一個快閃性愛或者派對性愛，也許完全不用討論這些。但如果快閃性愛之後，你們打算進行第二次約會，那可能就是一個好時機，讓你的新朋友知道你無意步入穩定關係，無論現在或將來。

要在一段尋常的對話裡插進這些，比如你們正在談電腦軟體或衝浪，是有點難度，我們知道。你可以很快地提到你的伴，但強調他們是複數，通常這樣就行了。你也可以開始泛泛地討論關係，藉以找到一點空間，來表達你自己的意見與慾望。或者就在請他們到你家喝一杯的時候，把這本書放在茶几上吧！

有可能，那個吸引你的人鍾情於一對一關係，可是你卻覺得他超級有吸引力。對於多重關係一族愛上一對一關係的人，我們在第二十章〈伴侶與團體〉中有一些建議。

追求的挑戰

如果你在一個擁擠的房間裡，站在角落，覺得你是唯一一個落單的人，覺得你這輩子永遠不會與人產生連結了，那我們建議你去找另外一個站在角落裡的人說說話。這種場合，珍妮最喜歡的開場白是：「嗨，我一個人都不認識，我可以站在這裡跟你聊一會兒嗎？」

這個簡單的開場只要練習一下你就會了。開場之後，追求的策略在很大程度上視你的性別與對方的性別而定。

男人專用

慾望男人的男人，自有一套追求的風格，他們的正字標記就是直接了當。眾所周知，大多數男同性戀或雙性戀都可以自在地說出「不要，謝謝」，因此才成就了這種直球對決的追求風格。男追女常常因為體型優勢而蒙上一層陰影，一不小心就令人不舒服，或者備感威脅；男追男沒有這個問題，除了跟著慾望走以外，沒有其他疊床架屋的條件，所以男同性戀或雙性戀跟他們的異性戀兄弟比較起來，在追求時比較倚賴身體語言與無須言說的暗示。他們有自信，知道當身體語言不管用的時候，就明白說。

異性戀男人面對不同的挑戰。在性與親密關係上，很少有女人喜歡被催逼、被徹底淹沒，或者講話沒人聽。尤其很多女人最討厭男人太過強勢地要單獨約見面、要聯絡電話、堅持提起性話題，即使女人把話題轉開好幾次，或者以帶有性暗示的、家父長一般的方式，未得允許就偷摸。偷偷摸摸的追求很惹人厭；比較好的做法是直接問，而如果對方拒絕的話，請勿爭執。

很多男人錯在將心比心：他想，如果他是女人的話，他希望這樣被追求，於是他就這樣追求女人。如果你不確定這樣追求女人，會不會令對方覺得你下手太重，你可以想像有一位粗壯男子用這種方式追求你，看你覺得如何。很會追人的男性對語言與非語言的訊號都非常敏銳，他會傳遞友善與珍愛的訊息，給面前這個有魅力的人。

女人專用

各種性傾向的女人都可以學習更主動地提出要求，無論是在會面過程中，或者見面之後；這樣會大有收穫。如果你習慣一邊啜飲果汁，一邊等待看誰要來釣你，那要你主動出擊大概會讓你覺得很恐怖、很猴急——是的，甚至是浪蕩——尤其是一開始。更恐怖的是那種被拒絕的風險。然後就會愈來愈簡單了……尤其如果你被拒絕個一、二次以後，你自然會知道，那不是世界末日。我們叫你去做的事，畢竟是男人幾百年來都在做的事啊。你將會和男人一樣發現，追求自己想要的然後得到它，是多麼愉快的事。

跨性別與非二分性別者專用

對於那些身體與社會性別（gender）不同的人[34]，或者社會性別與文化規範不同的人[35]來說，調情與追求過程裡，最大的問題就是，「對方知道多少？」我們有很多朋友活在性別規範之外，他們是「化外之民」，而他們寧可在網路世界裡釣人。因為在那裡，他們有興趣的對象心儀的就是「化外之民」，省得他們把希望、時間，有時還有人身安全，投資在一個陌生人身上，到頭來卻發現，那個陌生人根本不知道「性別」不像國中二年級的健康教育老師教的那樣簡單。

另一方面，我們也訪問到一位跨性別女人，她說：「即使你在實體世界裡釣人，也別忘了，很多人在慾火焚身或認真之前，都有一些必須事前揭露的資訊：健康狀況、有個伴侶在家裡、性愛的界線、個人的界線等等。」所以，你也可以這樣想：你褲子裡的東西也許會、也許不會令對方感到驚訝，但那只不過就是你們親來親去以前，諸多需要討論的議題之中的一項而已。

我們有很多跨性別朋友都有這樣的經驗：他們是觸媒，被他們吸引的人，會因此開始重新檢視自以為的性愛認同。一位跨性別朋友說，ㄊㄚ在性別研討會上認識一個女人，原本認同為女同志，但到了這個研討會才驚愕地發現，她深受跨性別男人與跨性別女人吸引，以及那些無法簡單歸入任何性別範疇的人。他們指出，很多人對於當代性別理論的精妙論點，還是一無所知。「起先我會生氣他們不知道我在性別光譜上居於什麼位置，」一個跨性別男人說，「但過一陣子以後我就比較能夠判斷，誰是有敵意與惡意，誰則是真的不知道，並且已經盡力在了解。」他說，現在他有時還是要溫柔地教育

34 例如有陰莖，但是自我認同為女性的人。

35 例如喜歡著女性裝扮的男性，或喜歡著男性服裝的女人。

那些潛在的小甜心，告訴他們跨性別男人的真實生活經驗，但他其實還滿享受的。

無論你想不想在調情的時候順便教育他人，我們都建議你想想你要把界線畫在哪裡，並且做個決定——沒有人喜歡侷限在一個小小的同溫層裡面調情，但也沒有人想在每一次調情的時候，都要順便教「性別ABC」。你可以自己找到你的平衡，隨著時間過去，你的慾望與能力會有所改變，你的平衡點也會有所飄移。

伴侶與團體專用

有時候，情侶或者一個性愛小團體，會一起尋找可以跟他們玩三人行或多人行的人。團體式追求的好處是，如果你被三振出局，還是有人會跟你一起回家。然而很多人並不習慣這種公開的非一對一關係，所以如果你跑去跟她說：「嗨，我覺得妳很迷人，我的伴也這麼覺得。」他們可能就嚇跑了。但你還是會找到一些很可愛的人，偏好跟一對關係穩固的情侶之一、之二或所有成員發生關係，因為他們覺得那樣比較安全，而且雙方會有維持適當界線的默契。

有的性愛小團體一起尋找可以跟他們玩三人行或多人行的人；有的團體則分頭尋人，新人個別地與一個或幾個團體成員一起玩。當妳有伴而獨自尋找伴侶時，請務必記得告訴對方：妳的伴侶或者伴侶們就在家裡等妳。有些人聽了會很開心，有些人不會，但是充分揭露，本來就是道德浪女的行規。

如果派對結束時，你打算與你的伴一起回家，為了禮貌起見，你應該讓你其他的情人們事先知道。你可以和新認識的朋友交換聯絡方式作為一種保證，如果適當的話，不妨選定一個時間地點，約好下次見面：「我可以明天早上打電話給你嗎？」或者，「下了班一起喝杯咖啡好嗎？」

無論是單獨行動還是一起追求，你們都必須事先達成協議。誰想要對誰做什麼事？在哪裡？什麼時候？如果你們之中有一個人期待的是一個當晚能夠立刻弄上床的人，而另外一個想要的卻是一段長遠的關係（「她跟我回家了！我可以讓她留下嗎，拜託？」[36]），那你們就要面對一場巨大的誤解了。

一起追求的情侶，各自應該有各自的社交技巧。如果妳依賴妳的伴去自我介紹、聊天打屁、調情協商，這對妳不好，對妳的伴也不好。而且那可能會造成誤會，畢竟很少有人能夠當一個技巧純熟的溝通員，搞清楚妳所有的需求、興趣與個人特質。

很多浪女很氣的是，有的人對於某些參與者，會表現出不尊重或者物化的行為。例如一對情侶把看起來比較天真無辜的女性當作「餌」，等你上鉤以後，才赫然發現她的配偶也欣然加入了！珍妮記得有一次在一個群交的場合，一個男人請她幫忙一起挑逗他的女伴。她說好，卻發現那個男的幾乎立刻就把所有注意力從他女朋友身上轉向珍妮——當他攫住珍妮的胸部時，他徹底忽略了那位不幸的女友。不用說，珍妮立刻告辭，退出了那個令人毛骨悚然的場景。

把第三方當作超大型婚姻援助，是很不尊重的。我們認識很多雙性戀的女人，一聽到所謂的「火熱雙性戀寶貝」就火冒三丈——有的情侶找雙性戀女人約會，是為了把她們嵌進一個設定好的角色，

[36] 這通常是小孩子要收養流浪動物的時候會說的話。

作為他們的伴侶關係或家庭關係的一部分。多對多族群把這種雙性戀女人稱為「獨角獸」，因為她稀有，而且很可能是神話中才有。與「獨角獸」對稱的，是被稱為「飛馬」的雙性戀男人，有的異性戀伴侶會期待雙性戀男人同時滿足伴侶兩人的需要。

一對情侶一起追求或團體式的追求，抑或是接受這樣的追求，其基本原則是要尊重所有相關人士的感受與關係。妳不會想要追求一個會從妳或妳的伴侶身上偷取利益的人，而對方也不會想被利用、隱瞞或虐待。

朵思曾經跟固定情人甲一起出去約會。她發現甲身後有一個很迷人的傢伙乙，一直想要引起她的注意。朵思向情人甲解釋現在的狀況，情人甲忽然福至心靈，很尊貴地晃到乙旁邊宣布：「我的女伴想要把她的電話號碼給你。」當時乙看起來大為震驚，不過他隔天真的打電話了。在那之後，朵思就常常用這招，而且她大力推薦：對方真的會打來，屢試不爽！

以尊重、喜愛與親密的方式對待參與其中的每一個人，妳將會得到非常特殊的回報：從一個溫暖愉快的放縱夜晚，到長期的多人關係都有可能。

每個人的追求策略

我們所認識最棒、最成功、最不令人反感的追求者，不論其性別與性傾向為何，他們的共同特徵就是友善、好奇。大多數的人他們都喜歡，也有興趣跟每個人講話。如果哪位交談對象能轉變成潛在情人，那更好。

當你擔心著別人的眼光時，請記得，你沒有必要假裝成任何人。你如果吸引到一個對你有誤解的人，對你也沒有意義：令那個人興奮的另有他人，又不是你。當你誠實以對，你所吸引到的人就是對你有興趣，就是對這個光耀燦爛的你。

多重關係先驅：《情人一把》與采爾—雷文哈特家族

當代第一部「怎麼經營多重關係」的指南，大約寫於四分之一個世紀以前。指南的作者在闡述她的基本原則之前，已經有將近二十年的多對多經驗。

晨輝·采爾—雷文哈特（Morning Glory Zell-Ravenheart）於一九九〇年出版《情人一把：負責任的開放關係策略》（*A Bouquet of Lovers: Strategies for Responsible Open Relationships*），針對有主要關係/次要關係的開放關係，提出了一些具體原則，跟本書裡所提的原則非常相近。

此外，跟本書一樣，《情人一把》的作者與出版者，也是在自由性愛時期發現了他們的價值觀。這兩位年輕的探索者於一九七三年在一個新異教（neopagan）研討會上認識。本來分別叫做黛安娜・摩爾（Diana Moore）與提摩西・采爾（Timothy Zell）的這兩人，很快就在一起了——他們是激進者、愛人，也是一個多重關係大家庭的家長。這個大家庭以各種不同的形式持續了將近五十年，直到二〇一四年，以「晨輝・采爾—雷文哈特」之名聞名於世的黛安娜辭世。

采爾—雷文哈特家族匯聚了一些志同道合的情人，成立了「全世界教會」（Church of All Worlds），那是一個多重關係的新興宗教組織，其原型來自羅伯特・海萊（Robert Heinlein）大受歡迎的科幻小說《異鄉異客》（*Stranger in a Strange Land*）裡面描述的教會。歐貝隆・采爾—雷文哈特（Oberon Zell-Ravenheart，也就是原來的提摩西）出版了《綠蛋雜誌》（*Green Egg Magazine*），那是一份創刊於一九六八年的新興宗教刊物，一直到今天還在網路上繼續出刊。《情人一把》最早就是出現在《綠蛋雜誌》上。

歐貝隆和采爾—雷文哈特家族的剩餘成員，現在仍然一起住在加州索諾瑪郡（Sonoma）的兩棟大房子裡。

第十三章 安全的性

有人提出「安全性行為」（safe sex）一詞來討論如何讓性行為中HIV的傳播風險降到最低，隨後又修正成「較安全的性行為」[37]（safer sex）。但是性從來就不是完全安全的。比較可靠的避孕技術僅僅誕生於數十年前，而在避孕技術問世之前幾年，抗生素才開始用來治療梅毒與淋病這些性病所導致的病痛、瘋狂與死亡。疱疹仍然是不治之症，而我們對於人類乳突病毒引起的子宮頸癌，所知仍然有限。無論你的性傾向為何、性實踐為何、風險因子為何，在今天的環境裡，漫不經心的性愛就是有可能致命——也就是說，你必須保護你自己與你的伴侶。

既然性愛從來不是絕對安全的，那麼道德浪女們就得投入時間、精力與承諾，以最少的風險來取得其所想望的性。認真的浪女已經發展出各式各樣的策略，來降低感染或意外懷孕的風險，包括隔絕、疫苗、

既然性愛從來不是絕對安全的，那麼道德浪女們就得投入時間、精力與承諾，以最少的風險來取得其所想望的性。

37 「較安全的性行為」實在是非常拗口的中文，所以本書每遇safer sex，還是直接翻「安全性行為」。

投藥等方式，都可以避免某些疾病因性行為而傳染。

請搜尋較安全性行為，找到適合你生活方式的行為守則，並且計畫好如何保護自己與你的情人，免於受到HIV的感染，以及疱疹、肝炎、淋病、梅毒、衣原體、志賀氏菌、人類乳突病毒、子宮頸癌、意外懷孕與其他種種討厭的事情。

醫學研究與建議並不在本書範圍之內，但是美國疾病管制與預防中心（Centers for Disease Control and Prevention）有個網站（www.cdc.gov），上面有最新的安全性行為資訊，很多女性主義與LGBTQ的組織也會提供這類資訊。

我們不認為你需要在碰觸別人以前，先用乳膠把身上每一部分都蓋住。對我們大多數人來說，目的是降低風險，就像「防禦駕駛」（defensive driving）一樣。沒錯，當你在公路上奔馳時，也許會冒出一個醉鬼把你撞死，大多數人的做法是盡最大的努力注意安全，然後繼續開車。還是有一些方法可以繼續享有火熱的性愛，不必像背著有瑕疵的降落傘一樣往下跳。以下是我們以及認識的朋友們一直在用的有效方式。

隔絕：橡膠（或者丁睛、PU）圍籬

這是超級基本的技巧：在你與病毒之間，設下某個無法穿透的障礙。現在，很多人決定聽從他的性驅力，在性上能走多遠就走多遠，但是一絲不苟地做好隔絕措施。都這個年代了，我們希望這些都已經無須解釋：隔絕措施包括陰道性交、肛交與陰莖口交時使用保險套；自慰、指交或手交時用手套；陰道口交或肛門口交時用牙科膠膜（dental dams）或保鮮膜。

手套與保險套可以讓性玩具為多人所使用，而仍然維持完好、乾淨、不帶病菌。每次用完性玩具時請徹底清潔，如果你可以的話，就消毒，然後讓它休息，保持乾淨與乾燥（絕大多數的壞菌在沒有濕氣的狀況下都活不久）。如果你真的很想把某種性玩具在短時間內用在複數的人身上，而這玩具又無法用任何隔離物包起來，那我們真的建議你買兩個或者多幾個。

用一罐好的水性潤滑劑，可以讓採用隔離措施的性行為產生額外的愉悅，對雙方都是。如果你想知道如何用隔離措施來加強愉悅，請看第二十三章〈性愛與愉悅〉，以及「延伸閱讀」裡面列出的一些書。如果你採用這些隔離措施覺得不太舒服的話，請多練習！

有陰莖的人可以戴著保險套自慰，直到你習慣。我們曾經聽過有一個認真的傢伙，一次套上十八個保險套——他說那樣緊緊地包住，感覺非常好。為什麼不把保險套拿來玩呢？女用保險套需要一點練習才能夠正確地套在子宮頸上，所以請有心理準備，你練習時會用掉一些——最好先練習好，不要等到你的伴侶坐在一邊玩手指、等你找到訣竅。

如果你對保險套與保鮮膜沒有經驗的話，請給自己一點空間去學習。帶著玩心去，擠一些潤滑劑，在裡頭滑來滑去；發揮創意以不同的方式把身體用保鮮膜包起來，然後看看你感受到什麼有趣的經驗。保鮮膜剛好可以為降低風險提供第二層保障，又能當作綁縛式性愛的玩具，而且還有多種顏色。探索你的安全性行為裝備有什麼味道與觸感，並且先把潤滑液抹在敏感部位作為過敏測試——如果你已經興奮起來才發現裡面很癢，你得立刻去把那東西洗掉，那可一點也不好玩。對感受保持高度靈敏：

上好的乳膠觸感如絲，最好的潤滑劑有如液體天鵝絨。

我們希望你能得到樂趣並且做出聰明的選擇：我們希望讀者愈多愈好，所以我們可不想失去你！

練習：熟能生巧

有陰莖的人，請至少每三次自慰裡就有一次戴著保險套，或者每四次戴一次，直到你覺得駕輕就熟。

和有陰莖的人做愛的人，請買一大盒保險套——便宜的就行了——然後練習為香蕉、小黃瓜或假陽具戴保險套，用你最性感的方式……先用手，再用嘴。把整盒都用光。

每個人都可以列一份清單，寫下你有多少種沒有體液交換，或者只有極少體液交換的高潮方式。

體液連結

有些伴侶或小團體常會用這樣的安全性行為策略，叫做「**體液連結**」或者「**體液一對一**」。作為主要關係的這對伴侶，或者小團體，同意他們彼此之間進行沒有防護措施的性行為，但和其他伴侶則憑良心，使用保險套、牙科膠膜和手套等防護措施。我們兩人跟我們的生活伴侶都有這樣的協議。要達成這樣的協議以前，所有人都要經過HIV及其他疾病的完整檢驗。這可能需要等上六個月才能確定，因為一個人被感染後的好幾個月內，HIV抗體都未必會出現在血液裡。一旦確定大家都很健康以後，就可以進行沒有防護措施的性行為，但跟其他人還是需要採取防護措施。務必確定：你們對於什麼樣的行為很安全、不必用保護措施，而什麼樣的行為需要保護，都有清楚的共識。為了達成這樣的共識，每個人都應該做點功課，了解一下這些行為的危險等級，然後一起決定什麼樣的風險是彼此能夠接受的。別忘了將每個人自己的性史也列為相關因素之一。

你可能會希望某些性行為——通常是活陰莖[38]的陰道性交或肛交，因為這是疾病傳染風險最高的行為——僅限於主要關係。當你積極地準備生小孩時，你可能會避免跟閒雜人等從事有可能懷孕的活動。

如果這些保護措施都保證有效，那體液連結就是個幾近完美的策略。不幸的是，保護措施並非萬無一失。有的病源活在恥骨丘、會陰、外陰部或陰囊，都是乳膠蓋不到的地方。小小的破洞就會讓病毒有可乘之機，雖然這種機率遠低於反性十字軍希望你相信的。保險套也有可能在性交中途破裂或滑落。

38 作者用的字眼是 living penis。這是很有意思也很有意識的用語，作者指的是相對於假陽具，但並不強調其「真」以免貶低了「假」。所以我也直譯「活陰莖」。

如果你有體液連結的關係而遇上保險套出狀況，那你和你的伴侶們得一起決定：要重新去做HIV檢驗，並且在六個月之內使用防護措施；還是你們願意冒著一人已被感染，可能會傳給另一人的風險。如果有意外懷孕之虞，你們可以一起討論要不要吃事後藥。

事前預防

如果你從事的行為有可能散播HIV病毒，或者你的伴侶是HIV帶原者，請瞭解一下PrEP，那是一種新的藥，可望有效避免HIV感染。PrEP需每天服用，適合那些性行為有相當風險會遇上HIV病毒的人。在我們寫作的此刻，這種藥似乎成功率很高，而副作用微乎其微——一座城市裡如果醫生固定開出這種處方，新的HIV帶原者數量就會直線下降。但我們要提醒，這種藥還很新，可能很貴，而且有些醫生仍然（毫無理由地）不太願意用它，除非患者是HIV陰性，而他的伴侶是HIV陽性。還有，PrEP無法保護患者不受其他性病的感染，也不能避孕；因此，如果你有個具生殖能力的子宮，或者你和健康狀況不明的人有插入式性交，那保險套對你來說仍然是個不錯的選擇。

避免高風險行為

另一個降低風險的策略很簡單，就是在你的性愛日常裡，刪去某些性愛表達。很多人選擇放棄某些形式的性愛，例如把嘴或陰莖放進肛門或接觸肛門附近，因為他們覺得為之冒高度風險並不值得。

有些人則決定不與活陰莖[39]做任何插入動作。

如果你覺得這樣聽起來，好像乾脆就都不要做愛好了！那請你看一看延伸閱讀裡關於性的那些好書——世上有千百種方法可以享受火熱的性愛，而不必有某人射出某種東西到別人的身體裡。

你所做的每一個決定，都需在你的慾望與你對風險的評估之間，尋找一個平衡點。做決定時，請記住慾望是強而有力且重要的；如果你立下一個你無法遵守的規矩，那就一點意義也沒有。即使禁慾也有風險，我們有個朋友指出，獨身就像節食：「我在週間可以完全照規則來，但週末卻忍不住狂歡。」從積極面來看呢，學習新的、令人興奮的做愛方法來增加火熱性愛的表達方式，能使你們既安全又滿意。

你所做的每一個決定，都需在你的慾望與你對風險的評估之間，尋找一個平衡點。

性愛與用藥

如果你以為不用藥、不喝酒就不能享受性愛的話，你可得重新思考一下。雖然小劑量的無毒之藥

39 作者這裡又發明了新的用語，organic penis。人是「有機體」，這裡的 organic 指的是「人體器官的這種陰莖」，但如果翻成「有機陰莖」，感覺像是不灑農藥而種出來的陰莖，所以還是譯「活陰莖」。

可以幫助你放鬆、消除緊張感，可是改變過大的時候，可能使你的界線缺損、判斷失準，或誤解對方的意願。

如果你真的想試試這種風險較高的用藥性愛或者醉酒性愛，請記得在開始之前就協商，確定不會半途跑出來什麼驚喜或者改變協議。要確定參與的每個人都同意了：如果沒有先得到相關人士的同意，「嘿，親愛的，我把搖頭丸劑量加倍囉——來搞吧」，就是個很壞的主意。

我們寧可要腦內啡（endorphins）或催產素（oxytocin）這種自然爽，以及所有愉悅的性愛中身體自然會產生的可愛化學物質——我們吞下的、吸入的，或天曉得怎樣吸收進來的東西，可能會阻礙我們去感受，但我們的初心就是要去感受，感受我們與愛人在共享性愛時產生的連結。

如果你覺得你的用藥習慣已經成為問題，有很多大型社群有自己的復原團體，其中就有歡迎浪女參加的團體。我們鼓勵你找一個像回家一樣自在的團體，在裡頭學習新的習慣，而不必自我審查。

祈福

我們知道慾望是生命中強勁的推力，我們願意為之歡慶。但現實是，依照慾望而行卻不負起責任，是不合乎倫理的。一整個世代的人，尤其是男同性戀與男雙性戀一直都知道，讓活陰莖進入體內的慾望，永遠不會被視為安全。PrEP 有提升一點安全度，但還需再多點進步，嗯，或者說準備。無套性交（barebacking）仍然帶著火熱的逾矩快感，誘惑我們把謹慎扔進風中，因為我們好想與戀人靠得那麼近。

只是許願祈禱、否認自己正在冒險，或是不遵守事前的防護協議，不是一個可接受的策略，無論就生育控制或疾病防治來說。如果你沒有足夠的誠實與勇氣去面對性行為所帶來的風險，那你一定沒有足夠的誠實與勇氣做一個道德浪女，我們懷疑你是否根本不該從事任何性行為。

我們在某些性愛社群中看見高度的否認，令我們震驚也令我們憂心，他們相信新的治療方式已經延緩HIV的進展，所以解藥已經找到了。還是有人死去。就算你的生活方式看起來不太可能暴露在HIV病毒風險中，你還是很有可能受到疱疹、肝炎、人類乳突病毒、衣原體、梅毒及其他疾病的威脅。金賽博士在四〇年代所做的統計顯示，在號稱是一對一的關係中，有超過一半實際上還是有第三人。學點知識，朋友，然後好好照顧自己。

檢驗與預防

我們認為對道德浪女來說，去做HIV與其他性病的定期檢驗是很重要的。至於多頻繁，要看你生活中的風險因素多寡而定。問問你的醫生、診所或家庭計畫中心，然後聽他們的建議。

我們有個朋友最近才開始上網認識其他浪女。他開心且驚訝地發現，有些人習慣性地攜帶最新檢驗結果，去赴第一次咖啡之約——這大概是「多重關係證照」[40]的新定義！

雖然絕大多數的性病都是小心採取防護措施即可預防的，但晚近的醫學還是發展出疫苗，保護你免於被某幾種可能致命的肝炎感染，如果你不曾被人類乳突病毒感染過，疫苗也可以保護你。如果你有非一對一的肛交或陰道交性行為，接種疫苗是個很好的主意。疫苗很貴，但比生病便宜。跟你的醫療保險公司討論一下。然後你還是需要防護措施來避免一些微小的壞東西。

生育控制

「大自然」（Mother Nature，直譯為「母性」）一詞是有原因的——有時候，大自然似乎希望我們每個人都成為父母。即使你無比清楚自己這一次並不想懷孕，可偏偏就有深沈的衝動讓你忘記服藥，或者算錯日子。生育控制就是要騙過那些忙碌的卵子精子，叫他們不要做他們的工作，並且欺騙自己的本能，好讓欺騙卵子精子的把戲得以成功。

生育控制科技遠非完美，可靠、可逆轉、簡單、沒有副作用的避孕法仍然是個夢。意外懷孕不再是昔日那件影響你一輩子的悲劇，但仍然是一件可怕的事，我們希望你們都不必經歷這件事。

如果你有卵巢、有子宮，而你與有睪丸的人性交，且可能具有生育能力，你就應該積極行動，以確保自己不會懷孕，除非你想要。你有各種選擇：避孕藥、長期避孕藥物如諾普蘭[41]（Norplant）、狄波—普維拉[42]（Depo-Provera）、子宮帽（diaphragm）與子宮頸套（cervical cap）、保險套、子宮內避孕器（IUD）、避孕海綿與避孕泡沫、輸卵管結紮等等。有些月經週期穩定的女人，算安全期便能奏效，如果她們學會在危險期享受體外性交的話效果更好。關於這些方法的風險與可靠程度，有很多詳細的資訊，你的醫生、診所、家庭計畫中心都可以協助你做決定。

如果你有睪丸，而你與有子宮的人性交，你的選擇（很不幸地）很有限。如果你確定不想要小孩，那輸精管結紮只是個小手術，卻可以使你免於龐大憂慮。如果你希望將來可以做爸爸，那就用保險套——並且想辦法遊說發明更好的男性避孕法吧！

非預期的懷孕，用最溫和的形容詞來說，也必須承認：那將是十分艱難的事。如果伴侶各方都認為墮胎是最好的選擇，那已經很不愉快了；如果大家意見不同，更足以徹底粉碎一切。在科學發展到讓所有人都能夠孕育胚胎之前，我們認為最終決定權應歸於女人，因為胚胎在她的體內。不過我們也非常同情那種希望養個小孩，但伴侶卻不想或不能配合的人。我們認為，無論選擇墮胎或懷孕，伴侶雙方都應分擔一切金錢支出與情緒重擔。

如果伴侶中有一方、雙方或者多方想要當父母，而且有人願意懷孕生子，那麼道德浪女作為父母親，有各式各樣的選擇。請不要認為做父母的唯一方法就是結婚、在市郊買棟房子——共同的親職安排、「共識社區」[43]、群婚，以及許多其他方式，都可能養出美好的小孩子。

40 作者一語雙關地用「card-carrying polyamorist」。Card-carrying 字面上的意思是攜帶某個證照，引申的意思是「正式的」、「正港的」。作者開玩笑地把檢驗結果視為一種多重關係者的「證照」。

41 一種皮下埋植的避孕方法。

42 一種注射型的避孕針劑。

43 同註12。

投入健康的性愛

妳也許已經發現，我們一路走來一直沒有告訴妳：妳應該對自己的性行為做什麼決定。因為只有妳能夠決定什麼樣的風險對妳而言是可接受的，而我們深信，如果讓其他人為妳做決定的話，那就保證妳日後鐵定不會照實遵守。

然而，妳必須做決定。妳必須做好妳的回家功課，了解哪些行為有什麼風險與報償。妳必須對那些不符合妳安全標準的性事說「不」，並且準備好對那些合於安全標準的性事說「好」；如果妳事到臨頭才發現保險套用完了，那絕對會釀成一場災難。妳必須在成熟、務實、清醒的狀態下進行性行為——HIV感染與意外懷孕這些事，有驚人的比例是因酒醉或用藥而造成的。

妳也必須準備好，與妳的潛在性伴侶一起做出性愛決策，並分享過往歷史。如果說，得到同意是道德浪女生活最核心的事情——沒錯，得到同意確實是最核心的——那妳就應該讓妳的伴侶知道跟妳做愛可能有什麼風險，讓他在知情狀態下同意。當然，妳呢，也有權要求他們以同樣的誠實對妳。

妳一定不喜歡談這些，尤其不想跟新的情人談。它使人沮喪害怕，肯定一點也不性感，有時候還使人尷尬到不行。但請容我們向妳保證：第一次是最糟的。熟能生巧，當妳經歷了幾次醜陋、毀滅性的經驗以後，妳就不會再那麼脆弱易感，而漸漸學會自在優雅地為所應為。很多人初次約會時因為不想進行這樣的討論，就想說那第一次就做最安全的好了，如果還有以後的話再詳細協商。如果你明知自己有某種風險，比如說你在疱疹發作期，那就不太能保持沈默；你必須邀請你的情人們一起合作減低感染的可能，他們也有權利獲得充足的資訊，來為他們自己做決定。

好消息是：學會討論性愛會帶給妳別的收穫，只要撐過你的羞赧。聊些開心的事情有利調情，也是獲得快感、心想事成的最佳方法。你會知道什麼事情能讓你的伴侶興奮，然後你就變成不可思議的超級好情人了。

我們和我們認識的大部分人，在性愛活動的風險問題上，都做出一些相對保守的選擇。憑經驗，我們確信我們可以享受興奮刺激、滿足美妙的浪女性愛，而不用在完事之後擔心得整夜睡不著。這不是大家都嚮往的性愛嗎？

第十四章 養兒育女

對浪女而言，養兒育女現在比過去容易些——書本與電視裡的家庭形象已經不像我們小時候一樣，僅僅侷限於《天才小麻煩》[44]（*Leave it to Beaver*）與《歐茲與海瑞》[45]了。然而，即使離婚與單親家庭現在已被大眾接受，但我們的文化還是很遲鈍地未能及時趕上我們所生活的真實：多重伴侶與其他非傳統的關係模式，在媒體中仍然很少出現。

然而小孩子卻對這樣的關係處之泰然——也許比面對傳統的核心家庭還要自在：在大部分的人類文明裡，小孩都是在部落與村莊裡長大的。珍妮記得從前跟她當時的丈夫與夫家親戚一起度假時，第一次升起了群居的慾望，因為她發現她的小孩被一群充滿愛意的大人圍繞著；大人都有空，小孩就比較快樂，而且前所未見的容易教導，也比較不會像無頭蒼蠅一樣。在她孩子的青少年時期，她在一群人組成的家庭中生活，她發現她的兒子們仍然對於不同人的來來去去適應良好，習以為常——幾乎總是會有某個人有空，能夠回答問題、解決電腦的疑難雜症、實驗一個新食譜，或者玩遊戲。

單親的道德浪女有一些極具創意的選擇，可以讓她在維持滿意性生活的同時，也盡到做母親或父親的責任。當朵思與兩位單親媽媽一起住的時候，她有一位情人會照顧所有的小孩，好讓所有的媽媽們有機會一起出去跳舞。我們有一個朋友以前則常常負責帶她的小妹妹還有鄰居的小孩，這樣她的父母跟隔壁鄰居就能夠一起搞搞。我們曾經目睹共組一家的情人們，各自的小孩情同手足、相處融洽，他們互相學習，也從所有大人身上學習，而整個家庭便神似前工業時期的小村莊或部落生活。

我們認為一對一中心的二元對立思維是有問題的：你要不是我生命中的至愛，否則你就給我滾！我們兩人都發現，我們向其他型態的關係開放我們的生命，結果它同時也開展了我們孩子的生命。仍然有很多父母覺得，負責的親職與開放關係之間的鴻溝，是很難填補的。要告訴小孩多少？如何告訴他們？如何協助他們準備面對外界的殘酷問題？如何幫助他們與新成員建立關係，新加入的、剛離開的？這些問題對任何一位母親或父親來講，可能都是充滿挑戰的。

我們從來不認為，在一個性愛相連的大家庭裡，為孩子創造一致性與安全感有什麼困難。大家可能會假設，開放關係會製造出很多不一致，但我們的經驗卻恰好相反。我們的關係常常蔓延成大家庭，蘊含充沛的能量歡迎所有的孩子，而小孩也很自然地在部落裡找到自己的路。

大家庭裡的成員難免有增有減，但我們的經驗是，孩子們可以輕易適應這種情形，視之為理所當然，而這種適應能力對於他們往後的人生也有助益。如果我們為小孩準備一個任何變動都視同災難的人生，他們將來怎麼辦呢？也許更好的辦法是讓孩子知道，失去雖不好受，可是我們可以撐過去，修

44 美國影集，自一九五七到一九六三年製播以來，一直廣受歡迎。

45 同註15。

復自己並且繼續過好生活。父母要讓孩子得到「一致性」的最好辦法，就是示範如何健康地適應人生的改變。另一個辦法是保持誠實，對自己也對孩子誠實：當你的人生誠正無欺，所有人都可以放心，知道你就是你真正的、美好的樣子。

孩子的性教育

妳猜對了，我們認為豐富的情感關係對於家庭生活有非常大的助益，孩子也能夠在多重關係的大家庭裡認識好榜樣，得到關注與支持。孩子顯然不該被牽涉在大人的性行為中。然而，性教育並不是性剝削，我們應該給孩子足夠的資訊，讓她們理解大人的行為，好讓她們建立自己對性事的健康了解。

所有父母都必須自己決定，視小孩的年紀給他們什麼樣的性資訊。為了小孩的身心健康著想，應該保持平衡，太多的資訊可能顯得恐怖、超出他的限度，而太少的資訊又可能讓小孩覺得，原來裸體與性慾是如此危險又困窘之事，連談都不可以談。我們不想嚇壞了小孩，也不希望她們成年進入自己的性生活時，竟然抱持著「性愛既骯髒，又羞恥」的觀念。

請記得，性教育是所有父母都要面對的課題，無論他的生活型態為何。我們希望孩子們得到正確資訊與選擇自由，可是孩子們在住家社區生活或去學校時，常常會遇到許多父母，他們認為孩子不應該得到任何關於性的資訊（否則小孩長大就會變成跟我們一樣的浪女）。

令事情更為複雜的是，我們當今的文化在小孩與性愛資訊一事上是壁壘分明的。有的人認為任何形式的性教育都具有某種程度的危險。某些相關當局認為孩子若是很「早熟」地得知關於性愛的資訊，那就表示他一定被大人性侵害了。但我們堅決反對「只准禁慾」的所謂性教育。如果我們不源源本本地告訴孩子什麼樣的行為她們應該拒絕，那我們又如何能夠教會她們對一個企圖性侵害的大人說「不」呢？當我們把性當作秘密不跟孩子講，孩子們還是會意識到某件事，只是不知道那到底是什麼事。如果我們讓孩子從同儕或色情網站上獲得錯誤的性資訊，無異於將羊送進虎口。當孩子學習性愛、探索協商時，他們需要也值得成年人的支持，就像他們學習生命中其他事情一樣。

有些歐洲國家，學校固定提供性教育給所有年齡的孩子，包括如何享受性的歡愉。這些教學影片顯示學生自信又好奇，並且對於教材顯得很自在——而這些國家的青少年懷孕率很低。

什麼要說，什麼不要說

妳必須決定：妳的性愛選擇，小孩子要知道多少，比如多重伴侶、同性伴侶或另類家庭。我們的經驗是，小孩子對這類事情的理解比我們想像中要快，但是她們的理解未必百分之百正確。

給您一句警告：如果你住的社區對性教育的看法和你不一樣，那你在對小孩進行性教育時，也要考慮讓小孩知道什麼可以告訴外面的世界，什麼不行，你要在性教育與孩子的判斷能力之間找到平衡點。你要讓孩子知道其他人的標準是怎樣，也要讓他們知道分享哪些資訊可能會給你們帶來麻煩。

美國很多地方還是把非傳統的性愛生活方式，當作合法剝奪監護權的正當理由。即使妳確定妳並未造成任何傷害，仍然必須保護妳的小孩不要被清教徒鄰居、老師或其他不相干的人帶走。我們無法告訴你具體的行事準則，因為只有你知道你所在的社區氛圍如何、你孩子的性格如何。

很遺憾地，美國也有很多地方，「不一樣」的小孩會被嚴重霸凌以至於壓垮靈魂。比如性別氣質不同的孩子、父母不像好萊塢電影裡那種異性戀的孩子，或其他不能塞進褊狹美國傳統的孩子。學校有法律上與道德上的義務，提供學生一個安全的學習空間。如果你的小孩或你照顧的小孩遭受霸凌，請站出來發聲，並且要求學校盡到其法律責任，保護那些太年輕而無法保護自己的人。

他們可以看什麼？

我們認為在小孩面前表現出身體和言語的喜愛是很好的事，他們藉此才能學習成為散播溫暖散播愛的成年人。但是妳必須決定：肢體的親密接觸與性愛的展現，兩者的界線在哪裡？

妳要讓小孩看見妳與伴侶擁抱嗎？親吻？撫摸？這些都是我們無法為妳做的決定。妳必須自己考慮清楚——根據她們的年齡、成熟度，以及她們對妳這段關係的觀感——然後謹守妳的決定。

裸體是灰色地帶。我們當然不認為小孩子成長於習慣裸體的家庭，就會受到什麼嚴重的傷害。但是一個從來沒看過大人裸體的小孩，可能會對客廳裡突然出現的裸體感到不安、心煩意亂。小孩子對於性愛的展現可能非常敏感，突如其來的暴露是對界線的侵犯。當然，如果孩子說她對妳與妳朋友的裸體感到不自在，那她的願望也應該被尊重。我們希望這個提醒是多餘的：不應該要求任何小孩子在別人面前裸體——很多孩子都經歷過極端害羞的階段，因為他們正在與他們變化中的身體搏鬥，我們應謹慎地尊重他們。

她們應該做什麼？

絕對不應容許妳的孩子與成人進行任何形式的性行為，也絕對不應容許你的伴侶與孩子調情或挑逗，這是違反法律與道德的。很多孩子在生命中經歷一個或多個對性愛充滿探險精神的調情階段——這是自然而正常的。但在這段時間裡，妳與妳的朋友更應該維持清楚的界線，要學著禮貌且友善地接納小孩子不斷變化的需求，而不與他發生性的牽連，這是很重要的技巧，每一個自己或情人有小孩的道德浪女，都應該學會。教導小孩維持適當人際界線的最好方式，就是自己維持清楚的人際界線，並且尊重小孩有免於被侵犯、自由成長的權利。

回答她們的問題

小孩子對性愛與關係的問題常常是充滿挑戰性的——從五歲小孩問：「但是種子到底是怎麼跑到蛋蛋那邊去的呢？」到青少年問：「為什麼妳可以搞任何妳想搞的人，而我卻得在午夜以前回到家？」今日很多孩子在核心家庭裡長大，生活中少有年紀比較大的孩子為伴，性教育的工作就完全落在父母肩上。

這就是妳在本書其他部分學到的技巧能夠派上用場的時候了。妳必須誠實真心地回答孩子這類問題；這絕對不是施展高壓統治或擺出父母威嚴的時候。尤其是年紀較大的孩子或青少年，讓她們知道妳的矛盾與困窘也無妨（反正她們一定會知道的，相信我們）。如果有什麼事使妳生氣或悲傷，也請與他們分享。妳可能需要向他們再次保證，妳的情緒並不是他們的錯，並向他們再次強調：讓你覺得好過一點並不是他們的責任。

妳可以測試一下她們是否願意接收資訊。在妳把資訊一股腦兒地倒在他頭上以前，妳可以先以一個這樣的問題當作開場白：「你想知道（不管什麼事）嗎？」珍妮還記得她的大兒子約莫十歲時，他們有過一段對話。她一鼓腦地告訴孩子關於「小鳥與蜜蜂」[46]的種種，漫長的演說以後，她問他，「那關於這個主題，還有什麼你想知道的嗎？」他迫不及待地答道，「媽，妳講的早就超過我想知道的了。」

在這裡，清楚的界線也很重要。妳的孩子當然有權對於妳的生活方式發表意見，但是他們無權控制妳。另外一面則是，妳也必須幫助她們，避免讓一個不出自她們選擇的生活方式，對她們的生活造成不當的影響。當孩子的朋友來家裡玩，你可能要把咖啡桌上的性愛書籍收起來，或者把你鍾愛的性愛藝術品從牆上拿下來。我們實在不願意建議你把我們的書也藏進櫃子裡，但也許那是必要的。嗯，做父母——尤其是浪女父母——本來就是一件不簡單的事啊。

妳的孩子當然有權對於妳的生活方式發表意見，但是他們無權控制妳。

情人的小孩

如果你的情人有小孩，那你與小孩也會產生某種關係——我們有個朋友把他愛人的小孩們稱為「我的實習小孩」，他說實習小孩可以幫他學習做父親的技巧，等他以後有了自己的小孩就用得上。

你們要一起決定，你們的關係在孩子面前要揭露多少，你也必須知道你情人家裡的通則是什麼。對於比較小的孩子來說，他們也許不必知道家庭裡哪些人的關係是性愛的連繫，哪些關係不是。但家庭裡所有成人都有義務跟所有接觸到的小孩建立連結，也要協助自己的小孩和你的朋友、情人互相建立連結。先前沒有和小孩接觸過的單身浪女可能需要一點學習，以便在大家庭裡與孩子相處。

事實是：所有人最終都必須對小孩設下界線。你必須調和你自己的界線，和這個大家庭的群體界線，他們在你加入以前就已經形成了他們的習慣與風格。如果你好好表達你的需求，就可以讓孩子們學習到，不同的成人有不同的需求：珍可以在激昂的 Inside Tag 遊戲旁邊打盹，金恩卻需要絕對安靜一小時。

有可能你會發現，你不喜歡情人的某個小孩。這小孩可能剛好踩到你的地雷，也許他老是讓你想起你恐怖的哥哥，或者年輕時候的你自己。也可能，那小孩生你的氣、不喜歡你，而你對他的理由束

46 「小鳥與蜜蜂」（Birds and Bees）指對小孩子的性教育。小孩子問到性問題時，美國父母多以小動物為例，以避免尷尬，久之便成為性教育的代稱。

手無策：也許你「取代」了他深愛但卻失去的父親、母親或其他大人，因為死亡或離婚等因素。無論原因為何，你是大人，你有責任為這種情形找出一個解答。毫無疑問地，找到解答需要時間、相當的精力，以及許多耐心，但我們相信對你、你的情人以及小孩來說，最終都是值得的。

珍妮以前與配偶E在一起的時候，E和珍妮剛成年的兒子有許多摩擦，都是繼父母經常遇到的問題：做家事、噪音、禮貌等等。珍妮回想那時的情形，「我們去我媽媽家住幾天。E和我兒子不想捲入房子裡的家族龍捲風，雙雙去後院避難。我兒子當時面臨一些個人難題，E表示同情。他們喝了點啤酒，有深入的談話，那是他們第一次談心——忽然之間E看待我兒子的方式，跟我看我兒子一樣了，我兒子就是一個不善社交的年輕人，對於所處的現實有時漫不經心，但他有副願意付出的好心腸。從那天晚上開始，他們不再爭執什麼家中的例行小事，真正成為好朋友。」

當你與你周遭的孩子建立正面的關係，他們會回報你一段正向的關係。我們知道有些浪女，跟無血緣的、前任情人的孩子們保持親密的友誼，長達數十年之久。浪女家庭就是這樣建立的，就是這樣維繫於不墜。

多重關係先驅：馬斯頓、馬斯頓與拜恩

外界對於多重伴侶家庭無可避免的擔憂是：「那小孩怎麼辦？」依據我們的經驗，多重伴侶家庭養出來的小孩，至少跟核心家庭養出來的小孩一樣，可以過得健康快樂。有一個多重伴侶家庭就養出了四個事業有成的孩子，外加一個超級成功的想像「小孩」：第一個女性超級英雄神力女超人（Wonder Woman）。

威廉．莫頓．馬斯頓（William Moulton Marston）哈佛畢業，是作家與心理學家。他發現了謊言與血壓之間的關聯，為日後測謊儀的發明奠定基礎。他太太伊莉莎白．「莎蒂」．荷洛威．馬斯頓（Elizabeth "Sadie" Holloway Marston）是編輯與行政人員——用當時的語言來說，就是「職業婦女」（career woman）。他們的伴侶歐列弗．「多茨」．拜恩（Olive "Dotsie" Byrne）曾經是威廉的研究助理。這個三人行有四個小孩，莎蒂兩個、多茨兩個——就由多茨擔任主要的照顧者，並且主持、處理家務。

要創造一個超級英雄，神力來自愛而不來自暴力，是威廉的主意。但卻是莎蒂回應，「很好，那ㄊㄚ應該是女的。」神力女超人的深色頭髮、鮮豔紅唇、奔放溫暖的性格，似乎取自多

茨的形象：威廉在一個訪談中說，神力女超人的亞馬遜（amazonium）神力手環，是取自多茨常戴的一對銀手環。

一九四〇年代，《神力女超人》漫畫的讀者完全沒有嗅出這漫畫瀰漫著特殊性癖好的味道——我們很懷疑，如果在一個情慾覺醒的年代裡，這漫畫還能出版嗎？除了一天到晚出現的綁縛（神力女超人的「真言套索」只是其中一例）以外，支配／臣服、鞭打，甚至性倒錯幼稚病[47]（infantilism）都經常浮出檯面。威廉接受訪問時說，綁縛與臣服是通向更好的世界之路。《神力女超人》漫畫也超前時代地處理到修復式正義、個人主義與社會健康之間的緊張關係、為小兒麻痺症募款等等重要的議題。

神力女超人比她的創造者活得更久，不過只有名字流傳下來。一九四七年威廉死後，這個女英雄的力量與女性主義氣息都被軟化，到了六〇年代末，神力女超人就交出了亞馬遜神力手環，開起精品店來了。（二〇一〇年的神力女超人版本又回復到比較接近原初的女超人。）不過莎蒂與多茨終生同居，造訪的人都說那是一個充滿愛與快樂的家。

47 這是佛洛伊德的概念。他認為嬰孩是有性慾的，長大以後，初始的性慾型態轉化為異性戀的一般性愛模式；而那些「變態」的性愛模式，是困處於幼年期、沒有成功轉化所致。

第三部

面對挑戰

第十五章 嫉妒地圖

「讓嫉妒做你的老師。嫉妒能夠帶領你去到最需要療養的傷處。它是你的嚮導，帶你去向你的黑暗面，並指引你通往徹底自我了解的路。嫉妒會教你如何與自己和平相處、如何與世界和平相處，如果你讓它教你的話。」

——戴伯拉·安娜波（Deborah Anapol），《無限之愛》（Love Without Limits）

對很多人來說，自由性愛最大的障礙，就是我們稱為嫉妒的這種情緒。

嫉妒感真的令人覺得很糟，絕大多數的人都會費盡力氣避免感受到嫉妒。然而，我們認為大多數人太把嫉妒的毀滅性力量視為理所當然了，結果給了嫉妒好大的力量，遠超過嫉妒所應得的。在許多年成功處理嫉妒的自由生活之後，我們幾乎忘記了我們是生活在一個這樣的文化裡：如果你的伴侶在性愛上積極探索，以致犯下不可思議的罪行——激起我們心中的嫉妒，那麼，把他離掉，甚至謀殺掉，都是可以接受的。

讓我們在此指出：一對一並不是治療嫉妒的藥方。我們都曾經瘋狂地嫉妒一份工作，因為它使我們的情人無暇前來

讓我們在此指出：一對一並不是治療嫉妒的藥方。

相聚，或者心不在焉；我們曾經嫉妒我們的情人選擇探索網路而非我們的身體；或者嫉妒星期一（還有星期二、星期三……）晚上的足球賽。嫉妒並非浪女所獨有——嫉妒是我們在任何感情關係裡都必須去處理的情緒。

很多人都認為性愛領域的觀念，是個人與社會演化過程裡自然出現的一部分。晚近的理論指出，這可以追溯到八千年前，人類從漁獵與採集生活演化到農牧生活，使得長期控制土地、家庭與生產工具變得很重要。如果你相信嫉妒是天生自然而不是社會建構，那就很容易以嫉妒為暴怒辯護，好像你若嫉妒了，就有理由不必再當一個清醒的、負責任的、講倫理的人。

我們兩個不認為嫉妒是出於自然、出自文明還是兩者兼有，有什麼重要。重要的是我們從經驗裡知道，我們可以改變它。

以下是朵思如何勉力處理嫉妒感的故事。

> 我的情人很晚了還沒有回來。我希望她平安——今天早晨她是哭著出門的。昨夜我們都哭到很晚。我希望她不要太生我的氣，但是話又說回來，她生我的氣總比她心裡受傷要容易忍受。昨夜，我以為我的心會因為感受到她的痛楚而碎成片片。
>
> 是我的錯，我的選擇，是我的責任。為了全世界都認為無聊可笑（要不然就是人人皆曰可殺）的理由，我要我的情人踏火而過。我無法，也不願意一對一。
>
> 超過四十年前，我離開了我女兒的暴力父親。我一路與他扭打著逃出門，遍體鱗傷而身懷六

甲；還假意承諾一切，謊稱我願意打電話向我父母要錢。我逃離喬以後，他威脅要謀殺我；有一次他在房子周圍縱火，因為以為我們還在屋內。我離開他以後，我想他說得對，我是個浪女，我想要當個浪女，我再也不要承諾一對一了。我再也不要成為別人的財產，不管是被視為多麼寶貴的財產。喬使我成為女性主義者——女性主義浪女。

我的情人回來了，帶了一朵花。還是不想和我擁抱。她覺得這棟房子已被外來的能量入侵了。我細心地打掃過，四處一塵不染，晚飯也做好了。我們都在小心迴避爭執、互相安撫，只要不要覺得那麼糟，我願意做任何事。

我幹嘛這麼堅持？與我一同寫書的朋友已經耐心地等待了一段時間，直到我最近交的、深愛著的女朋友覺得準備好了，才再次恢復我們關係中的這個部分。我的情人才剛克服了她對群交的恐懼——明天將有另外一對情侶來我們家吃晚餐，並參加我的生日爽樂大會，這是她自己安排的，我一點也沒有慫恿她。過去一年內，她所獲得的性愛經驗可能超過過去四十八年來的總和，她照單全收毫無問題，就像鴨子能夠接受水一樣。

就除了一件事：讓情人與別人約會。她無法接受那種被排拒於外的感覺，更痛恨我們這次選擇在家裡做，而不是在某個中立的領土。也許這是個錯誤。也許我做錯很多吧。

我的朋友與情人都向她展開雙臂，竭盡所能地歡迎她來到這個大家庭。情人經常依性愛連結形成親屬網絡，而習俗甚至文化就這樣產生。在我所處的這個嶄新的文化裡有一種風俗，就是原來的情人們會一起歡迎新情人的加入，不是把他當作對手，而是把他當作這個社群增加的新夥伴。但這並不是她的文化。

她現在可以跟我談了。她氣死了。為了今天她所湧現的每一個哀悽的、驚恐的念頭，她恨我；我使她如此沒有防備地經歷著自己感情的起伏，她氣瘋了；她沒有跟我說這些，這些是我的詮釋。我也沒有跟她說這些——這可不是一個說教的好時機，談些「界線要清楚」或者「承認自己的感覺是很重要的」之類的高調。我只是聽。這次我安靜傾聽，不插嘴，試著讓她感受到我愛她，我感受到她的痛，我在這裡陪伴著她。她對我憤怒極了，但我卻不准自己答辯，我很受傷。

這個故事沒有皆大歡喜的結局。我們講了好幾個小時，或者說我聽了好幾個小時，我知道了這對她而言有多麼艱難，她多麼覺得被侵犯，她多麼害怕我其他的情人也許不會喜歡她，她覺得被她攻擊了，也被我攻擊了，她是多麼多麼地害怕我會拋棄她。我們並沒有適時達成協議，好讓寫在書裡的這一段成為一個好故事——我們只是傾吐痛苦，筋疲力竭地去睡覺，然後繼續相愛，盡我們所能地處理這個問題。

距離朵思寫下這個故事已經二十年了，她已經沒有和這個情人在一起了。這段關係的終結有很多原因，沒有一個和嫉妒有關。我們把這個故事放在這裡，因為我們認為以下的事情很重要，要讓讀者知道：即使是有練過的浪女也會痛苦掙扎、誤解、與慾望失之交臂、憤怒，以及，是的，嫉妒。

什麼是嫉妒？

這個問題值得一問再問。嫉妒對你而言是什麼？嫉妒真的存在嗎？是我們所想的那樣嗎？一旦我們願意面對嫉妒的感覺而非逃而避之，我們就能比較清楚地看見，對每一個人而言嫉妒究竟是什麼。嫉妒不是單一的情緒。它可能表現為悲傷或暴怒，憎恨或自我厭惡——嫉妒是一把傘，概括了當情人與其他人有性接觸時，我們所有情緒的總稱。

嫉妒可能是不安全感的一種表達，害怕被拒絕、害怕被遺棄、覺得被排除在外、覺得自己不夠好、不適應，或者很糟。你的嫉妒可能基於領域感或競爭心，或者其他被掩在嫉妒的大旗下，在你腦中拚命尖叫想要被注意到的情緒。有時嫉妒的面貌是盲目尖叫的暴怒——而盲目使它不容易看見。

朵思第一次思考嫉妒的問題，並且挑戰她的嫉妒時，她感到一股幾乎無法忍受的不安全感，差不多是「永遠不會有人愛我了，因為我有問題，我不值得愛。」這一類的。她在剛接觸女性主義時，發現到自己這一點，所以她順理成章地著手重建自尊，為自己奠定安全感的基礎，不再需要任何人給她安全感，那麼也就沒有任何人能夠奪走她的安全感。你可以想像這是多麼珍貴的一課，找到內在的安全感對於她的人生多麼有用。謝謝你，嫉妒——若沒有這寶貴的一課，她不會有自信來寫這本書。

如果你的嫉妒是一種無謂的憤怒，也許你可以參考一下別人如何成功處理憤怒。你可以閱讀談憤怒的書，看看別人如何看待與處理憤怒的問題。你也可以去上處理憤怒的課程。然後你也許會理解你的憤怒。也許你和你的情人最終會到達一種狀態，你們再也不會害怕你的憤怒。那不是很值得努力的事嗎？

很多人發現自己的嫉妒形式其實很容易處理：喋喋不休的懷疑、對自己的表現或者身體形象感到緊張等等。有些人則發現自己陷入了一個恐怖或悲傷的漩渦，連凝視都很難，不太能分解成害怕被拋棄、失落或者拒絕這些不同的情緒。我們為什麼會有這種感覺呢？治療師朵思有個理論，不只基於她自己的經驗，也包括許多因為嫉妒而尋求治療的當事人告訴她的事。

嫉妒通常是一張面具，戴著面具的是此刻我們內心最艱鉅的內在衝突。這個內在衝突尖聲哭叫希望得到解決，但你甚至不知道它的存在。因為它的根如此深，當嫉妒自地平線上微微一窺時，你幾乎不可能意識到：我們會扭動翻滾，拚了老命只為了不要感覺到嫉妒。這時你的情緒最有可能將你帶入悲傷——當你不計代價避免感覺的時候。

不要感受到某種感覺的好方法，就是把它投射到你的伴侶身上。投射是一種心理防衛機制，就是把痛苦的情緒從自己身上轉移到己身以外，把別人當作一個螢幕似的，在上面播映你的恐懼與幻想編織成的情緒電影。這也許是嫉妒真正的定義：一個人把自己的不舒服情緒，投射到他的伴侶身上。

不過，我們還是有好消息。如果你在以上這些話裡認出自己的樣貌，那麼你的一部分已經強壯到可以承認隱藏的情緒了，這表示你狀態絕佳，可以開始療癒了。把你的嫉妒當作路標：「處理這個感覺！」去上個課、參加一個團體、找個好治療師、練習冥想——在自己身上下點工夫。如果你認真處理呈現在面前的這個問題，你花的所有錢都值得：治療舊傷、開啟新的可能性、從恐懼中得到健康與自由……然後在某個時候，幾乎像是得到額外紅利一般，你會掌握你的性愛自由。

有時候我們以為某些情緒是嫉妒，但那其實是別的東西。仔細地回想一下嫉妒是如何纏上你的。

什麼事情最使你困擾？你到底是不希望你的伴侶和其他人一起做某些事，還是你很希望他和你一起做那些事？也許嫉妒其實是羨慕，而羨慕通常很容易對付的：為何不和你的情人約個時間來做那件你發現你很懷念的事呢？

有時候嫉妒的根源是悲傷與失落的感覺，這就比較不容易詮釋。社會文化老是教導我們，如果自己的伴侶與別人做愛，我們就會失去一些東西。我們不是故意說傻話，只是覺得很困惑。當我們的伴侶結束一個火辣的約會回到家，通常是開心且興奮的，並且有一些新的點子想在家裡試試看。我們看不出來在這種情形下我們到底失去了什麼。

這種失落感也可能是一種理想的失落，你腦子裡對於完美的感情關係有一個理想圖像，現在失去了。請記得，所有關係都會隨時間改變，人的需求與慾望隨著年紀與環境而變動，而成功的長期關係必然有足夠的彈性，在歲月遞移中重新定義自己。

某些時候，我們的不舒服是因為，我們的直覺意識到伴侶正在遠離我們。這種事確實會發生，據稱是一對一的伴侶，也常常因為覺得另一個人比較新鮮而離開元配；這縱然是事實，不過當這種事發生在你身上的時候，這恐怕也安慰不了你。

我們曾經看著一個朋友經歷了深沉的悲傷與失落——她察覺伴侶的情人正準備帶她的伴侶一起逃走。在這個例子裡，她們的痛苦幫助她們看見第三者的不誠實與小動作，她們的伴侶因此得到力量與那個情人分手。她們的伴侶後來找到新的情人，能夠尊重她們的主要關係。另一方面，這樣的戲碼也很容易就以分手收場；我們稍後將會在第二十二章〈情感關係的潮起潮落〉詳加討論，如何合乎倫理地處理分手，照顧到自己和對方的情緒。

嫉妒也可能與競爭心有關，想要爭排名第一。性愛沒有奧運，因為愉悅無法測量。我們無法用一種高下分明的標準來衡量每個人，然後說誰是行情最好的、誰是最差的，或者誰最會搞。如果你從別人的經驗裡發現一些想要學會的技巧，那當然就去學啊，但是不必浪費時間責怪自己居然沒有及早學會。

害怕自己在性愛上不在行，可能造成很深的、很私密的傷。但請容許我們向你保證：只要你成功地建立你所夢想的生活方式，那麼到頭來，你會對於許許多多不同的性愛表達方式瞭如指掌，再也不會想去比較你的方式與別人的方式有何不同；你會由第一手經驗中明白。好情人不是天生的，是養成的。你可以向妳的情人學習，以及妳情人的情人、妳情人的情人的情人，然後如妳所夢想地成為性愛的超級巨星。

練習：你的嫉妒經驗

匀出一點時間來反思。回想你感到嫉妒的時候，寫下你的感覺。你心中可能充滿了別人做了什麼事情。你得耐心地回到你自己的感覺：憤怒、悲傷、絕望、走投無路、焦慮，你感覺自己失落、醜陋、寂寞又一文不值；寫下所有你經歷嫉妒時會有的感覺。我們常常會在情緒不好的時候指控自己，好像一定要有一個正當理由才能感覺很糟。當你心情不好的時候，試著給自己一點同理心。

你的嫉妒故事是什麼？你相信你的故事嗎？當你嫉妒的時候，你如何看待自己？

重新學習嫉妒[48]

要改變你對一種情緒的感受，得花一點時間，所以請心裡有個底：這會是個漸進的過程，一邊做一邊從嘗試與錯誤中學習。你必須做一些嘗試，而你也一定會犯一點錯。

首先，請容許你自己學習新的方式。容許你有所不知，容許你的無知：佛教徒稱之為「初學者的心」。你必須容許自己犯錯；你別無選擇。請對自己再次保證：重新學習嫉妒沒有優雅的方法。就好像學溜冰一樣——在你優雅的像一隻天鵝之前，你必須跌倒、出幾次醜才行。

你面對的挑戰是：學著在關係當中，於自身內部建立一個安全感的穩固根基，這內在的安全感無須借助於性愛的獨占。這個艱難的工作只是一小部分而已，更大的問題是：如何掌握你的力量、學會了解自己、珍愛自己，不再需要另一個人來肯定你。你會變得能夠自由地肯定別人及被別人肯定，不是出於需要或義務，而是出於愛意與關心。我們強烈建議你花點力氣學著肯定自己——你值得的。

很多人在發展多對多的家庭時會發現，其實他們會從很多很多人身上得到肯定，所以變得比較不依賴伴侶的認可，他們的需求與滋養來源都變得比較分散，在一個較寬廣的領地。

癱瘓你的嫉妒

嫉妒不是一種你可以割除的癌症。嫉妒是你的一部分，是你表達恐懼與受傷的方式。你能夠做的是改變你對嫉妒的感覺，學著處理它，就像你也學會了怎麼處理其他的情緒一樣：直到它不再那麼排山倒海而來，雖然可能仍不怎麼討人喜歡，但是可以忍受——像溫暖夏日的一陣雨，而不是颱風。

我們的一位受訪者對於如何處理嫉妒，有一些很棒的點子：

> 我注意到，嫉妒時起時落，取決於我的自我感覺有多良好。當我沒有得到我所想要的東西時，就很容易覺得嫉妒，會覺得某個人得到了，然而我卻沒有。我必須記得：讓我的需求被滿足，是我的責任。我感覺得到嫉妒感，但是我不打算有什麼反應，所以通常也就過去了。

一旦下定了決心，不再隨著嫉妒心起舞，妳就自由了，妳賦予嫉妒那打敗妳的力量也開始減少。要做到這一點，有一個辦法是容許自己感受嫉妒。就是感覺它。它會使妳覺得受傷，以及害怕、困惑，但如果妳坐穩了，以同情與支持的心聆聽妳心裡那個被嚇壞的孩子，那麼妳學會的第一件事將是：妳

48 見註1。

可以從嫉妒的經驗中存活下來。

處理嫉妒的困難主要來自於我們總是企圖避免害怕與痛苦的情緒。也許當我們都還是小孩的時候，我們在世上真的很無力，處理情緒的工具也很有限，所以當我們害怕時，我們就告訴自己，「我永遠不要再有這種感覺了，好恐怖。我會死。我要把自己宰了。」然後我們把這種感覺以及觸發它的情境一起放進一個瓶子，把蓋子緊緊蓋上。隨著時間流逝，只要有什麼事情讓我們想起瓶子裡的東西，稍稍鬆動了瓶蓋，我們就再把蓋子蓋得更緊——甚至已經不記得為何要如此。壓力漸漸累積，未必是因為瓶子裡的東西，而是因為我們如此神經質地壓緊瓶蓋。

長大以後，我們需要把瓶蓋打開，像個成年人一樣處理自己的情緒現實。它可能很恐怖。但神奇的是，當我們真正檢視瓶子裡的東西並且去感受它時，會發現它並不像我們所擔心的那麼難以處理。你真的可以打開你的瓶子，看看裡面是什麼東西在冒泡泡，然後把蓋子放回去。你過去的防衛系統仍然會順利運作，只要你想要。

我們曾經聽過浪女們互相指控對方在嫉妒，好像那是一件罪行似的：「妳在嫉妒，不是嗎？別想賴帳！」對你自己與你的親密愛人而言，最重要的是認識到：你的嫉妒心是你的。如果你明明吃了醋卻假裝沒有，別人可能會信以為真，所以完全不覺得有必要支持你或保護你——因為你看起來過得好好的啊，不是嗎？別人也可能會認為，你無法對自己的情緒負責。當你對自己否認嫉妒時，等於剝奪了自我同情的機會，以及自我支持、自我安慰的機會。

讓我們一起記得，**感到嫉妒**（或者任何其他的情緒）並不是罪行。行動才可能成罪。感覺就是感覺，不管你是否承認，感覺都在那裡。如果你把情緒掃進瓶子裡，它們便尋找迂迴的出路來博取你的注意力，變身為非理性的狂怒、無理取鬧、對莫名其妙的事情無比焦慮、大發雷霆、無預警大哭，甚至使你的身體生病。「純發洩」（act out）意味著你在做一些你自己也不了解、日後可能會後悔的事，被那些你拒絕面對的情緒推著走。

「純發洩」意味著你在做一些你自己也不了解、日後可能會後悔的事，被那些你拒絕面對的情緒推著走。

有時候「純發洩」是以發出最後通牒的形式出現，下令你的伴侶必須或不准做什麼；或者更糟，你硬是在事後才說你們有某種「共識」，你覺得隨便什麼人都應該知道他不該跟鮑伯一起去看那部你想看的電影，你認為他們兩人都很不體貼、很討厭，你覺得自己很有理由生氣。把錯誤歸給別人不會讓你從嫉妒中找到建設性的力量。把你的情緒強加於伴侶身上是沒有出路的，不管用就是不管用。嫉妒是從你內在升起的情緒；沒有人、沒有什麼行為能夠「使」你嫉妒。不管你喜不喜歡，唯一能夠減輕嫉妒造成的傷害或趕走嫉妒的人就是你。

有時候我們發現，當我們摯愛的人因嫉妒而身陷痛苦中，對他發火或把他推開比較容易，待在他身邊，以同理心去理解他、傾聽他、照顧他反而比較難。當我們因為情人嫉妒而責怪他時，就好像在說：我正要出門去跟別人玩耍，這時候才不想聽到你說你多麼受傷呢。這種反應看似漠不關心，但其實是逃避著不肯處理內心罪惡感的一種爛方法。

其實有很簡單的解法。感受希望有人能夠傾聽——別人的感受與你的感受都一樣。請了解，傾聽或者要求對方傾聽，就是一種建設性的反應，能夠讓那些麻煩的情緒釋放到天地之間，試著滿足它們。重要的是善待自己的感受，歡迎它們如同它們是你的客人，直到它們覺得可以了，然後繼續上路。請記得，你不必負責修復什麼：你要做的就是聆聽，傾聽你自己、傾聽別人，並且了解那種傷痛。就這樣而已，沒別的。

珍妮與她的人生伴侶曾有過一段痛苦時刻，那是珍妮第一次告訴他，她愛上了某個情人：

我跟她約會一陣子了，我很驚訝地發現，我對她的感覺已經超過了單純的性愛友誼，而成為一種深刻的浪漫情感，我認為那就是愛。我告訴我的人生伴侶時，我覺得他的第一個反應是受到威脅、不安全，以及，沒錯，就是嫉妒。我感覺得出來，他已瀕臨情緒爆發的邊緣。對我而言，不去試圖修復彌補、不要把說出口的話收回，真是困難，我也實在很想乾脆把這場談話撂下不管，因為我心中有恐懼與罪惡感。

不過他穩住了，他表達感覺，但是不讓他的感覺驅使他發怒或防衛。他問我，這對我們來說意味著什麼，因此我得以對他解釋我並不打算離開他，我對她的愛完全不會對我對他的愛構成任何威脅，她和我也並未期待成為對方的主要伴侶，真的，除了我自己的情感以及我用來描述此情感的用語以外，什麼也沒有改變。我們還是常常回頭重溫這段討論，特別是在當我可以勻出額外的時間來與情人共處的時候。

後來，她與我很自然地漸行漸遠，因為各自在人生裡繼續前行……他與我後來也漸行漸遠，不那麼自然容易地。但那段三角關係裡的我們三人日後回看，都自豪於我們能夠給彼此空間與尊重，來處理生命中的變局，即使那個改變起先看來對三人都是致命威脅。

雖然感到嫉妒，但你還是可以不動如山。其實，暴跳如雷而打破杯碗瓢盆；在第一個失眠的夜裡，每十五分鐘就打電話給你情人的情人，然後掛斷；或者隨便找個現成的倒楣鬼吵一架——這些都不會讓你好過一點。這些都是人們為了避免覺得嫉妒而做的事，因為不想讓自己感到恐懼或渺小。憤怒可以幫助我們趕走那些無助的感覺，讓我們覺得自己有力量，但那不會真正使我們強壯或者安全。

當你鎮住了你的嫉妒，你會發現你能夠在感到艱難的時候不抓狂，不做出非你所願的事情來。你就可以進到步驟二，去癱瘓你的嫉妒。你已經告訴你的嫉妒：你不會容許它毀掉你所珍愛的關係。

紀伯倫（Khalil Gibran）曾經深刻地寫到痛苦的本質：「破殼探求內中的悟性，那就是你的痛苦。」[49]

驚濤駭浪

現在好了，殼破了，你全身被痛苦的浪潮席捲。然後你會怎麼做？盡量讓自己舒服，然後試試看能不能站在風口浪尖而不沉沒其中。鼓起勇氣感受你的感覺。探索你的感覺、滋養它們、珍惜它們——它們是你最核心的部分。

---

49 紀伯倫此語的意思是痛苦是探求悟性必經的過程，雖然痛苦可能「沈重而堅硬」，但其後卻有一隻看不見的溫柔之手。

善待自己，並且記住，愛最重要的部分並不是愛一個人的美麗、力量或優點。愛的真正考驗在於，當一個人看見我們的脆弱、愚蠢與渺小，卻不減其愛。無條件的愛是我們期待從情人那裡得到的愛，我們對自己的期待自然也分毫不少。

當你看著自己的時候請記得寬容地看，也務必記得，這不是計算支票簿是否收支平衡的時候。你若看見任何你不喜歡或想要改變的特質，別把它當作要從優點裡面扣除的債款。若你能仔細思考你的長處，就會比較容易接納並同情自己的弱點。保持你的優點並充分肯定它的價值，好好珍惜。

給自己一個任務當作開始：在短短的一段時間裡熬過嫉妒，比如說你的伴侶正在跟其他人約會的傍晚或下午。跟自己約定：你會和你的感覺相伴，不管那是什麼感覺，就這麼短短一段時間。如果你覺得整個晚上或整夜好像太長，那就從五分鐘、十分鐘開始，然後讓自己看個影片什麼的來分散注意力。

也許比你想得更簡單

有可能（其實很普遍），你的伴侶跟別人約會去了，而你覺得也還好；驚訝吧！你的預期多半比真正發生的事情糟得多。有經驗的浪女會發現，她們只是偶爾會嫉妒。當她們覺得嫉妒的時候，她們檢視這些經驗，看是否能夠從中多了解自己一點，然後想想看是不是能夠找出什麼方式，讓情況變得比較安全、簡單。

我們訪問到的一對情侶正處於非常艱難的狀況下，努力想維持他們的主要關係：其中一人大部分的時間都在外地上班，所以和其他伴侶約會時他們多半處於分隔兩地的狀態，無法在約會後重新建立兩人身體上的連結。他們的協議之一是：每天晚上都講電話，不管身在何處、多忙多累。他們常常在其中一人與其他情人的約會結束以後講電話。這對情侶之一告訴我們，當他們講電話的時候：

> 他容忍我的感覺。我會毫不猶豫地說出我想說的；事實上，他也很鼓勵我這麼做。我發現，單單是被容許說出這些話，說出我的嫉妒與悲傷，就解除了它們的危險性。它們失去力量，因為他毫不抗拒——他只是傾聽，然後順其自然。

感受你的感覺

痛苦，即使是最劇烈的痛苦，也有它的路程，只要你順其自然；所以首要的策略就是讓你自己盡可能的舒服，然後等著那情緒自己沈寂下去。發現你的嫉妒感——受傷或憤怒或任何其他感覺——讓它們流過你的身體，像一條小河。你心中可能會湧動著各式各樣惡意的念頭，憤怒，責怪；你確定那是別人的錯，就抓著那些細節不放，深信有人占了你的便宜，為所欲為地踐踏你的感覺，然後你就一直糾結在這裡。你太受傷了，所以一定是某個人的錯！但有時候痛苦很多很深，卻沒有壞人。讓我們向你保證：我們都經歷過這種事。別羞恥得想死，讓這些念頭流過去就好了。

答應自己善待自己。感覺一旦被發現以後，跟它們做朋友會使

—— 答應自己善待自己。——

你更加了解它們。進行自我探索的時候，如果有腳本與策略，會大有幫助。寫日記可以是發洩情感的好方法，同時也能了解自己。你的日記上若整頁都是鮮紅簽字筆寫的「幹幹幹幹幹，我恨！」也沒關係；如果你覺得這樣不錯的話，我們建議你買一本大一點的筆記本。試著把你的意識之流寫下來，也就是你腦袋裡有意義、沒意義的一切念頭，然後看看你寫了什麼。自我了解的寶藏與珍珠，常常可以在這裡發現。

你可以弄一面繪圖板、一組粉蠟筆來，那是成人用的蠟筆。這些大型蠟筆會以明亮的色彩鼓勵你表達想法，絕對不會讓你卡在細節上。有時候你畫了卻只得到歪歪扭扭的線條，這也很棒；即使你的收穫微不足道，仍然能幫助你靜一陣子，只用手裡的顏色大喊大叫。有些時候，你會因為畫出具有深刻意義的圖，而令自己也大吃一驚。

有的人喜歡用他們的身體來表達情感，所以可能喜歡跑步、上健身房、清掃廚房或者在後院翻土。安全小提醒：如果你的感受喜歡以激烈的身體行動表達，你要保持幾分戒心：腎上腺素爆發可能會讓你高估自己的力量，所以要小心不要傷到自己。

試著尋找合乎自己心情的音樂，生氣的、悲傷的、狂亂的，將情感舞出來。你也可以買個便宜網球拍來猛打你的沙發，那樣感覺滿爽的：跪在沙發前，將網球拍高舉過頭，然後全力打下。眼睛要睜開，想像沙發上坐了所有惹你生氣的人除了你自己，然後大吼，把你的感覺吼出來。

表達自我的時候，你會比較了解自己，而且會以具建設性的方式將最緊繃的壓力釋放出來。至少，你可能會得到一個乾淨的廚房。

試著把焦點集中在你的身體感覺上：哪些部位可以感覺到你的情感，喉嚨、胸膛、腸胃？把注意力放在身體的知覺上可能會強化那些感覺，也可能會逼出眼淚，但如果你容許自己在身體知覺的層次上去感受它的話，它們自然會過去。如果憤怒湧出來，你可以捶打枕頭。如果你哭出來，就讓它流洩，請記得：在眼淚中表達了緊繃的情緒之後，隨之而來的就是鬆了一口氣的感覺。

有時候，你試著釋放你的憤怒，可是卻覺得這讓你心情更壞。那就給自己泡一杯舒心茶，此後不要再用那種方式了，那種方式大概不適合你。

有的人做不到這一點，因為他們一直被教導：可憐自己是錯的。你可以可憐任何人，為什麼你就不能花點時間可憐可憐你自己呢？這件事很困難，而你現在心情不太好，所以對自己好一點吧。

近來神經醫學研究有個有趣的發現：害怕與感恩這兩種情緒無法同時出現。所以如果你覺得害怕或者不安全，可以試著想想三件你很感激的事情，看看情緒會不會轉移。

練習：再度保證

這裡有個練習，你可以和你的伴侶一同進行，學習如何互相照顧，即使是在那些艱困的時刻。

列出十件事情，是你的伴侶做了以後會讓你感到有安全感的。

請不要太抽象——專注於行動而不是情緒。「多愛我一點」是情緒，所以很難執行；因為你怎麼知道你的伴愛你多一點呢？「帶一朵玫瑰給我」則是任何身上有一塊美金的人都做得到的行動。單獨寫下你的十件事，你的伴也去寫他的十件事，然後你們再交換，一起討論。

這個練習實際做起來比說的複雜。你心裡會出現很多問題：我怎麼能要求這個？我的伴不是早該知道嗎？如果我得開口要，那還算數嗎？如果我的伴愛我的話，他不是早該這樣做了嗎？

如果你有這些念頭，請想像一下，如果你的伴侶向你要求再度保證，你有什麼感覺。如果知道怎麼做可以讓他感覺開心，不是很棒嗎？我們又不會讀心，但我們是在乎的，只要知道如何幫得上忙，我們就很願意去做。

怪誰？

在你學會發現情緒與表達情緒之後，你可以試一個更有挑戰性的任務：看看你能不能將自己的感覺寫下來或者告訴朋友，但是完全不責怪任何人——不怪你的情人、情人的情人，尤其不怪你自己。這個練習並不簡單：你會驚訝地發現我們是如此容易滑進責怪的模式裡，但是你應該擁有你自己的情緒，不要把它偷偷記到別人帳上去，這是很值得學習的一件事。

你可以注意看看我們如何斷定別人的意圖。「你做這種事就是故意要惹我生氣」——你常常這樣認為嗎？我們應該很少故意激怒別人吧；因為下場通常不太好。我們很容易任意替別人發明一個意圖，好像這樣才能理解自己的感覺……但如果一個人被指控有某種他從未有過的意圖，那他會很難說出自己的真相。

只有當我們願意擁有自己的情緒，並且允許我們的情人與朋友也擁有他們的情緒，我們才會有改變與成長的力量。

當你是第三者時

以上這些照顧自己的對策，對於單身或有伴的浪女來說都適用。但是獨居的浪女可能需要做一些特殊的準備，防止自己隔絕於自己的情感。（我們在第二十一章〈單身浪女〉會更詳細地討論。）你要去接觸親近的朋友，或者在你的住處附近找個支持團體。跟朋友約好，互相聆聽對方的感覺。別忘了找個時間與你的伴侶來一場認真的溝通。單身或者不與情人同住，並不表示你就不會有嫉妒或者其他低落的情緒。

如果你與情人約會但不同居，可能會很難找出時間來進行認真的談話，分享彼此的情緒、差異，或者聊聊各自如何理解你們的關係、如何珍惜。為了找出時間，有些人認為「一起睡」是很重要的：一起喝咖啡、慢慢地甦醒、一起吃個普通的早餐。如果你每次跟情人聯絡都是為了火熱狂亂的性愛，你們就不太容易進行單純的對話，例如談談心情、傾聽感覺、瞭解與珍惜對方、建立連結。如果你們不能一起睡，你可以試試約個午餐或早午餐，一起去爬山或去海邊，去參觀植物園或博物館。

寶貝你自己

當你被情緒淹沒而陷入混亂時，你可以問問自己，什麼事情可以讓自己覺得安全一些，哪怕只有一點點。不要再想大局了；也許你現在就是沒辦法想那麼多。深呼吸，有意識地放鬆肌肉，聽點輕鬆的音樂。把自己裹進一張溫軟的毛毯。也許這看起來沒什麼，但只要你能讓自己覺得好過一點，即使只有一點點，你就已經朝著正確的方向前進了。你會使自己漸漸有自信，知道自己能夠處理你的嫉妒。

在你學習度過這些痛苦的情緒時，請容許你好好地照顧自己。就當作你得了感冒，好好滋養自己。哪些東西會讓你覺得很舒服？就送給自己。熱巧克力？泡一個長長的澡以後裹上溫暖的毛巾？花很長的時間看一場最愛的電影？打一場最愛的電腦遊戲？你最喜歡的玩具熊？有效的自我滋養常常出現在身體意識的層次，所以好的身體經驗——按摩、熱水澡、潤膚乳液、法蘭絨睡衣——能夠使你感到舒適與安全，即使腦袋正在焦慮，而思緒如一團亂麻。容許自己盡你所能地給自己最好的照顧。

當你料到自己會感到嫉妒的時候，計畫一些事情來殺時間。讓你每次在你的伴侶約會時，都不偏不倚地恰巧也有個熱情的約會，可能有點困難：大部分人的行程表都滿複雜的。萬一你的伴侶因感冒而取消了他的約會，你要怎麼辦？把你自己的約會也取消嗎？說不定與你約會的人很期待見你，與你共度的時間對他們來說也許很重要。第三造也有權利要求他們的人生有點可預測性吧。

但就算你無法為自己安排一個火熱的約會，你應該也可以找到一個朋友陪你去看電影、偏執地講話講話講話（當然，守密協定是一定要的）、吃餅乾、咬指甲，隨便幹什麼都行。我們不建議你喝酒或嗑藥，因為興奮會強化並放大你的負面情緒，並且會解開你的約束，使你忘記你曾下定決心要體驗嫉妒但不受其擺布。一定程度的逃離雖然不錯，但麻痺自己、使自己不再有感覺，你就永遠沒機會去學習處理那些感覺的方法。

習得這些方法需要一點練習，就像冥想或溜冰一樣。起先你可能會覺得很愚蠢，自忖幹嘛要做這些蠢事，而且好像也沒什麼用。但如果你持續善待自己，一陣子之後，你的世界觀會稍微改變一些，變得比較友善也比較開放，因為你是那樣創造它的。

練習：善待自己的十五種方法

寫下善待自己的十五種簡單的方法：比如說，「去店裡給自己買一朵花」，或者「用熱水泡腳，然後按摩。」有時問問自己，「我怎樣可以覺得比較安全、被照顧、感覺很舒服？」把你的方法寫在索引卡片上。下一次你不開心而渴望被善待的時候，就從中抽出一張，然後照著做。

打落牙齒和血吞

如果你沒有任何比較好的計畫，那麼咬緊牙關、打落牙齒和血吞、在原地硬撐直到事情結束，也不失為一個辦法。朵思記得她決定不再一對一以後，所遇到的第一個挑戰：

那陣子我跟一個年輕男人有一搭沒一搭的約會，我很清楚地跟他講過，我不要跟任何人成為情侶，也永遠不想再跟人家一對一。他來我家找我，我最好的朋友也在，我們都喝得微醺，而他看上了她。她也喜歡他，而且不知道我跟他有一腿，所以他們就在我家客廳中央開始交頸了。噁！我一邊看著他們，思緒轉得飛快：「嗯，我並不想嫁給他，也不想加入他們，而且我根本也不覺得我的朋友是雙性戀，那我該怎麼辦？」禮貌國原則從來沒教過我這種情形下怎樣才算禮貌啊。老實說，好一會兒我凍住了似地什麼也沒做，最後我終於想通，「好啦，既然這種情境沒有腳本可依循，我只好自己編囉。如果我的朋友跟我的新情人沒有在地上滾來滾去、纏為一體的話，我現在會在做什麼呢？」我想我應該會繼續讀那本講塔羅牌的書，繼續做筆記，所以我上樓去讀書，雖然咬緊牙關。但是專心做筆記至少占據了我的腦袋，為我帶來一點點慰藉。最後他們終於離開了，我也經歷了一個詭異的寂寞夜晚，不怎麼開心，但是至少我很驕傲：我撐過來了。我一點也沒有傷心欲絕，真的還好。我掌握住的是我的力量，好詭異喔，這就是我第一次成功熬過嫉妒的經驗。

面對噁心感

在你試圖了解你的嫉妒時，有一個值得問的問題：「我最受不了的畫面是什麼？」很有可能你早就充滿了這一類的幻想，所以刻意去想像恐怖的片段，應該也不會讓你感覺更惡劣吧。

真正干擾你的那些畫面並不是你的伴侶正在做的事——你根本不知道他現在在做什麼。當我們不知道的時候，很少人能夠說，「我不知道」，然後就不再去想。我們會填滿那些空白，為了填滿，我們就會捏造一些事情填進去。你填進去的東西和現實一點關係都沒有：你填進去的是你的恐懼。現在你知道你害怕什麼了，但不知道現實中發生了什麼事。

我們的心智就像自然一樣，無法容許真空狀態。我們會緊張。回想一下你在等人回你電話的時候，或者某個家人遲了很久都沒有回家。你是否打了電話給公路巡警隊，不停發出恐慌的簡訊，想像著各種恐怖的可能？你們可以約定，在約會結束離開情人家的時候就和伴侶互相通個電話，就不用這樣擔憂了。

與你的恐懼和平共存的有效方法之一就是承認它：「沒錯，我害怕。」現實通常都不會比虛構更恐怖，所以你可以用現實來制衡恐懼。

也請注意那些比較不危險的、不是受到焦慮驅使的想像。你也許會驚訝地發現，想像你的伴正在跟別人做愛並沒有你以為的那麼恐怖，你也可能發現親吻比性交更令你不能忍受，諸如此類。試著把你的想像寫在索引卡片上，然後將它們從最恐怖到最不恐怖排好順序。

然後你就會知道哪一部分是你覺得最恐怖的，而哪一部分則讓你比較有安全感。現在你有方向了，知道把你的心情轉向那裡，就可以幫助你有安全感，這樣你就朝向自在之途跨出了第一步。

留存好記憶

把你在關係中所珍惜的事物寫下來列一張表，留待不愉快的時候備用。樂觀一點，把你的腦袋轉向事物的光明面。珍惜你所擁有的，以及你從伴侶處得到的；種種使你的福杯滿溢的好東西：他與你分享的時間、關懷與愛情。避免成為悲觀者，永遠注意著那些你沒有的，那些流向別處的精力。那些精力並不是從你所獲得的那份裡面分出去的——關係不是像支票簿那樣收支相抵。所以當你覺得被剝奪的時候，請記得你從伴侶處得到的所有好東西。

練習：珍惜

列一張表，寫出至少十個理由說明你的伴侶有你為伴是很幸運的事。把單子放在口袋裡，帶在身上過個幾天。

列一張表，寫出至少十個理由說明你有他為伴是很幸運的事。

也許你和他可以各自列表，然後交換分享。

分享

你和你的伴侶必須練習討論嫉妒。我們認識的一對情侶跟我們說，他們已經在關係裡發展出一個習慣，就是可以要求對方給她一個「果凍時間」。在果凍時間裡，你可以說出什麼事使你覺得困擾，使你害怕或嫉妒；因為週末時互道再見而感到緊張，覺得自己渺小又愚蠢，覺得自己的膝蓋就像……嗯，果凍一樣。對方的任務是聆聽，同情並且認可。就是這樣的反應——不是「好啦，那我取消我跟白蘭琪的約會好了」，而是「啊，親愛的，你心情不好我也好難過。我愛你，我會很快回來。」

當我們告訴伴侶我們在嫉妒的時候，我們徹底暴露了自己的軟弱無助。如果伴侶能夠報以尊敬，聽我們講話、肯定我們的感覺，並且支持我們、安慰我們，我們就會覺得很受照顧；如果從一開始就沒有這些波折的話，我們可能還不覺得呢。所以我們強烈建議你和你的伴互相分享脆弱的感受，給予對方這種深刻相連的經驗。我們都是人，都有脆弱易傷的一面，也都需要肯定。

> 當我們告訴伴侶我們在嫉妒的時候，我們徹底暴露了自己的軟弱無助。

你用以熬過嫉妒的生存策略，對於你的生命會很有助益，而你在練習過程中對自我的深入了解，也將在未來一次次派上用場。前面所列舉出的技巧全都適用於處理其他艱難的挑戰，例如找工作的面試或者寫履歷。所以你現在不僅有標準程序可以處理偶爾發作的嫉妒，也能夠處理其他迎面而來的痛苦情緒了。當你到達這個境界時，要恭喜你自己！慶祝你的成功：用各種亮眼的顏色寫「我是個天才！」二十次。買點好東西給自己。你做了不少苦工，值得獎勵一下。

性靈道路？

你的嫉妒呼喚著你走上療癒的道路，當你走去，你就長得比你的嫉妒更高大。你也藉此踏出舊的典範與熟悉的假設，進入了未知的新領域，而那是很恐怖的。改變情緒必須要把自己打開來，願意去感受，必要的時候退縮，並提高自覺程度。那不就是性靈的道路嗎，開放而延展的意識？

嫉妒可以成為你的道路，不只讓你療癒舊傷，而且讓你**打開心扉**：當你把感情關係打開，去適應世上所有真的可供你取用的愛、性與滿足，你就對你與你的情人打開了心扉。

關於愛的最後註記：治好不被愛的恐懼有一個方法，就是記得愛人的感覺多麼好。如果你覺得不被愛，而你想要好起來的話，就去愛某個人，看看會發生什麼事。

論羅曼蒂克

很多人會形容他們的關係是「**羅曼蒂克的**」。在朵思的治療師生涯裡，有些當事人會聳聳肩說一個新的連結不太重要：「噢，那不是一段羅曼蒂克的關係。」我們兩人都不太會用這個字眼，所以我們打算討論一下它到底是什麼意思。

我們問了幾個朋友。我們得到的印象是，很多人認為羅曼史是有深度的情感和承諾，並且／或者可以嵌入一個特別的、理想化的故事裡。對很多人來說，羅曼史似乎是一種特殊的故事，而不是一種感覺。比如說，很多人把關係分成「羅曼蒂克的關係」與「性關係」，其間的分野在於：前者有一個隱含的軌道可循。我們都在書本、電影與電視裡一次又一次地看到這樣的故事：男孩遇到女孩（或者男孩遇到男孩，女孩遇到女孩），他們約會，約第二次會，然後在約第三次會的時候上床，雙方之間有了解、誤解、禮物、好笑/尷尬的時刻，然後就舉行婚禮了，雙方在婚禮上都承諾一生「緊緊相依永不分離」。

我們並不認為這樣有什麼不對，直到最後結局。應該沒什麼人讀過一個故事最後的快樂結局是三個人（或者四個人或更多）。更少人想過「跟這個人緊緊相依而跟另外一個人永不分離」的可能性。更不會有人知道，羅曼史故事可能包括了分手的伴侶重新與對方做朋友，或一起養育孩子，或成為相愛的前任情人。

我們都在這樣的故事環繞中長大，從童話故事到情慾故事，有時那些故事製造出期待、形成了障礙，妨礙你成為一個道德浪女。放諸四海皆準的「羅曼史」故事可能引導你把所有的關係都塞進這個框架裡，即使那個故事未必適合你，即使那個非虛構的人已經真實地出現在你眼前，即使你們本可一起建立你們的關係。

如果你是那種夢想著一枝紅玫瑰或者在海灘散步看夕陽的人，請好好享受你的美夢，然後請明白，你可以學著在夢裡擺上不同的細節，和不同的人，並創造出各式各樣不同的方式，只要你的想像與慾望能夠到達。

第十六章
擁抱衝突

沒有什麼東西比共享彼此的弱點更能夠建立親密關係。我們從來不低估彼此分享愛——歡笑、快樂、性愛——時所得到的美妙感覺，但是最能深化親密關係的，莫過於在我們被嚴厲批評的時候，脫了一層皮，恐懼無助，而我們的伴侶卻陪著我們，願意與我們一起度過那恐怖的事。這是我們靠得最近的時刻。

沒有什麼東西比共享彼此的弱點更能夠建立親密關係。

這裡頭能給你什麼啟示？

浪女可能會經歷到排山倒海而來的不安全感。我們這樣說，有些人會覺得驚訝；其實，浪女跟任何人一樣會緊張，而緩和焦慮的技巧並非我們從搖籃裡就學會的事情。

到頭來，你接受你的自由可能比接受你伴侶的自由要容易得多——反之亦然。出去約會跟待在家裡是不同的兩項功能，好比煮飯和吃飯，兩者各有各的回饋，也各有所需的技巧才能完成。

當問題冒出來的時候，你可以問自己：「我希望從這個情境裡得到什麼？」你幹嘛花這麼大力氣做一個浪女？答案依你自己的個人狀態而定，但是對我們很多人來說，報償就是我們的自由，而如果我們自己想得到自由的話，我們就得學著給伴侶自由才行。

給別人自由與獲得自由，都意味著我們需要有技巧處理某些難以避免的衝突，那是情緒強烈的時候必然會有的。處理的方法有很多。你可以從自己已經知道的衝突處理技巧開始。你已經很有經驗了；你學來的，當你在父母的腳下或者瑟縮在角落的時候。

回顧一下我們童年時必須忍受的衝突腳本，多半可以解釋我們今日為什麼這樣處理憤怒與衝突。你是小孩的時候沒有選擇，你必須適應環境，讓自己習慣家庭的腳本。你如何讓自己保持安全？

這件事情從來都不是問題嗎？在健康家庭裡長大的人，通常很好相處，也無所畏懼。但在一個罕有的健康家庭裡長大的壞處就是，你可能無法理解其他人幹嘛一天到晚都在害怕。

但是大多數人都學會了，要不躲起來以保安全，要不就是戰鬥來自保，或者裝小裝可憐來博取同情。如果你對於衝突有這些反應的話——防衛、憤怒、退縮、哭泣，無論何者——一定有什麼原因使你發展出這些反應。

一旦你了解自己的反射動作從何而來，你就有更多的選項可選。跟你的伴談一談——他們的腳本是什麼？如果A很想聽聽B的感受，可是B卻一心只想躲起來以保安全，那會怎樣？也許你們兩人習得了不同的對付衝突的技巧。也許你們可以向對方學習新的技巧。

吵架要公平

分享脆弱的感覺能夠鞏固親密關係，於是我們便來到親密關係的終極形式：爭執。很多人認為情侶間應該不計任何代價地避免爭執，但大多數親密關係的治療師都不會同意的。情侶間的爭執似乎是世界共通的現象：沒有人喜歡吵架，但它卻似乎是必要的，要建立穩固關係、促進成長與改變，吵架都是富有建設性的一部分，就像古老的森林需要來一場大火，才能有新的成長。

在長期的關係裡，一定要找到表達憤怒的方法，以及意見不合時的處理之道。你需要先發洩一些怒氣，你要找到一個安全而有建設性的方法來感受你的憤怒，並且釋放其中的一部分。你們可能需要事先達成協議：不要把憤怒擲向彼此？不要在小孩面前吵架？不要在開車的時候吵架？不要在用藥或喝醉酒的時候吵架？在哪裡你們可以大小聲，但不會置任何人於危險中？

依我們之見，問題並不在於如何避免吵架，而是學習如何吵架，才不至於在身體上、道德上與情緒上造成毀滅性的後果。一場好的爭執絕對不同於虐待。一場良好的公平爭執，是重視安全性與相互性的，雙方都能充分表達他們的感覺，在結束時，雙方的關係已經比以前更強壯也更親密——以烈火相連，此之謂也。

「吵架要公平」的概念是由巴哈博士（George R. Bach）在他的大作《親密的敵人：愛情與婚姻中如何吵得公平》（*The Intimate Enemy: How to Fight Fair in Love and Marriage*）中首次提出的。這本書出版於一九六八年，非常過時，但是書裡對於溝通，以及如何有建設性地與伴侶分享你的憤怒，都有很詳細的描述，那是無價的。你也可以考慮讀一讀我們在延伸閱讀裡列出來的書目。不管你選擇哪一本，請和你的伴侶一起閱讀，這樣你們就可以進到同一個階段、獲取同樣的資訊，而比較容易談談該如何溝通各自重視的是什麼。

有時你會忽略某些煩亂你心的小事，因為它們太枝微末節了。但如果同樣的事情跑到你腦子裡三次，那它顯然還在煩你。也許你可以試著談談，「有件小事在煩我耶。」

如果情緒總是渴望被聽見，而憤怒卻是一種很不容易聽見的情緒，那我們如何能夠釋放憤怒，又不至於製造更多麻煩？

雙贏的解答

要有好的爭執，你必須先了解到，一場成功的爭執必須是雙贏的。如果一個人贏、一個人輸，那導致這場爭執的問題並沒有解決：如果你以為「輸」的人會放棄他在這個議題上的利益，那就太天真了。當你覺得自己的權力不如對方、火力不如對方，也吼不過對方時，只會懷恨在心，而問題還是問題。唯一贏得爭執的方法就是，想出一個讓所有相關人士都覺得贏了的解決之道。所以在一場良好公平的爭執裡，每個人的感覺都會被聽見、被慎重考慮，而解決之道必須經過大家的共識，而不是用蠻力。

使爭辯公平公正的方法是，同意遵守規則與限制，並尊重所有人表達感情與意見的權利，包括我們自己的。安排一個時間來吵架通常滿有幫助的，大家要有共識這樣做；如果我們在伴侶快要來不及上班的時候開始吵，或者在廁所裡把他攔截下來吵，這樣就無法達成一種有建設性的敵對。我們應該要安排一個能夠全心全意的時間來討論。

安排爭執還有個額外的好處，就是可以預先準備、組織我們的想法，而且我們會知道，某個時候大家就會一起來處理這件事情了。如果我禮拜二的時候對家庭雜貨的開支很不滿，而我知道我們已經約好了禮拜四要吵架，那我就很容易把這件事情先擱在一旁，到時候再說。大部分的人都沒辦法把這種事情擱在一旁，因為他覺得這件事好像永遠也沒法解決。

「你說這什麼意思，安排一場爭執？爭執不都是爆發的嗎，像火山那樣啊？吵架的時候，我們好像不大可能遵循什麼規則或尊重什麼限制，不是嗎？我們講的不是強烈的情緒爆發嗎？」唔，是的，我們講的是這個沒錯，但我們並不認為你能夠在情緒很強烈的狀態下解決任何事。當你的情緒爆發時，重要的是承認這些情緒，並且注意它們。不管你表達得多糟，這就是你的事實；你顯然對這件事感受強烈，這就是個重要的事實。

觸發因子

為什麼我們有時會被觸動而引發非常強烈的情緒，尤其是在親密關係遇到衝突的時候？我們都會，不是只有你。朵思記得自己十九歲的時候，彷彿毫無理由地被恐慌症襲擊——直到有一天，她發現是因為有東西迅速接近她的臉。她爸爸經常暴怒，一暴怒就甩她巴掌，所以只要有東西突然接近她的臉——即使是她的情人——她就有一種直覺是，她要被打了。當她了解到這源由，便能夠四處察看，確定此刻沒有任何東西在威脅她，恐慌症就消失了。

新的腦功能研究提供我們很多「觸發因子」（trigger）在生理層面如何運作的新資訊。我們體內有個器官叫做杏仁核（amygdala），它負責記住那些與強烈情緒相關的情境，開心的與恐怖的都有，然後它就會催促我們採取行動。這種現象最為人所知的就是它的極端型，受虐生還者或退伍軍人常會經歷情境再現。

杏仁核與腦下垂體之間有直接的連繫，所以在我們還來不及動用智力的時候，杏仁核已經催動了我們的緊急反應系統。腎上腺素湧進血管，去甲基腎上腺素淹沒神經突觸，細胞釋放所有糖分到靜脈中，讓我們有力氣打上一架或者趕快逃跑。我們整個系統都被化學反應所綁架，所有事情瞬間變得極度、極度危急。在親密關係的爭執裡，觸發特別常見又特別劇烈，我們自小以來所有曾經習得的觸發因子都可能受到刺激。更複雜的是，我們或多或少都學會了壓抑感覺，所以我們經常受到觸發卻不自知，或不知為何如此。

首先要認識到的是，這種腎上腺素高昂的狀態無法解決任何事。「逃跑或戰鬥」這種腎上腺素反應，使我們有爆發力來度過危機，但不是我們用普通常識所想的那樣。

在這個生理壓力反應過程中，有兩件事情會發生，我們可以學習運用。第一：如果你可以撐過十五到二十分鐘不去重新挑起這個壓力反應，我們的身體就會恢復正常，我們的腦子也會恢復理智。我們將在下文說明喊出暫停、冷靜下來的程序。

更好的是，每一次我們成功花十五分鐘照顧自己、極盡所能地善待自己，我們的杏仁核就會得到療癒恢復——它會長出更多更完整的纖維束來傳遞使人舒緩的神經傳導物質——所以我們每度過一次危機，就會變得更有能力安撫自己。所以練習、練習、再練習，善待自己。

接下來我們要介紹如何在你或伴侶被觸發的時候喊暫停。先停下來，分開。找一個能夠照顧自己的方法度過十五分鐘，不要再度觸發你的緊急系統，直到腎上腺素降回正常值，讓你恢復平靜。

你需要在事前和你的每一個伴侶溝通好，達成共識。首先，每個人都應該了解，喊暫停跟這是誰的錯無關。如果你們在做的事情或者你們的談話，是觸發緊急系統超載的因子，那你們兩個都必須停下來，停止腎上腺素的爆量。要停下來可能很困難：一定有一個人會覺得被拋棄、被打斷、被干擾，或者沒有被聽見。請記得，只是中斷十五分鐘而已，不是永遠。

既然你們必須要在分開的房間裡單獨待上幾分鐘，不妨事先約定好誰待在哪一個房間。你的電腦、你的書、你的閱讀椅在哪裡？如果有人喜歡聽音樂或看電視，有沒有耳機可以讓另一個人保持清靜？如果有人需要到外面去透透氣，不妨約定二十分鐘內通個電話，互相報一下平安。

有些人喜歡約定一個安全詞來喊暫停。「**暫停**」或「**紅色警戒**」或者換一個更傻的字眼，可以讓憤怒稍微降溫。

如果孩子們在家，誰來負責？當成年人陷入爭執，孩子們會感到緊張，希望得到安慰，這無可厚非。但他們因為需要而想黏著你的時候，卻也是你想自由地專注於自己的需要的時候。

你們可以約好在暫停期間保持肅靜。試圖塞進更多的念頭很可能會觸發新一輪的腎上腺素釋放，因而使問題持續得更久。

你最好先和伴侶討論好，練習一下「暫停」的技巧，然後找個場合實踐看看。你們可以討論一個不那麼嚴重的問題，在那時喊個「暫停」看看，作為練習。

當那種熟悉的不愉快感升起，你察覺你已經被觸發的時候——有可能是煩躁、挫折、暴怒或悲傷——就喊暫停。強烈的情緒通常瞬間爆發，不容易預測，所以一旦你感到情緒如洪水一般淹過來，請記得你有這個選擇，立刻喊暫停。

把自己拽離那個對話現場，去指定地點獨處。做任何你覺得可以讓自己平靜下來，不再被觸動的事情。做幾個深呼吸，記得完全把氣體呼出來；減低肺裡的二氧化碳量有助於腎上腺素消退。我們喜歡找點事情來占據注意力——被觸發的時候，我們兩個都沒有那種本事靜坐冥想；如果你可以，就冥想，但如果你不能在這種時候放空心思的話，別對自己失望。我們喜歡讀讀小說或雜誌、上網逛逛、打場接龍、聽音樂，或者看一部老電影。要避開那些增加腎上腺素的活動，例如清版射擊遊戲、爭辯不斷的網上論壇，或者歌詞有暴力語言的音樂。有的人可以跳狂暴街舞來發洩憤怒，也有的人覺得那樣太激烈了。你得從經驗中去發現什麼比較適合你。

你可以把感覺寫下來或畫出來。不要擔心藝術水準的問題；這是給你自己看的。我們兩個其中之一有一本記事簿，開頭全是坦白而瘋狂的投射、恐怖的指控，然後幾乎不可思議地，逐漸轉變成不評斷的深入研究，探求她和她的伴到底在吵什麼，有時候她會在結尾時有嶄新的洞察，發現自己真正過不去的點。

十五分鐘後，向自己報告一下：好一點了沒？一開始，你的暫停時間可以拉長一點，直到你知道什麼模式對你有效，而且比較有信心的時候，再縮短。

當你們兩人都準備好回來討論時，做一些簡單且撫慰人心的事情。去公園裡散步、買你們最喜歡的食物外帶、一起煮飯、互相作伴一起看部影片。約個時間來繼續那場觸發你們喊暫停的討論。

喊暫停的時光很少是優雅美好的，有時候一點也不好。我們在情緒超載時必須喊暫停，而那顯然不是我們最好的狀態。請原諒彼此只是凡人。請做好心理準備，要原諒你自己。當你們一起回來準備迎接和諧與了解的時候，你便知道一切都是值得的。

「我」的訊息

好的溝通始自每個人表達自己的感覺，遠在她們討論各種解決方案的優缺點之前。好的溝通奠基於察覺自己的情緒、好好地表達，確認伴侶有聽到並理解我們的心聲，無論他們是否贊同。情緒不是意見，情緒純然是事實：關於一個人正在經歷的此刻感受。

試試看以「我覺得……」作為開頭。「你害我不快樂」跟「我覺得不快樂」兩種表達有如天壤之別。後面那句就是「我」的訊息，純粹是表達一種感覺，裡頭毫無指控之意。當你的情

> 情緒不是意見，情緒純然是事實：關於一個人正在經歷的此刻感受。

人不覺得自己被攻擊，也不必捍衛自己，就可以真正傾聽你的感受。相反地，以「你」開頭的句子，尤其是「你每次都……」，常常讓對方覺得是一種攻擊，得到的回應也常是充滿防衛心的。

「我覺得」後面應該接一種情緒——悲傷、抓狂、高興、生氣——或者一種身體感覺，例如快吐了、緊繃、緊張、發抖。以「我覺得」開頭的訊息通常表達的是一種想法而非一種感覺，比如「我覺得我們不應該這麼頻繁地做愛」，也可能是一個經過微妙掩飾的「『你』的訊息」，例如「我覺得你瘋了。」我們常常以表示被動的過去分詞來形容自己的情緒，例如「我覺得被評斷了/被攻擊了/被背叛了。」這也是一個微妙掩飾的「你」的訊息：「你在評斷/攻擊/背叛我。」

大部分人都不喜歡別人告訴我們，你心裡是什麼感覺——無論她們到底說對了沒有，只要有人自以為可以說出我們內心的真相，就是對於我們界線的侵犯。試試看能不能問出尊重別人的問題。「你現在感受如何？不曉得你會不會覺得很傷心。」

我們不能一邊對情人提出指控、並且把對方當作挫折感的箭靶，還一邊期待她們能紋風不動。那等於是要求她同意接受虐待，她若抗拒不從，實在自有道理。但我們可以要求她聽聽我們的感覺，因為對傾聽的一方來說，把她手上的事暫時放在一邊、撥個幾分鐘聽聽我們的感覺，應該是可行的。如果你想學著使用「我」的訊息，不妨談談最近的某一件心事，但試著完全不用到「你」這個字，也完全不提到別人做了什麼，純粹只說你自己的感覺。這需要一點練習，但經過練習以後就不會像一開始看起來那麼困難了。

然後當輪到你聽的時候，就把自己調到傾聽模式，聽情人說出她的感覺。請記得，感覺需要被聆聽、被認可，所以不要分析、不要解釋。就只是聽，然後你也許會驚訝地發現，你聽到了原先不知道的事情。你可以設身處地看到她眼中的世界，珍惜她的感受、認可她當下的處境，並且表達你的了解。然後解決方法就會更自在、更自然地浮現。解決方式沒有對錯之分，只要找到讓大家都感覺舒服的共識就好。

練習：感覺配對

這個練習的目的是讓你說出你的感覺，使你的伴侶能夠聽見，同時你也要認真傾聽你伴侶的感覺。每個人都有三分鐘可以講話，其他人就認真聽。

找個時間，大約三十到四十五分鐘你們能夠不受打擾的時間。然後決定誰先講，誰先聽。設好計時器，三分鐘。

感覺喜歡被聽見。所以當你傾聽的時候，你只說那些表示你有在聽的話，比如「OK」、「是」、「我聽到了」，或「我了解」。

讀一讀這一章先前談到的「我」的訊息。請記得，我們可以要求伴侶傾聽我們講話，聽我們的感覺、我們最近過得如何，但要求別人站好來當我們指控或怪罪的靶子是不公平的，所以這個練習裡不能說「你」開頭的句子。

雙方在練習過程裡都要想辦法維持眼神接觸。

這是一個可以討論嫉妒的安全方法，你們可以試試看。稍後你可以用這個方法來討論其他情緒。試行腳本如下，可供參考：

聽者：「關於嫉妒，你想跟我說什麼？」

講者：「我發現我的內心……」（講者可以講到爽為止）。

聽者（整個過程）：「對。」「我聽懂了。」「OK。」「嗯。」（諸如此類。）

聽者（當講者停頓時）：「還有什麼要補充的嗎？」

講者（可以繼續講，或者）：「沒有了，我先講到這裡。」

聽者：「謝謝。」

通常聽者會覺得他有很多想法與建議等等，但聽者只能先憋著。把你的想法暫且放在一邊，這幾分鐘就感受一下「專心一志地聆聽」會是什麼感覺。因為你會有很多想回應的，所以我們建議你們在轉換角色之前，先停一下下，或者去做一點別的事情作為緩衝。

這是很親密的對話。請讓你的伴侶知道，他這麼勇敢地談論自己的掙扎，你很珍惜。這時候來個抱抱是很棒的。

有人會幫你

你不必獨力完成一切——有很多很棒的書籍、課程、工作坊和其他資源可以取用。花點時間與精力學習溝通是個好主意，而且你可以和你試圖溝通的對象一起去參加。

有很多很棒的情侶溝通工作坊在週末舉行，某些教會也提供週末的婚姻福音營（retreat），有的醫學中心也會開設針對伴侶的溝通與憤怒處理課程。工作坊與課程值得一去，即使它們並不是特別針對浪女。就我們所知，參加溝通或親密關係工作坊的情侶，都會帶著新的溝通技巧與清澈洞見回去。有一些工作坊專門處理多重關係裡會出現的各種問題。別猶豫，去參加工作坊吧，請記得，帶工作坊的人都是專家，他們擅長創造安全的環境來探索高敏感議題。很多情侶每當生活中出現新的問題時，就會去參加工作坊，去過了再去也沒關係。我們鼓勵你去上這些課，如果有財務上的考量，有些工作坊會為幫忙雜務的參與者提供一些折扣。僅僅知道別人也和你一樣為了同樣的議題在苦惱，就會使你好過一點。

你也可以在小團體、線上社群與部落中，找到支持、靈感與資訊。請看第十九章〈建立關係〉，那會告訴你如何找到團體。

一個比較昂貴的選項是找一個伴侶諮商師去晤談幾次，這也不失為一個好方法。基本上，我們建議你把諮商當作第二階段，先去上課、參加工作坊，再找諮商師，除非你有隱私上的考量，不願意上課或參加工作坊。

過濾一下這些協助資源，看看他們會不會接受你的開放關係。有些老派的心理學家、某些工作坊和婚姻福音營的主持人，會認為你對很多人有慾望表示你內在心理混亂，那是一種「症狀」；在這種敵意環境裡，你可能不會覺得受到支持。如果你需要找個合意的心理治療師或支持團體，不妨問個朋友試試看，或者在搜尋引擎裡打上「多重關係諮商師（你所在的地名）」。大部分治療師都有網頁，上面會列出他們的經驗與技巧，也會有幾句話闡明他們的哲學：你可以寫電子郵件去問問他們有沒有處理非一對一關係的經驗。

我們強烈建議你趁早把這些協助資源搞清楚，不要拖到以後。每個人都可以偶爾用用溝通技巧來「熱身」，如果你等到關係出現危機時才求助，而不是平時就持續練習溝通技巧的話，事情就更棘手了。

時間是你的朋友

在某些文化中，人們講完話以後通常會等幾分鐘，才讓其他人回應：如果不聽人家講什麼、不加以思考就立刻接話，表示你只是在等對方講完，然後就要立刻試圖改變他或她的意見；這是粗暴而不尊重別人的行為。我們建議在回應任何嚴肅的溝通前，都先花點時間思考一下，尤其是當講話的人很看重你的回應時。當你刻意把溝通速度放慢，通常就會發現新的訊息。

當異議出現時，大家通常會迅速回應，好像急著把異議處理掉。他們一旦發現自己不贊同某件事，就想在幾分鐘之內努力把它解決掉——但他們對這件事可能從來也沒同意過。

也許你們已經在這樣的分歧下過日子滿久了，再稍微久一點也不會怎麼樣。所以你可以考慮以下的策略：承認彼此的不同意見，運用你在這一章學到的原則，讓彼此都有機會陳述自己的感覺，然後花兩天時間消化一下。

當你們回頭討論不同意見時，應該已經平靜多了。你會比較清楚地知道你看重什麼，會珍惜你所愛的人看重什麼，以及為什麼。你會發現你們已經到達一個比較好的協商狀態，可以找到皆大歡喜的解答。

也可能兩天以後，你們甚至不需要什麼特殊劇本，就可以輕易達成共識。請記得，涉及情緒的事情，時間就是你的朋友。

寫下來

有時我們的感覺複雜得似乎不可能在跟所愛之人面對面的時候處理。這種時候，你可以深思熟慮地寫封信，讓你的愛人完整了解你的擔憂，你筆下可以斟酌，他則可以用他的步調去慢慢吸收理解。通信並不是用來取代實際對話，但可以是實際對話前良好的一步，也是打開對話空間的一種安全做法。

不過，重要的是你得深思過後再把信寄出去。寫信的缺點是信件無法承載所有溝通的幽微之處：臉部表情、肢體語言、撫摸等等。好處是（或者說應該是），信件可以謹慎地陳述，不會有情緒超載的問題。如果你按下「寄出」或者把信封丟進郵筒前，沒有認真思考過信件的內容，那你就吸收了所有寫信的缺點，而沒有享受到寫信的優點。

你可以從寫一封不寄出的信開始，寫下你所有的感情與擔憂。珍妮把這種信件存在她的電子郵件草稿匣裡；朵思用 word 寫信，然後貼到電子郵件裡面。把感覺全部寫下來，不要去煩惱你的伴會怎麼反應，這樣你就能充分表達你自己。然後關起檔案，做點別的事。回來加一點東西（或者刪掉一點東西），過個幾天，然後檢查一下你寫了什麼，確定你擁有自己的情緒，而且都用「我」的訊息。我們通常會刪掉這樣開頭的句子：「你這豬頭。」當你可以讀得下去、可以想像你的朋友將因此真正了解你在煩什麼的時候，這信就可以寄了。

我們應該不需要提醒你，你的部落格、社群媒體、好友間的私人電子郵件群組，都不適合作為這種私密信件的預演場所。自己想辦法慢慢寫——或者，如果真的很難的話，也許你可以拿給一個信任的朋友看看，一個你的情人也信任的人，以便確定你講的跟所想的沒有差別。

最近朵思寫了這樣的信給她的一個愛人。第一版是她在一個心情非常壞的週五寫的。週末她很忙，但三不五時抽出時間看看那封信。到了禮拜一，問題還在，但是反芻過以後，似乎比較可以處理了，所以她打電話給愛人，在電話裡談談……然後問題就簡單平和地解決了。那封信從未寄出。

擁有你所有的

當你願意擁有你的痛苦，你的情人才有可能安撫你，在艱困的時候給你保證、給你愛。即使你們不同意對方處理問題的方式，還是可以交換愛與關懷。我們建議每個人都敞開心扉來要求保證、愛、擁抱、安慰之類的東西。很多人的成長經驗告訴我們，不要開口索取我們需要的東西，如果我們要了，就會受到恥笑，好像我們只是想引起注意。

> 當你願意擁有你的痛苦，你的情人才有可能安撫你。

想引起注意有什麼不對？難道注意缺貨嗎？還記得我們說的餓死經濟學吧：別苛待你自己。你不必屈就而滿足於微量的安慰、注意、支持、保證與愛。你可以得到所有你想要的。你們可以自己決定在親密關係裡分享很多很多很多，並且將在此過程中了解，你能夠與人分享的，比你原本預期的還要多上許多。專注在富足之上，創造一個充滿生命中的好東西的關係生態學：溫暖、喜愛、性與愛。

第十七章 達成協議

絕大多數成功的關係，從點頭之交到一生一世的一對一關係，都奠基於不曾清楚說出的行為假設：你不會親吻郵差，也不會給你媽媽小費。這些不曾明說的規矩，都是我們小時候向父母、玩伴以及文化學來的。打破這些約定俗成的規矩的人被認為是怪胎，甚至有時被當成瘋子，因為在人際關係的協議背後，深深埋藏著人與人之間如何連繫在一起的價值與判斷，而我們通常根本不會察覺我們曾經立下任何協議。

對於許多日常關係來說，比如你跟鄰居或公司同事的關係，依賴那些稍嫌模糊的「內建」協議大概還不成問題。但是當你在嘗試像浪女生活這樣複雜而前所未見的事情時，不要把任何事當作理所當然，就變得很重要。請跟出現在你生命中的人討論你們的協議，協商出某些條件、環境與行為，來滿足自己的需求，同時尊重每個人的界線。

你也許常常聽到別人講他們的關係有哪些「規矩」。但「規矩」暗示著僵固性，好像關係用某種方式運作就是正確的，用某種方式就是錯的，而你如果做錯了，就要被懲罰。我們的理解是，人們可以選擇各式各樣不同的方式來經營他們的關係，所以我們比較喜歡用「協議」一詞，表示是雙方都同意的、清醒的決定，且有足夠的彈性來容納個人的獨特性、成長與改變。協議有時候會讓你感到有些模糊，特別是如果你習慣了「規矩」的嚴格規範的話，更會這麼覺得。一點點模糊是沒有關係的；你們的協議多半會在稍後釐清，如果有需要的話——假如沒有出現需要釐清的情形，那就表示它已經夠清楚了。

你怎麼知道什麼時候你們需要協議呢？只要傾聽自己的情緒，你就會知道。如果有什麼東西冒出來惹你討厭、生氣，或者被忽略等等，那大概就是你與伴侶需要做成協議的地方了。我們勸你現在就放棄這個念頭：希望能夠未卜先知，為關係裡每一個將會出現的狀況事先立下規矩。很多好得不得了的協議完全是事後諸葛：一個問題出現了，這對情侶不去爭執這是誰的錯，而是立下一個協議來避免這樣的問題再度發生，或是對於以後要怎麼處理這種事情達成共識。

我們的朋友羅麗與克里斯因為常常練習協商，所以成為非常傑出的彈性協議高手：

> 我們是在文藝復興節[50]（Renaissance Faire）認識的，關係隨即變得很深入。雖然我們並沒有準備好可以立刻跳進婚姻的框架裡，但我們確實在認識五個月以後就訂下了「婚約」（handfast，這是古代塞爾特民族許下浪漫承諾的儀式）。我們的婚約內容包括以下協議：如果一年零一天以後我們還想在一起的話，那就結婚吧。於是我們就結了。
>
> 我們決定訂下賽爾特婚約的時候，克里斯提議：在節慶期間還是可以跟其他人有性行為，但其他時候就不行。羅麗非常吃驚克里斯竟有此慾望，對於即將發生的事情變得非常沒有安全感。所以我們決定將這個提議延到隔年夏天的文藝復興節，也就是結婚以後。

結婚的第一年，我們的協議是只有節慶時如此，後來我們決定擴大到準備節慶的那個週末與節慶當時。某一次，羅麗認識了一個男的，對他很認真——這成為我們婚姻之外第一段現在進行式的關係。從那一刻開始，情勢就一面倒，羅麗花很多時間跟另一個情人在一起，克里斯並不怎麼高興；他覺得他跟羅麗在一起的時間不夠多。

因此我們再度協商。我們決定，每個月最多在其他情人家過夜兩次。我們覺得一個月兩次的享樂應該剛剛好，不會頻繁到跟別的情人培養出一段具威脅性的緊密關係來。好一陣子我們都相安無事，雖然我們也曾有一、二次因特殊情境而妥協。

我們還有一些小麻煩有待克服——此外，我們可望很快升級為爸媽，而我們並不確定一個小嬰兒將如何影響我們的關係。但我們的協議至少一直都是雙方皆可容忍的，甚至時常扮演著安全閥的角色，以免我們在恐懼中逃離這段關係！

這段訪談至今已經過了二十年，羅麗與克里斯的小孩已經長成青少年，他們還在一起，並且仍然是一對快樂的浪女。

---

50 全美各地都有的歷史慶典，參與者要穿上伊莉莎白女王時期的服裝，現場有許多攤位販賣手工藝品、食物，有遊行、街頭藝人表演，大家都喝英國啤酒。

同意

什麼樣的協議是好的協議？依我們之見，協議最重要的一件事就是同意，我們對同意的定義是：「為了所有相關人士的快感與健康著想，而主動合作。」在多重關係的例子裡，這意味著我們會將間接相關的人——其他伴侶、小孩，以及將會受到此協議影響的其他人——的感覺也納入考慮，必要的時候，也要得到他們的同意。

我們對同意的定義是：「為了所有相關人士的快感與健康著想，而主動合作。」

我們想要提醒你，實際上不可能把所有協議全部列表，清清楚楚地寫下來，避免任何疑義與誤解。當困難出現的時候，我們建議盡量不要花時間去想哪裡出錯了，而把精力投注在思考接下來該怎麼做。

有時候「同意」的定義是很微妙的。如果某人是在壓力之下表示同意，那顯然不符合「主動合作」的標準。你也不可能同意一件你不知道的事情：「欸，你又沒有說我不能跟剛認識的這位空服員，一起飛去愛荷華州的波伊西玩兩個禮拜？」這也不算同意。

為了取得主動的同意，每一位相關人士都要負起責任，了解自己的情緒，並與人溝通——這並不容易。有時候情緒不想被端上檯面仔細檢視；也許你只知道自己心情惡劣。給自己一點時間與支持，慢慢摸清楚你的情緒，也許你可以運用我們在第十五章〈嫉妒地圖〉講到的一些策略。如果你覺得需要找人幫助你明白你的感覺，那就向外求助吧，沒關係的，你可以請你的伴侶，或者一個了解多重關係的朋友，花一點時間聽你說。身體或言語的保證常常帶來很大的影響，而有時候一個聰明的朋友或治療師，能夠問出正確的問題，來幫助你解開複雜的情緒之謎。一旦開始聆聽自己的情緒，你就比較能夠把你的需要與慾望攤在陽光下，讓每個人都聽見，然後大家就可以創造協議，來幫助你滿足那些需要與慾望。

大部分人在開口提出需求的時候，都需要得到支持。我們需要知道，我們揭露自己的需求，不會因此受到攻擊。大多數人在瀕臨或觸及情緒限度時都會感到十分脆弱無助，所以認知到這些限度是合理正當的，是很重要的一件事：「我需要感覺到被愛」、「我需要感覺到我對你很重要」、「我需要知道你覺得我很迷人」、「我受傷的時候，需要你聆聽我的心情、關心我」。

責怪、操縱、欺侮與道德譴責，都不是協商時該有的態度。要達成好的協議，需要所有相關人士都願意傾聽彼此的想法與感受，並營造開放而無偏見的空間。如果你在等待你的伴侶揭露他的弱點，然後把它變成你的彈藥，以「贏得」辯論，那你實在還沒準備進入與人協議所需的狀態。

鑽法律漏洞是良好協議的另一個敵人。我們認識一對情侶，他們協議說如果一方要跟別人做愛的話，必須在二十四小時內告訴另一方。於是一方從另外一座城市打電話回來，跟她說他昨天晚上跟別人上床了。「但是你答應過會給我二十四小時的緩衝！」她生氣地哭叫。他說：「我又沒有說是提前二十四小時告訴你。」這種「鑽法律漏洞」的行為使得雙方都覺得：協議根本沒有用。也給我們啟示：講清楚，說明白，最重要的是要有誠信；這已經不再是偷情的問題了。

協商內容應該實際可行並且清楚定義——如果你不確定你能不能做到，那你們可能必須重新協商。比如說，要求你的伴侶永遠不可以跟一個他「太過」在乎的人有性行為，是不切實際的要求。「太過」在乎是無法定義的，而且，我們很難想像哪個浪女設想的烏托邦竟然是「我只能跟那些我毫不在乎的人發生性關係」。沒有人能夠真的同意說：我保證只產生這樣的感覺，或只產生那樣的感覺；我們的協議必須留有真實情感的空間，不管那會是什麼。比較具體的協議是限制對外約會一個月一次，這樣可能會達到同樣的效果。

協議不見得要平等。每個人都不一樣、都是獨特的，令我感冒的事情對你而言可能完全沒問題。有人想要知道他的伴和其他人上床時所有生動的細節——但反過來，對方卻可能覺得如非必要，他什麼都不想知道。有人可能覺得他的伴侶絕對不可在外過夜，然而他的伴侶卻很能享受偶爾獨自去看晚場電影、在床上吃零食。

我們的一個朋友說：

比爾與我對於關係有很不同的需求。我一點也不需要一對一，我跟我喜歡的人上床很自在，但都跟心靈無關；然而他的性關係則要不是非常隨意，比如說性愛派對，不然就是非常深刻、長期。我們達成了一個能夠滿足兩人需求的協議：我可以有友善的情人與炮友，他則可以有長期的次要關係。

公平的意思是我們在乎每一個人的感受，盡量以協議讓每個人都很快樂。

> 公平的意思是我們在乎每一個人的感受，盡量以協議讓每個人都很快樂。

想到要為開放關係立下協議時，大多數人都會開始列出伴侶不能做什麼：不能親她的嘴，對他不能比對我好。某一些「你不能」是必要的，例如與親戚、鄰居、同事是否可以有性關係。很多否定式協議的本意是為了保護你的伴侶免於受傷與嫉妒；我們並不是很喜歡這樣的做法，可是我們承認，對中階協議來說，否定式協議並非一無是處。但我們仍然認為，保護伴侶免於情緒之苦的最佳協議，是肯定式的而非限制式的：我們下禮拜來個特別的約會吧，你受傷的時候我一定找時間聆聽，我會一次又一次地告訴你我有多麼愛你。

我們都需要一種情緒上的安全感，才能在開放關係裡感到安全。但要想出能夠使雙方都有安全感的協議，有時並不容易。在重新學習嫉妒的過程裡，我們都得要求我們的伴侶同意冒一點風險、感受一些痛苦，或者跌倒幾回，才能學會騎這輛情緒腳踏車：真正的自由性愛。

練習：在衝突中雙贏的八個步驟

一、喊暫停，讓憤怒有個出口。

二、選定一個議題來討論。

三、約個時間來討論。

四、每個人有三分鐘的時間說說你的感受，你的伴侶要仔細聆聽。秘訣：說「我」的訊息，不要說「你」的訊息，換人講的時候，可以稍微休息一下或者穿插一個活動，讓自己不要再去思考你剛才想要怎麼回應你的伴，重新聚焦於談論你自己的議題。竭盡全力描述你對於某一議題的情緒是什麼。

五、腦力激盪。列出所有可能的解方，即使聽起來很傻。

六、增刪這個表。任何人覺得哪一項他無法忍受，就把它劃掉。

七、選一個解方，約定一段時間試試看——也許兩個禮拜或四個禮拜。

八、時間到了的時候，重新評估。

如果你想達成合於情緒界線的協議，你可以開口要求任何能使你稍感安全的東西——一再的保證、讚美、喜愛、出外約會之後的特殊回家儀式——當這些做法生效、你稍感安全以後，再採取下一步驟增強安全感，然後很快的你就會覺得安全到可以擴張你的探險範圍了。朝向自由的每一小步，最後終能將你帶向自由。關於「一再保證」是這樣的：一旦了解到我們的情人（們），甚至包括情人們的情人們，都願意幫助我們處理情緒，那我們就會覺得比較有安全感，然後一路走去，所需的保護便愈來愈少。

關於協議，最需要記住的是：協議的目的，是找到一個每個人都贏的方式。

容許差異

你和你的情人對於關係的願景可能很不一樣。其中一個可能想要很多娛樂式性愛、一夜情或爽樂派對；另一人可能渴望一段主要與一段特別的次要關係。有的人喜歡很多關係構成一個大家庭，由他們的情人與情人的情人共同組成；有的人想要的是三個人或四個人的群婚。

然而，在差異之中協商是可行的，我們每天都在這樣做。如果一個人想要ＢＤＳＭ、譚崔或狂野性派對，而另外一個人想要日落時在海灘上散步？你們一旦將關係開放給能夠接受那些慾望的人，那就什麼都可能。協議可能是不均衡的，以容納不同的慾望與感覺，每個人所需要的保證也不一樣：在關係中的愛人可能覺得害羞、擔心自己不夠酷，派對狂歡者面對長期伴侶則覺得飽受評斷與威脅，每個人都有自己的感覺，需要被認可、被照顧。

一些協議

我們到處問朋友與同事，看看什麼樣的協議在她們的關係裡行得通。以下是我們從成功的浪女處聽來的部分協議。

當你在讀的時候，請注意這些協議是各式各樣的：有的關於性愛活動，有的關於情感關係；有一些「你應該⋯⋯」與一些「你不該⋯⋯」；有的是技術性的，有的是情感性的。因此你該明白，我們並不是推薦這些協議，你也應該注意到其中有些協議是彼此衝突的。我們在此列出這張表格，是作為開啟討論的鑰匙，而不是告訴你應該達成這樣的協議。不過，關於性愛健康與安全性行為，每個人都必須立定協議。

* 我們夜晚總是一起過，除非其中一個人去旅行。
* 我們每個週末輪流照顧所有人的小孩。
* 跟其他情人不可以做（某種性交的形式）。
* 如果有潛在的其他情人一定要事先告知。
* 不要告訴我你有其他的情人。
* 告訴我（們）你跟其他情人所做的一切。
* 其他伴侶必須是（某個性別）。
* 新的情人要見過所有人才行。
* 在我們兩人或我們這個群體之外的性，只可以是群交/爽樂派對/匿名性交/有承諾的性交……。
* 跟新的情人在一起後，必須跟我聯絡，以確保人身安全。
* 大家一起為小孩請保母。
* 要留一點性愛能量給我（們）。

* 不可以在我們的床上／我們的家裡跟其他人做愛。
* 跟其他情人講電話和上網聊天的時間是有限制的。
* 我們要安排「優質相處時間」。
* 不可以拿下那只象徵我們關係的戒指。
* 對於關係太接近的床伴選擇的限制——不可以是鄰居？同事？密友？前任情人？你的醫生？伴侶的治療師？
* 結束之後我們要花一個小時抱抱、重新建立連結。

可預測性

我們的經驗是，大多數人都需要某種可預測性，才能處理開放關係所帶來的壓力。如果知道一個使我們緊張的情境何時會發生、何時會結束的話，我們多半能夠處理得比較好。我們可以跟朋友約好去做一些能支持我們的活動，去看場電影，或者去見媽媽什麼的，並且告訴自己，我們只需要熬過這段時間就行了，然後我們的甜心就會回來了，也許我們可以安排一場重聚的慶祝會呢。

大多數人都比較不善於處理意外，感覺就像是地雷爆炸了一樣。很少人能夠忍受我們的伴侶任何時候都可能帶人回來，從我們參加的任何派對中，或是我們一起去的餐廳裡，即使我們原先以為只是要去那裡喝杯咖啡——沒有任何地方或任何時間是安全的。我們有個朋友深受嫉妒所苦，可是他在與嫉妒搏鬥時，他的伴在外地工作。他與伴侶協議希望知道對方何時與其他人廝混，因為，「如果我知道他們何時跟別人廝混，那我就知道其他時候他們沒有跟別人廝混，這樣我大部分的時候都可以安心了。」

如果你覺得事先計畫使你的人生顯得太不自然，那麼考慮看看是否每個月訂一晚或一個週末為開放日；然後你再決定要跟你的伴侶一樣四處物色對象，還是選一個比較安靜的環境作壁上觀。約好在某一段時間裡變得不可預測，畢竟是可預測的。

情緒代價為何？

關於你們的協議，可以思考一下它可能會使牽涉到的每一個人付出什麼情緒代價。我們已經討論過，當你和你的伴侶開始探索時，你們可能會經歷到的一些情緒；你付出的代價就是你的情緒，有可能是難受或痛苦的。如果你們談談每個人的「情緒代價」，應該可以釐清迷霧，在你們的協議觸礁的時候，搞清楚是什麼東西卡住了。當涉及某些特定議題時，你們所需要的協議可能僅僅只是進行這樣的對話，因為很多情緒只要被聆聽，就可以獲得滿足。

如果你正在構思某個協議，而你認為其中只牽涉到很小的情緒代價，甚至完全沒有，那你可能要再問問自己。（當然你也可能就是個超級有天分的浪女，無論你的伴侶和什麼人有任何連繫，你都不會有任何情緒上的困難，如果是這樣的話，我們超期待你寫一本書。）另一方面，如果你覺得那情緒代價實在太大了，你不太可能在維持日常生活的同時額外去承擔，那也許你這次高估了自己：你可以考慮要不要重新提出一個感覺比較容易的協議。

否決權

關於讓新的伴侶加入既有關係，很多封閉關係中的人會採取一個步驟，就是「否決權」：關係內的人有權利「否決」伴侶的其他性愛或浪漫關係。

浪女的基本倫理不會容許你濫用否決權來阻止你的伴發展任何性關係，也就是否決所有人——這個策略也許看來誘人，因為在你重新學習嫉妒以前，所有外面的連結都可以被視為威脅。有時候你需要鼓起勇氣面對你的恐懼，並且在實作中重新學習嫉妒。有時候，做起來就會發現它並沒有你想的那麼困難，你會發現你比預想的更強壯、對你自己與你的愛更有把握。

我們知道，否決權對於要向開放關係踏出第一步的你來說，可能是個令人安心的保證。不過我們也要鼓勵你去進一步思考，那個安心保證到底意味著什麼。

否決權說，「如果你提出一個讓我感覺不舒服的人選，我可以把我的感覺說出來，然後你就必須放棄你和那個人的關係。」但如果你的伴還是決定與那個被否決的人選發展關係呢？我們猜想，投下否決票的人會有兩個選擇：忍氣吞聲、繼續下去（通常伴隨著痛苦的衝突），或者離開這段關係。

驚訝吧！這正是一段關係有外人介入時，每個人都得面臨的抉擇，無論有沒有彼此協議。任何關係裡出現衝突的時候，基本的選項就是這兩個：要很辛苦地留下來，還是要同樣困難地（雖然情況不同）離開。那麼你的否決權到底給了你什麼，是你原來所沒有的呢？

如果在開放關係的初期，否決權的協議能夠增加你的安全感，那是不壞。但我們懷疑，如果你丟掉否決權的概念，而採用比較流動的過程來接受外面的伴侶，對於你的關係實際上可能幾乎沒有影響——當然啦，採用流動的過程以後，關係有可能運作得更好。

沒有協議怎麼辦？

人生中大概有很多事情是你覺得無須與人協議的。每個人在關係裡無時無刻不在處理差異的問題，你去問問一個與早起的人結婚的夜貓子就知道了。然而在性愛關係這樣切身的領域裡，沒有協議卻可能令你覺得不自在。當情緒高漲時，尤其是關乎性愛之事，你很容易會想要相信你的方式才是對的，其他方式都是錯的。

要避開這種「把差異當作道德辯論」的陷阱，你們可以仔細地檢視所有權：在你們的不同意見中，到底誰擁有什麼？A在這個選項中投資了多少？B對此有何不同的感受？如果我們最終無法達成共識的話，令我們害怕的事情是什麼？試著在真正選擇之前，先把每個人的感受盡量弄清楚。

請記得，你跟你生命中的所有人，本來就不斷地處在差異與互不同意之中。這樣會使你好過一點。當你發現你與某人有性愛上的差異時，那個差異早就在那裡了。請記得，你們雖然沒有特別對此立下協議，可是也一直處得不錯——如果你們都已經一起走了這麼遠，那你們也可以在沒有協議的狀況下，再往前走一點。讓時間成為你們的朋友。當你們的差異很難處理時，給自己一點時間徹底探索導致這場分歧的感覺是什麼，在探索的同時，好好安排你的生活，讓它充滿回饋。你們只要同意不必有協議就行了。在完全同意的「YES」與完全不同意的「NO」之間，有一整個灰色地帶：「尚未達成協議」或「可以容忍的異議」，或甚至是「誰在乎啊？」有時候，你終究會找到達成協議的可能，也有的時候就是找不到。

不過你偶爾會撞上一些情形，你們非有協議不可，但卻不可能達成協議。對很多人來說，要不要一對一就是這種情形；另一個常見的決戰點是要不要生小孩。我們建議你們盡量保持彈性、盡量尋求妥協，必要時可以找合格的治療師協助。

如果你們就是無法達成協議，那麼為了尋求協議所學得的種種技巧：不責怪、不做價值判斷、不操縱別人，也都能夠派上用場，不管你們是決定要改變還是終結這段無法調和的關係。

有些人同意終止一段關係，接下來就發現，當分手的壓力慢慢散去，他們就可以與原來的情人發展一種新的關係。也有的人就是不能。但無論何者，坦率且真心地討論同意與不同意，總能夠帶來較清爽且較無壓力的結果。

達成協議

那麼你要如何找到大家都同意的協議呢？先搞清楚你的目標，是一個很好的開始。目標跟協議不一樣：目標是你想要達成的事情，而協議是你達成目標的手段。舉個例子來說，如果你們的目標是避免有人覺得吃虧，那麼你們的協議可能就是保證不會有任何人的個人時間、個人空間與個人物品的權利被侵犯。那麼，你們可以請每一個人說說他怎樣會覺得「被侵權」了，然後把這些答案當作你們的守則。

常常是遇到問題的時候，才會知道目標何在：「昨天晚上，你跟山姆一起在我們的臥室，我的腳好冰，可是卻沒辦法進去拿我的臥室拖鞋。」你的目標是避免再出現同樣的問題——什麼樣的協議才能夠達成這個目標呢？要回答這些問題，所需要的是誠實地（常常也是艱難地）看看**真正**的問題所在：問題到底是你腳冷呢，還是你痛恨被踢出你的臥室，還是你覺得被冷落？

一旦確定了問題與目標，接下來就可以想個好協議了。「試行」一個協議可能是不錯的點子，為新決議設下一段時間限制（一個週末、一週、一個月，或者一年），看看相關人士的感覺如何。時間到了以後，你們可以再次坐下來討論：什麼地方有效、什麼事情沒用，以及是否要繼續施行、要不要加以增補刪修，或是廢棄這個協議。

在我們的經驗裡，很少有協議能維持一輩子不改變：人都會變，協議也會變。當有人不再服從這個協議，你就知道這個協議已經到了該調整的時候了。例如珍妮和她的某位伴侶在關係剛開始的時候，曾經協議說：可以跟別人有性關係，但是不可以愛上其他人。後來其中一人愛上了別人。（以後見之明觀之，珍妮承認這個協議實在有點蠢，好像你可以很簡單地決定不要愛似的！）她還記得：

有一段時間，我們一天要「報到」一次或兩次。我們兩人都沒有計畫要這樣。我們發現最重要的是當下，重要的是具體的事情：是的，我不在家的時候，她來過夜我覺得沒關係；不，若你帶我們兩個一起去參加一場派對那就太奇怪了。在那次以及後來的類似經驗裡，我們發現，「愛上」一詞使我們兩個都感到驚慌失措——關於可計量的因素例如時間、行為和空間等等的協議，對我們比較有效。

要有心理準備，你會試過好幾個協議然後發現它們都沒有用，因此必須修改這些協議。多練習幾次以後，你就會有進步，總有一天，你們會將彼此的需要摸得一清二楚，協商將變得易如反掌。但是一開始你還在學習的時候，與其吹毛求疵還不如寬容大度。

剛開始的時候，有些討論也許會很火爆：請記得，憤怒是一種能夠告訴你「什麼對你最重要」的情緒。這段艱難的時光，其建設性在於你將更了解你的伴侶以及你自己。

請記得，條條大路都可以通往浪女生涯。經營你的浪女人生並不會讓你不再有難受的感覺——你照顧自己的能力，才是最重要的。所以無論你選擇如何經營你的人生，都放輕鬆一點。你的協議不會照顧你；是你在照顧自己。

不要氣餒——所有在你看來無憂無慮的成功浪女，都曾經為了他們的協議奮戰不懈。你也能夠在預設與情緒的交纏蛛網中，走出你自己的路，並學著在開放與自由中去愛。

你的協議不會照顧你；是你在照顧自己。

第十八章
開放一段既有的關係

很多人在某個時間點想要將他們的關係開放給更多的性伴侶。但當你的關係過去是建立在傳統的一對一協議下時，你總不能期待只要大喊「芝麻開門！」然後所有事情就都神奇地改變。就像浪女生活裡的所有事情一樣，要打開一段既有的關係，需要關懷、思索、練習與努力。

你想要開放的那段關係，可能是人生伴侶，也可能不是；你們可能一起住，也可能不一起住。你可能已經試過了序列式的一對一，偶爾會出現任期重疊；你也可能讓所有情人都維持在各自的密室裡，但想要慢慢把這些關係轉為一個大家庭或部落；你也可能在一段三人行或群婚關係裡，現在想要向外冒險。無論你原來的關係本質為何，你想把它打開，那就得努力。

把一些變成更多

如果你和你的情人都同意，一起努力讓你們的生活向外擴展，那麼恭喜你們了，歡迎！關於新生活的樣貌，你們可能會遇上一些非預期的不同意見——所以別跳過這一章。

不過，在我們的經驗中，通常都是一方想要打開門與外界發展連結，而另一方想都沒想過，被這個念頭徹底嚇壞了。這種情況顯然比較困難，尤其如果那個外面的情人——潛在的或者實際的、公開的或者秘密的——已經在旁邊等著上場，而且密切注意著整個協商過程。很多人都沒有真正思考過一對一，只是他們與某人建立關係以後，覺得那人非常重要，他們不想失去心愛之人，或者不想離婚、不想和小孩分開。你有可能扮演以下各種角色：有慾望向外探索的人，元配以外的那個新情人，或者是發現配偶一心想出去冒險而感到驚嚇的元配。

物理學認為三角形是一種最穩定最平衡的結構——但是在關係裡，「愛的三角關係」是最典型的八卦主題。雖然這是打從開天闢地有感情關係以來就有的情境，但它的長久存在並不表示它就比較容易對付。別忘了，任何關係裡都會有慾望的差異，這是天經地義的——你們也不一定喜歡同一種口味的冰淇淋啊。讓每個人的慾望都有空間可容納，是能夠讓所有相關人士都接受的——我們認識很多成功範例，他們調和了所有相關人士的需求。接下來，我們就從三種不同的觀點，來分析這個難題。

愛冒險的情人

扮演這個角色的好處是，你多少知道你想要什麼。也許你買這本書來送給你的伴侶，希望在未來路上可以爭取到一點自由，並且熱切期待能夠達成協議而不要經歷太多的痛苦。不過，你與你的情人就跟我們所有人一樣，都是文化的產物，要踏出那個我們整個存在都植基於上的典範，需要下很大的工夫——那是很好的工夫、令人收穫豐富的工夫、改變你一生的工夫，但仍然是，很大的工夫。

罪惡感是你的感受之中最不愉快的情緒。大多數的人會因為其所作所為導致愛人痛苦而覺得有罪惡感。當你把你對開放關係的慾望放上檯面時，你所愛的人因此受苦，你大概就會覺得很內疚。

你不可能對某個人輕點魔杖就改變他的想法——我們每個人都得自己埋頭做這苦工。你會覺得很受傷。你們之間會有眼淚、憤怒與痛苦，而你會感到內疚。

虛構故事裡都把放浪形骸的人描繪為無憂無慮的探險家——他們對於身後留下的痛苦毫無感覺，也不掛心。我們不認為你會以成為冷酷的混蛋為代價去得到你的自由。如果你邀請你在乎的人一同參與這場探險，那就表示你並不想欺騙，而想要誠實且光榮地過你的人生。我們覺得此舉值得尊敬。很多人可不會誠實或光榮。

關係外的情人

我們根本不曉得怎麼稱呼你，因此跟你講話很難，你可能也很難思考自己的處境。你的角色——一個潛在的有愛且願意給予的人，性對象（們）另外有認真的感情關係——距離大多數人的概念框架如此遙遠，以至於根本找不到一個不帶強烈貶抑的字眼來稱呼你：「破壞人家家庭的人」、「情婦」、「外面的女人」（雖然有時候是男人扮演這個角色，但甚至連「外面的男人」這種稱呼都不存在）。文明一點的稱呼一樣問題多多，例如「次要的」或者「第三者」：這樣的字眼確實能夠定義這種情境，可是我們覺得它隱含的位階貶低了關係外的情人。不是「第一者」就注定不被當一回事嗎？還是星圖裡的每一個人都算數？

不管你是甜心、男女朋友、情人還是什麼，你在這星座圖中的位置有優點也有缺點。優點是，你跟情人在一起的大部分時間都在享樂。你不用支持你的情人，不用放棄自己的專業待在家裡陪小孩。

缺點是，當你需要有人載你去掛急診的時候，你要打電話給誰？你失意悲傷需要支持的時候，你要打電話給誰？你有任何權利要求你的愛人分點時間跟你在一起嗎？還是有人視你為競爭者，而你卻永遠無法和他交談、和他協商？你的角色雖然沒有什麼責任，但也幾乎沒有權利可言。

這不是你的選擇

我們真不希望這本書是你的情人節大驚喜，可是有可能真的就是。被對方要求按照你不想要的方式去拓展關係，一點也不好玩，被你的情人和外面的情人聯手背叛以後還要處理他們的慾望，更是不好玩。你可能覺得腳底下開了一道地獄之口，覺得沒有任何堅實的地方可以立足。

你當然很痛苦，也很生氣——這條路不是你的選擇。但你卻置身此處，身陷恐怖情緒的漩渦，而你從來沒有選擇要經歷這些。你可能需要一點時間才能接受，這真的發生了。但這情形終究得處理：要把關係對外開放的念頭一旦浮上檯面，就不能再鎖進抽屜裡了。無論如何，你都必須決定如何接下這一球，並且開始思考接下來會怎麼樣。

當然這是不公平的，你被要求做這麼困難的情緒功課，而這又不是你的選擇。有任何理由要你做得這麼辛苦嗎？你有得到任何好處嗎？

唔，可能有。這樣的功課會使你更強壯。你可能會走上一段意外的旅程，發現自己的各種能力：也許你也有同時愛好多人的能力。你的溝通技巧可能會進步，關係會更加深刻。當你知道你愛的人在冒險完以後還是會回家，也許會使你更有安全感。你也許會從傳統觀點裡解放出來，不再將關係視為擁有，而能用全新的眼光看待連結。你也許會得到想望許久的個人時間。你的性生活可能會改善。在地平線上某處，你也許會看到一點點微光，許諾你可能的自由。

我們不能保證以上的事情一定會發生在你身上。不過我們可以保證一件事。如果你面對這個困難的處境，盡力從中學習關於你與你關係的真相，那麼在最後，你將可以選擇。你可能決定要分開，或者你和情人決定回到一對一，或者決定嘗試更開放的關係……不管你決定怎樣，必然是因為你已經看到了所有的可能，然後做了選擇——不是盲目地反應，不是因為別人這樣說你就這樣做，不是挑簡單的路走只因為它比較簡單，而是在充分知情的狀況下，做出屬於自己的真心選擇。

稍後在這一章，我們會談談如何盡量讓這個困難的協商過程還是產出一點成果。但在此之前，我們想先談談很多讀者都面臨的狀況。

偷情

有時候，關係其實已經開放了，只是有人還不曉得罷了。這是很難處理的情形，但它不但會發生，而且還常常發生。

當你發現自己曾經被欺騙，或者正在被欺騙，是很糟的感覺。常見的結果是你會覺得丟臉、被背叛、失去信任。很多伴侶偷情的人會無法克制地自問：「我沒有吸引力嗎？」「我哪裡做錯了？」這些感覺都有其道理，不過我們覺得，你除了相信從小到大一直聽到的「從此以後就快樂地生活在一起」這種故事以外，沒有做錯任何事。

請記得，一個偷情的配偶現在跟你說，他希望能讓這段主要關係對外開放，是逐步朝向更誠實前進，這表示他對你和你們的關係是很尊重的。如果他們只想擺脫你的話，就不會願意惹這些麻煩了。

不過，在你內心掙扎著消化這個惹人討厭的消息之際，還要記得你的伴侶懷有好意，實在有點難。雖然把你的痛苦聚焦為道德義憤，可能感覺滿好的，你也有權利這樣做，但如果你與你的關係要存活下去、維持活力的話，你不能只停留在這裡。

如果敞開心胸來看偷情，帶著對關係裡每一個人的同情來看偷情的話，會看到什麼？我們的文化希望我們相信，偷情很少發生，它是例外。但金賽博士卻在五十多年前就發現，那些號稱一對一的婚姻裡，有超過半數都不是真正的一對一。所以偷情並不是少見的事情，也不是只有沒心沒肝的性愛上癮症患者才會偷情。

傳統治療師的智慧之言是：偷情表示關係出了問題，只要改善關係，偷情這一症狀就會不藥而癒。有時候確實是這樣沒錯。但偷情未必是關係裡的人缺乏連結，有時候在很好的關係裡，也會因為慾望蠢蠢欲動想要越界而導致一方偷情，這時候去說那段關係有什麼不對勁，其實滿殘酷的。

你可能會覺得被背叛、哀痛逾恆或者怒急攻心。你毫無預警地被丟進這些感覺裡，未經你的選擇。如果你發現你的伴侶從事的是非典型性行為，例如特殊性癖或者變裝癖，你可能會更難接受（如果這是正在困擾你的問題，請看看我們的另一本書《當你所愛之人有特殊性癖》〔*When Someone You Love Is Kinky*〕）。

在這種情況下試著把關係對外開放，絕非最理想的狀態——沒有同意要開放關係的配偶，此時就像是腳底下的地毯被抽掉了一樣，他怎麼可能會感到安全與被愛？然而，有很多關係最後也真的找到方法，來穿過這個充滿針刺的灌木叢。

這裡談的是一種讓人勃然大怒的人生處境。下面的練習可以幫助你查知憤怒並且了解它，這是第一步。那麼你就不用逃避憤怒像逃避瘟疫，然後實在受不了了才一次爆發。

練習：生氣有什麼好處？

在這個練習裡，請開始如生態學家一樣思考。記得在學校裡，我們學到自然裡的萬事萬物都有其功能、都有貢獻，對吧（蛆會吃掉死老鼠，把它變成沃土，然後玫瑰就能夠綻放）？

那麼，我們為什麼會憤怒？憤怒對我們的情緒生態有什麼貢獻？對我們的親密關係有什麼貢獻？憤怒如何幫助我們？如何保護我們？寫下來。例如幫助你發現自己的界線、讓你充滿精力以便採取行動，或者釋放你的緊張感等等。

你可以把這個列表貼在冰箱上，一、二個禮拜之後再依據自己的經驗，添加一些新的項目。

下一次你感到憤怒時，你可以自問：「我的憤怒如何照顧我？」

當你發現你的情人在偷情時，知性地了解偷情並不會使它變得多麼容易處理……但這或許可以幫助你了解你想要往哪裡去。重新建立信任可能是一個太過艱鉅以致無法想像的挑戰，而你必須想出辦法來做到你這一半的任務。你的情人無法使你信任，他甚至無法像賺一份薪水似地賺取你的信任——你得決定，他是否值得你給予信任。

而且，正當你從零開始，在這個情況裡暈頭轉向時，還有個外面的情人在舞臺邊等著呢，他可能很有耐心，也可能沒有。他也有感覺，他也有很好的理由不願意繼續當一個骯髒小秘密。

你和你的伴大概需要花點時間一起走過憤怒、背叛與內疚的感受。當你們能夠在某種程度上掌控這些感覺時，下一步就是看看未來——最好仍然是兩人一起——有什麼出路。

你們也許終究會分開，或者也許會回歸到一對一。無論你們選擇什麼，你住家附近的書店一定有很多很棒的書可以支持你的選擇。但我們這本書畢竟叫做《道德浪女》，所以從現在起，我們要假設你至少曾經考慮過要讓關係更開放一點的可能性。

第一次打開

對於身陷這種處境的人來說，要從這裡出發——可能是生氣、害怕等情緒，而且一定很困惑——前往一個新的領域，你必須答應自己，使一點力把自己推出舒適圈之外。只要推出去一點點就好，但還是要督促自己。如果是別人來推你就沒用了，如果是你推別人也沒用。你們必須各自自我督促，然後才會發現自己比想像的更堅強。

你們可以試著這樣開始：選一個平靜的地方一起坐下來，各自說出對於一個比較開放的未來有什麼願景，互相比較一下。你們也可以各自寫下你們理想的關係是什麼樣子、怎樣比較容易。你們交換看時，可能會發現彼此的願景非常不一樣：可能一個人想要在性愛派對裡當浪女之王，另一個人卻想要找一個可以一起當背包客然後在山邊做愛的情人。可能一個人想要沒有責任的匿名性愛，另一個人卻想要和一個人或兩個人有持續穩定的關係，形成一個家庭。

別驚慌。你們不必喜歡一樣的東西，你們可以想出協議使得兩人都能夠夢想成真。

當你看著夢想卻一點也不知道該如何實現夢想，可能會覺得快被它壓垮了——靜一靜，讓那陣驚慌過去就好了。下一步就是想出辦法來從這山到那山。你不必一步登天，你會一步一步地走到那裡去。你不可能直接跳進海裡就學會游泳，所以不要責怪自己怎麼還沒體會到自在舒服的感覺，你可不會因為這樣就自在舒服了起來啊。

練習：
困難程度表，
或者如何從這山到那山的
（不管多少個）簡單步驟

這個練習是關於如何選擇你的第一步。

選一個非常具體的目標，一個你有點焦慮的目標。關於多對多的議題可能包括：一起看徵友廣告、介紹你的情人、敲定一個約會、在外過夜、討論安全性行為等等。選一個你覺得相對簡單的題目，以供今天練習。

想想看你從這山到那山需要哪些步驟：協議、協商、提出要求、約時間、找保母來帶小孩等等。在索引小卡片上一一寫下這些步驟。如果任何一個步驟看起來太過困難，就把它分解成幾個更小的步驟。就好像你在教三歲小孩烤餅乾一樣，確定每一個步驟都非常簡單，再進入下一步驟。

然後把卡片攤在桌上，把它們從最簡單的排到最困難的，或者根據你緊張的程度，把它們從最安全的排到最嚇人的。當你這樣做的時候，你會多了解自己一點。

接著挑出最安全最簡單的卡片，想一想你可以怎麼做這件事，然後就去做！做完以後，不管你學到什麼，把那張卡片放在一邊，去做下一張卡片上的事情，它現在是最容易的一步了。

永遠從最簡單的那一步開始做起。

設計你的學習曲線

關於情緒舒適圈，浪女們所做的協議大致可以分成兩種：第一種協議是盡量避開恐怖的感覺，第二種協議則是冒險去經歷不舒服或者令人害怕的感覺，但不至於被徹底嚇壞。你可以列出所有你願意考慮接受的協議，然後把他們分成「迴避型」與「冒險型」。迴避型的策略包括：不要問，不要說；不要無事生非；不要讓我發現；我不要跟你的情人見面；只有在每個禮拜四晚上我跟我的情人約會的時候（你才能跟其他人約會），這樣我就永遠不會一個人在家……等等。對於剛剛踏上此路的人來說，迴避型協議有其好處，讓你在最不可能的情形下冒最小的風險。我們就是這樣形成學習曲線的。

不過如果你只採取迴避型協議，到頭來你可能就是被冰封在現狀裡。迴避型策略使你感到安全，但冒險型策略讓你成長。

如果你們要求彼此秘密行動，不讓對方發現，那你們就有一個天大的秘密。秘密不會讓你們更加靠近——而會使你們產生距離。假設你跟關係外的情人吵了一架，而你的生活伴侶看得出來你心情不好。這是現實，你們要如何處理這種事而不說到你外面的關係？也有可能最後的結果是，只有你不知情，你們的社區裡所有人都已經知道了，某一天你就從一個朋友那裡不小心聽到，因為他以為你早就知道了。很多人發現，缺乏資訊的時候，他們腦子裡想像出來的故事比實際上的更恐怖。如果你不知道實際上發生了什麼事，你要如何給自己保證？

很多人覺得，不要聽到情人跟其他人做愛的細節比較好，我們也認為這樣沒問題。也許你後來會覺得那樣令你興奮，不過你並不是非要以它為起點，也不一定非要以它為終點，除非你們覺得這樣的分享很重要。百分之百告知是個美好的理想，但成為現實時，通常令人極不舒服。

如果你們的協議最後的意思是「不要太快樂」，那你們可能得再思考一下。關於安全性行為的協議當然是必須的。但長期來說，如果你的情人答應比如說不親吻別人或不做什麼什麼，並不會使你感覺比較安全。你只是會不斷猜測他到底有沒有遵守協議，並且在你懷疑他可能破壞協議時大發雷霆。

你有權利要求你的情人，一定要讓關係外的情人知道有你的存在。你的情人將會驚訝地發現，這會使他比單身狀態更容易吸引某些人：關係外的人因此可以放心嬉戲，不必擔心情人會忽然把全部家當搬上卡車要跟他住在一起。當你和情人對於自己想要的關係能夠誠實以對時，你們吸引到的人就會有能力也有意願接納你們的現實處境。

跟有經驗的浪女在一起，有很大的好處：他們的知識可以幫上大忙。但如果潛在的關係外情人是多對多關係的新手，你們可能就需要商量出另外一套協議，並且為那段關係建立一個學習曲線。

冒一些小小的風險

入門等級的冒險型策略包括一起看線上徵友廣告。你們會回覆哪些照片的廣告？感覺如何？你的情人對於你認為有吸引力的人有什麼評語？你們也可以一起去俱樂部，看看那裡的熱門人選，討論如果跟他們調情的話會怎樣。

你們可以冒一點小風險，做個實驗，試試看如果挑起一種可怕的情緒，會有什麼感覺，藉機了解自己，並且探索當嫉妒的情緒出現時，你們如何照顧自己、如何給予彼此保證。試著把你的感覺寫下來。你也可以寫個幻想故事，虛構一下當那種情緒出現時，如果你化身為一個厲害的主角，會如何找到快樂的出路。

我們還建議你冒一個風險，就是在你的忙碌生活中抽一點時間出來，談談你們對這些事情有什麼感覺。這本書裡有很多關於溝通的練習：做做看。下一頁你就會看到一個如何討論艱難情緒的腳本。

我們講過，最能夠創造親密感的，莫過於共享脆弱性——所以，我們建議你們在冒險的時候互相開放，並且好好品嚐兩人親密的滋味。

你也可以運用第二十三章〈性愛與愉悅〉的「YES，NO，也許」練習（第三四八頁），不過把它改成，寫下你進入多對多人生的相關事項：咖啡約會、回覆徵友廣告、在派對中交換電話、調情，一直到真正的約會、過夜、各式各樣的情慾活動。出現在「YES」這一欄的事情，你可以由此開始，至於「也許」那一欄的事情，你可以安排一下如何能夠安全地進行。「NO」那一欄的事情就是你不容置疑的界線了，是現在的界線，也可能是永遠的界線。拿這份清單和我們在本章稍早提到的「困難程度表」索引卡片（第二六四頁）互相比較看看。這兩個練習你可以反覆地做，因為每一次你做了什麼成功的嘗試，那些事情的恐怖程度就改變了。每當你學到新東西，你就變得更強壯也更有自信。

練習：二十分鐘的吵架

跟你的伴約好討論一件雙方意見分歧的事情，為時二十分鐘。找個可以專心的時間，討論完以後不需要立刻做有壓力的事情——也許你們可以安排看個電影。

先從小事情談起，挑一件沒有重大歧異的事情作為練習。如果討論了二十分鐘還沒結束，你們如何喊停？我們之間的重大歧異不可能在談話、爭辯、吼叫個幾小時以後就解決——有時候幾個禮拜、幾個月也吵不完。困難的題目很耗時間。所以，重要的是如何開啟戰端進行討論，然後喊停，結束討論，留到下一次繼續談。

請善用各種溝通工具，並且設好計時器。二十分鐘到了，就深呼吸，然後放下，不管你們在爭執什麼，就放下。知道止於所當止，是非常有用的一種技巧。如果你們能夠約好，在談論某件爭議時，不要對彼此大小聲，直到筋疲力盡才氣呼呼地去睡覺，這樣其實是比較安全的方式。你會發現，停止討論以後，你還是會一直想著自己講的話、對方講的話，接下來一、二天內，你可能會有新的想法，更了解自己的感受，也想出值得一試的出路。下個禮拜你們進行第二回合的二十分鐘討論時，你們可能會驚訝地發現，你們對於彼此立場的了解與接受度都深刻許多，超乎你的預期。

我們刻意從非常非常簡單的探險開始介紹起：比如看徵友廣告或討論在俱樂部裡跳舞的可人兒。這些都是非常安全的方法，只需要冒一點點風險。要留心自己的感覺，並且盡量說出來。請記得，感覺喜歡流轉。不要認為你今天這樣感覺，就會永遠都這樣感覺：這些努力的全部目的，就是要讓你的感覺開展出更多的選項。

什麼事情困難、什麼事情簡單，可能跟你想的不一樣。如果某件事情對你很簡單，就頒給自己一顆金色星星：你已經擁有這種力量了。頒給自己另外一顆金色星星，即使你只是「想到」另外一件比較困難的事情——這是你將會完成的功課。

在第二十章〈伴侶與團體〉、第二十三章〈性愛與愉悅〉，我們會提供更多的建議，告訴你如何從伴侶關係轉進快樂的浪女生涯。在延伸閱讀中，我們也列了很多好書，還有，你電腦上的搜尋引擎是一個不會評斷你的好朋友。

這些建議都需要時間與精力去嘗試。不過，也別忘了保留一些精力與時間，跟你已經擁有的伴侶一起創造一些愉快的經驗：去跳舞、去海灘、一起看一部喜歡的電影、玩你們都喜歡的遊戲、挑一家喜歡的餐廳去好好吃一頓。你們共享的愉悅，是關係穩固的基礎，有這樣的基礎，這些美妙的探索才有可能——所以，電子郵件可以晚點再查沒關係。

第四部

浪女墜入愛河

第十九章 建立關係

所有的性少數在尋找伴侶或朋友時，都會面臨特殊的挑戰——作為一個浪女，或者有意成為一個浪女，妳毫無疑問地也是性少數的一員。多對多的關係，在很多社會環境裡都還沒有被了解或接受。如果你也是男同志、女同志、雙性戀、無性戀、跨性別，或者有志於扮裝、BDSM，那麼妳所面臨的挑戰更是雙重或三重的。建立你所夢想的連結，不只可能，而且可以實實在在地達成，成千上萬的浪女都可以快樂地作證，他們的連結，沛然莫之能禦。

但是我們絕對不會跟你說那很容易達到。我們聽聞也親身體驗過太多功虧一簣的悲傷失意故事：本來好好的開放關係，在某人墜入愛河以後就變了調，他們嚇壞了，所以強烈要求一對一；原則上讚揚性開放與自由性愛的人，在面對現實的時候忽然碎裂。有些人成功地進入多重關係，但某個時刻卻發現他們的需求、慾望與界線，就是無法配合。

但還是有很多人確實成功地找到了彼此，從最隨意的關係到一生一世相許都有。那麼，如何找到朋友、情人與潛在的伴侶，不只與你有共同的價值與信念，而且在情緒、知性與性愛上都相知相合？

什麼樣的關係？

你可以從這裡開始：想像一下，你想要什麼樣的關係？一個可以共同購屋、建立家庭的人？一年見一次面，共度一個慾火焚身的週末，享受角色扮演的樂趣？還是一個立即解渴的人？先知道妳要的是什麼，可避免後來的許多誤解或傷害。

如果你擔心沒有人會對你的情況感興趣，別那麼肯定。要找到一個人來當次要伴侶、玩角色扮演的對象，或者孩子的父母，雖然是比較困難一點，但仍然是可能的——其實一定有些人會覺得正中下懷，這是毫無疑問的。

在一夜情與婚姻之間，有非常非常多建立關係的方式。你未必能夠預知你和今晚遇見的可人兒究竟會發展出什麼樣的關係，對方也未必能夠塞進你人生中的那一個、你正四處尋覓要填滿的空缺。接納別人，當她們前來，以她們的面貌在此時此地出現，會帶給你許多驚喜，遠超過偶爾襲來的失望。所以請注意你的成見，準備好以一顆開放的心、開明的腦袋去接觸新的人。

> 接納別人，當她們前來，以她們的面貌在此時此地出現，會帶給你許多驚喜，遠超過偶爾襲來的失望。

情況是會改變的。你原本以為是偶爾玩一玩的人，可能會在你的生命中慢慢演化成一個重要角色。這種情況發生時——我們兩個都曾經碰過這種情形——重要的是讓那個人，以及所有相關人士，都清楚知道你所經歷的情緒轉折。你的朋友可能也與你有同感……那就是一段美麗友誼的開端。也可能，對你的慾望對象而言，人生的這個階段裡並不適合有深刻的情感承諾。不管是哪一種情形，妳都應將這段關係視為一個嶄新的關係——就某方面來說，它確實是個嶄新的關係。也許你們兩人能繼續以原來的方式自在地互動，也有可能你們必須分開一陣子，以維持各自的平靜。清楚的意識、深刻的同理心，以及充分的坦誠溝通都是非常重要的。你們可以一起回想以前令你們興奮與開心的事情，然後為新的關係保留一定的空間——也許就是跟同樣的人。

你在找誰？

接下來，想一想你想找什麼樣的人。訣竅是你的標準既不要太具體，也不要太模糊。如果妳的「什麼人」名單包括了所有正在呼吸且願意與妳發生性關係的人，那我們覺得妳的範圍未免也放得太寬了一點。即使你對於社會性別、身體性別、年齡、外表、背景、知識程度都完全沒有偏好，妳應該也會想要找一個不會說謊、不會偷妳東西、不會傷害妳或剝削妳的人。基本的神智清楚、誠實、值得尊敬，是最常出現在我們清單上的特質。如果你有某種偏好，你覺得那對你真的很重要，也完全沒關係：比如你偏好男人勝於女人、偏好年齡與你相近的人而不是老很多或年輕很多的，那並沒有錯，不會有人跑去平等機會委員會（Equal Opportunity Committee）檢舉你。

另一方面，如果你的「什麼人」名單淨列了一些技術性的條件——性別、年齡、體重、身高、膚色、穿著打扮、教育背景、胸部大小、陰莖大小、性癖偏好——我們懷疑你也許更想和自己的性幻想做愛，而非活生生的人。很多人都被制約了，只對某種外表與行為產生性興奮反應，即使那種外表與行為徹底罔顧現實：色情片女王與國王在電影裡看看是很有趣，但他們可很少出現在我們家客廳。如果妳期待妳的新情人每一刻都美艷俊俏、充滿愛意與性慾，那妳肯定會讓自己陷於終生失望之中——很少人能達到那種標準，也沒有人能一天二十四小時都維持那個樣子。

我們無法告訴你一個明確的分界，我們沒辦法告訴你：過了某一點，健康的偏好就變成了不切實際的慾望。只有你能夠透過內心的自省而明白。我們確實認為外表、財富與社會地位，與那個人的本質如何關聯甚微，如果這些判準在你的名單上高居不下，那你可能有一點被幻想困住了。試著認識一些不符合那些標準的人。我們有種預感：一旦你認識並喜歡她們以後，就會發現她們有自己獨特的美麗，只是等著被人發掘而已。

練習：機場遊戲

下一次你有機會去公共場所，例如機場或購物中心時，找一個不引人注意的地方坐下來，看人。在心裡想像你看到的每一個人——他的情人最喜歡他什麼？穩健的步伐、甜美的微笑、明亮的雙眼、強壯的肩膀、柔軟好摸的頭髮？每個人都（曾經）被別人愛著——練習看看你能不能看出這個人可愛的地方、可欲的地方，即使你通常不會這樣看他這一型的人。

重要提醒：即使一個人真的很漂亮、很有錢、胸部很豐滿，通常也未必喜歡你說他的美貌、財富或胸部是他最迷人之處。那些能與之成雙成對的人，通常都把這些特質當作是額外的紅利，與他們一開始為什麼選擇這個人，其實沒有什麼關係。

要去哪裡找？

浪女都在哪兒出沒？要找到你夢想的床伴、玩伴或人生伴侶，最好的管道為何？

從本書初版到現在的二十年裡，這個問題的答案已經大為改變。**多重關係**這個字眼已經列入《牛津英語辭典》。世界各地都有報紙、雜誌、網站詳細地描述這種新奇古怪的生活方式。全美各大主要城市都湧現了大量的多重關係支持團體，稍微小一點的城市也有；幾個較大的年度研討會，則把有志於連結的浪女從世界各地吸引過來。

我們不可能把所有關於多重關係的管道全部列出來給你，因為太多了、變動太迅速了，但你的搜尋引擎是你的好朋友：有用的關鍵字包括：**多重關係**（polyamory）、**開放關係**（open relationship）、**交換伴侶**（swinging）、**道德浪女**（ethical slut）、**非一對一**（nonmonogamy）、**另類關係**（alternative relationship），如果加上比較特定的字眼（例如地名、性別、性傾向），更可以幫助你找到對你最有用的網站。小小的警告：有多少人用這些字眼，就有多少種不同的定義。你可能會遇到一些人堅持，你所做的事情（交換伴侶、**砲友**圈、隨意玩、群交等等）跟你想的不一樣：例如，最保守的多重關係定義，是指多個伴侶互有承諾的長期關係。要搞清楚這件事，跟所有其他事一樣，最好的辦法就是問，「你真正的意思是什麼？」

如果因為某種原因，線上社群似乎不太適合你，你仍有很多別的選擇可以面對面地認識其他浪女。要在舞廳裡認識浪女不太容易——通常音樂很吵，你們根本沒辦法交換意見與期待。你可以上網搜尋「道德浪女」（ethical slut）、「多重關係」（polyamory）加上「嚼嚼會」（munch）、「會面」（meetup），加上你所居住的區域，跟其他願意聚會的人一起談談這種生活方式。我們發現有很多道德浪女也喜歡探索另類現實，所以你可以試試當地的「創意老東西」[51]（Society for Creative Anachronism）或者其他重現歷史的團體，而許多地方的「文藝復興節」實際上就是浪女的交流園地。也可以試試科幻討論會，或實境角色扮演的遊戲團體。如果你的浪女生活具有靈性傾向，你也可以去接觸新異教徒（neopagan）團體，他們對另類生活方式通常比傳統猶太基督教組織要開放多了。（也有很多並不開放的，所以不要一概而論。）無神論者與懷疑論者的團體，通常也有較高比例的人願意探索浪女生活。

另外一個值得一看的地方，是跟性事或親密關係有關的工作坊、研討會與聚會。雖然有時候這些聚會是不准有追求之事發生的，這很可以理解（揭露自身靈魂是一件艱難的工作，如果還得警戒提防那些不受歡迎的追求，很可能會受到干擾），但學員們常常會在課程早已結束之後，還是決定繼續聚會。區域性與全國性的性事或親密關係研討會也不時舉行，很多與妳同類的浪蕩靈魂都會去參加喔。

當你參加這些活動，希望能認識志同道合的朋友時，通常要投資一點時間，成為這個團體的成

51 這個組織專精於研究十七世紀早期的歐洲歷史，並且喜歡重現歷史情境。

員。從交朋友開始，不要只想認識那些你有性趣的人。盡量多交點朋友，大家才會開始信任你。比較好的策略是先從與你類似的人開始，而不是從你理想中與你相反類型的人開始，跟與你類似的人成為朋友：他們可能認識你會喜歡的那型人。

這一類的聚會地點或活動，經常是由一群志工努力維繫的。所以如果想在你喜歡的團體裡認識大家，最好的方法就是去自願貢獻所長：在門口招呼參加者、協助準備小點心、一起清潔打掃。你會遇見一缸子人，而他們會感激你的付出。我們兩人都在很多社群裡積極幫忙做事，或者提供家裡客廳作為聚會場地，舉辦支持團體或者其他社交活動（那我們不必走出家門就可以參加活動了），因此成為社群裡很重要的成員。

徵友廣告

數十年來，浪女都透過徵友廣告找到彼此，過去十到二十年以來，受網路的普及所刺激，透過個人廣告徵求伴侶者更如雨後春筍般大幅增加。

你可以搜尋「多重關係徵友廣告」（polyamory personal ads）加上你所住的城市名與州名，就會找到很多刊登多重關係與另類徵友廣告的網站，上面各種性別與性傾向的人都有。另一個免費的選擇是專門服務某種特殊性趣的線上社群媒體，例如BDSM。這些網站通常都有徵友廣告欄（通常依地點分類），而且通常也都會組織特殊性趣的團體，你可以在那裡認識其他同好。這類團體也經常舉辦不定期的真人聚會。

你也可以在手機上下載行動應用程式，讓你找到你所在區域中志同道合的人。有些應用程式專為立刻釣人而設計，有的則比較可能找到對長期關係有興趣的人。我們建議你了解一下不同的應用程式有何目的與功能，以避免不舒服的誤解。

有的網站專門協助配對。這種網站通常要收費，主要顧客是找尋長期關係的人；有的會特別限定某種宗教背景、某種專業地位、某個種族、某個年齡層或某種生活方式。很多這樣的網站並不接受非一對一的生活方式，有的甚至會將提到「多重關係」的廣告撤下。我們希望隨著多對多族群的能見度提高，這樣的情形能夠改變。

刊登廣告

很多人覺得要在社群媒體上面開個檔案、設個頁面，或者弄個個人廣告滿困難的，需要一定程度的自我檢查與自我行銷，令人很不舒服。畢竟沒有人喜歡把自己當作產品來行銷——但是，當你在寫廣告時，你要做的正是把自己當作產品來行銷。我們兩人之一曾經是廣告文案，這裡要提出一點建議，或許能減輕一點痛苦。

你希望愈多合格者愈好，還是你只希望找到幾個有意思的人就好？你的答案會決定你的廣告寫作策略。如果你年輕、順性別[52]（cisgender）、異性戀或雙性戀、瘦、女性、健康，你登個一網打盡

[52] 跨性別的相反，指一個人的性別認同與他出生時的生理性別相符。

的廣告，會招來回不完的來信。所以比較好的策略可能是「精兵政策」（narrowcast）：加進一些能夠讓不適合的人選知難而退的資訊。（還是會有很多不適合的來信蜂擁而至，但很容易挑出來，因為他們對於你廣告裡的負面訊息如此方便地視而不見。珍妮有一陣子登的廣告描述自己為中年女子、豐滿、雙性戀、T、有伴、BDSM的攻，可是一堆男的還是拼命寫信來，顯然只有看到「她是女的」以及「她願意」。）

另一方面，如果你屬於比較不受歡迎的一類——也就是，承認吧，我們大多數人都屬於這一類——那你就要決定一下你想把網張得多大。如果你知道自己迷人、好相處、心胸開闊並且聰明，那也許你的讀者並不需要在第一秒就知道你比理想體重重了點，或者有時候你的健康狀況會使你必須收斂一點性趣。（不過，規矩是，如果你已經有伴了，而你的伴有權利影響到你的愛情生活的話，那你一開始就要說清楚。）

你想放照片嗎？有照片的廣告會得到比較多回應，所以看你選擇哪一種策略。出於隱私考量，很多人會折衷，放一張無法立即辨識人臉的照片，例如鏡頭只照到一小部分的臉，或者讓陰影遮去部分的臉。請務必放一張跟你很像的近照——某個時候你總是要跟你的某些讀者見面的，你總不希望這段潛在的新關係，開始於一方覺得受到誤導吧。我們不建議你放私處的照片，除非你是希望立刻釣到人。但即使是立刻釣人網站，也有許多人認為放私處照片是一種冒犯。

跟以前的報紙雜誌分類廣告比較起來，線上徵友廣告有個好處，就是如果反應不佳，你可以微調你的廣告。如果不適合的回信快把你淹沒了，你可以加進一、二個你的古怪脾性與缺點。如果門可羅雀，就把缺點刪掉。

還是無法進行嗎？找個好朋友問問看。或者如果你有某個處得不錯的前任情人可以幫忙，則更佳。你們也可以試著互相幫對方寫廣告。你也許不會直接使用他們幫你寫的廣告，但是，知道你的密友喜歡你什麼，是很有幫助的，因為你將會遇見的新情人可能也會喜歡你那一點啊。

跟以前的報紙雜誌分類廣告比較起來，線上徵友廣告有個好處，就是如果反應不佳，你可以微調你的廣告。

無論你的選擇為何，我們建議你，就做你自己——那你就會遇見真正對你有興趣的人，他有興趣的真的是你。一則過度熱情的廣告可能會造成這樣的後果：早晨時你與枕邊人一起醒來，對方已瘋狂地愛上某人，但那個「某人」並不是你。這對你一點好處也沒有。

再來呢？

與透過徵友廣告認識的人見面，通常都是階段式的，先是電子郵件，然後通電話，之後也許約在一個公開場合喝咖啡或吃晚餐，這樣就能在盡量減輕壓力的情況，慢慢了解對方。請注意，除了出現在螢幕上的話語以外，你對這個人一無所知，所以見面時，就當作你和一個陌生人約見面，該謹慎就謹慎。

特殊情形：萬一你愛上一個想要一對一的人呢？這是很棘手的情形。我們知道這樣的差異是存在的，而且是很基本的。我們少不更事時曾經天真地以為，這個贏得我們芳心的可人兒一旦發現浪女生涯的可能性，就會立刻想要加入浪女陣營——然而現實卻不是如此。請記得，沒有人錯，沒有人對；這就是架構感情關係的兩種不同的方式，而這兩種或多種選擇都是成立的。你現在也許會選擇繼續探索這段關係，因為它對你來說很珍貴，你想看看事情會如何演化，即使將來你可能會失望。你們兩人都必須願意容忍這個混沌不明的狀態，明知道你們想要的是不一樣的東西。如果你一邊進入一段新的關係，一邊計畫著要改變你的伴，這對於你所愛的人實在稱不上尊重，也可能在日後引發更多麻煩。

你們可以訂定「現在適用」的協議，規範你們現在的生活方式，並且尋求知識與經驗來幫助你們互相了解對方的立場。你們可以一起讀這本書；找一本關於親密關係的好書來一起讀。克制自己不要批評對方的選擇。一起參加工作坊——也許可以試試看參加一個多重關係工作坊，再參加一個火熱一對一的工作坊。你們可以參加相關主題的線上支持團體，抽出一點時間來討論你們各自的發現。

把關係光譜裡的各種選擇都納入考量——最適合你需求的那一項，未必是你正在尋找的那一項。但我們覺得，你既然願意進入一段蘊藏潛在困難的關係，就表示你一定非常珍惜這段關係，你們兩人的愛加在一起，超過了你們兩人之間的差異。無論你們最後成為朋友、情人、配偶，還是自行發明的某種獨特角色，我們都期待，你們能找到一種方式繼續珍惜那份愛。

第二十章
伴侶與團體

浪女互相連結的方式有很多，所有你能想像的排列組合都行，還更多。有沒有一種關係的分類圖能夠囊括所有美妙的可能呢？顯然沒有——每段關係都是獨特的，所以即使只是試圖以分類或形式去思考關係，也無法表達當我們愛上一個人的時候，那真正發生的核心真相。

跟你說一個我們最珍惜的、獨特又罕見的關係：我們兩人的關係！我們兩人曾經是情人、共同作者、至交知己，長達二十五年；我們從來沒有住在一起過。這些年來，我們各自跟伴侶住，只有短短的一段時間剛好兩個人都單身。我們的關係是個寶藏，沒有其他伴侶有權反對——我們已經這樣很久了，也沒有要停止的意思。當然，如果我們想一起住的話，早就一起住了，所以我們的關係對彼此的生活伴侶並不構成威脅。（只要你不會因為讀到伴侶與其共同作者的性冒險細節而備感威脅——只有很少人需要面對這種問題吧。）對我們來說這不啻是天外奇蹟，我們的伴侶關係始終如此豐富、如此平靜、如此親密，又充滿這麼多的探索。我們都覺得，住在一起的話可能有破壞此事的風險。

每個人都應該有個共同作者。即使你不寫作，你仍然可能創造一些連結，因而想起我們下面將要討論的許多可能性。

雖然前面討論過的基本原則適用於所有的連結方式，聰明的浪女還是想要探索他這種客製化的生活方式會有什麼回饋與挑戰，並且從中不斷發展出新技術與新觀念。這一章，我們就要討論開放性愛生活的各種探索方法，並且讓你建立的連結可長可久。就算你覺得你對這些連結方式興趣缺缺，我們還是建議你把整章讀完——任何一個人的經驗，可能對每個人都有一點用處，有時候別的地方傳來的聲音，恰好就能補上我們拼圖裡缺乏的一塊。

我們都在這樣的世界裡長大：不帶情緒的床上運動純粹只是搞搞，互相承諾的長期關係則是婚姻，兩者楚河漢界。這就使得「楚河」與「漢界」之間的廣大領域，成為喜歡探索的先驅者大顯身手之處，包括我們。在這兩極之間，有什麼有意思的方法可以把人連在一起？我們想想，你也想想。當我們把所有連結都算進來，我們就拓展了關係的定義。

每一段關係都尋找著自己的定位，如果妳放手順其自然。根據這個原則，我們就能夠歡迎每一個伴侶，依照他的原貌：他不必扮演任何其他人，也不必帶著什麼特別的資源或技巧。如果你不想跟我打網球，我就去找別人跟我打，如果你不想玩繩縛遊戲，也有別人會想玩——我們的關係並不因此減損。我們共享的事情很珍貴，因為那是我們共享的。就這樣。

> 每一段關係都尋找著自己的定位，如果妳放手順其自然。

我們喜歡在性愛上與人為善，一般人稱此為「隨便的性愛」，未免太過貶抑。這樣叫做隨便的話，好像我們本該冷峻：別靠近喔，別期待太多，盡量不要表現出你的親密或脆弱。

現在，有種說法把情人稱為「福利朋友」，這是個有趣的概念。為什麼我們不與朋友分享多層次的性愛，讓性成為愛、榮耀、忠誠與坦白中自然的一部分？我們不是已經與朋友共享愛、榮耀與忠誠，互相打開心扉了嗎？

當我們歡迎每一個生命中的新朋友以其原本面目出現，不企圖把他塞進我們腦中的「關係」標籤，我們總是因此學習最多、得到最多樂趣，並且創造了最美妙最豐富的連結。此事恆常為真，無論我們單身、有伴、群婚，還是置身於任何其他創意浪女以愛發明的關係中。

結伴

很多人本來開心地享受著浪女生活，直到「墜入情網」；這種例子我們聽太多了。也許是想起了「愛＝婚姻＝一對一」的文化訊息，她們奮力一躍想要過著傳統的生活方式，但結果常常是一場災難。事實證明，我們兩人都不能倖免於這種文化制約。提醒一句：性與浪漫，無論多麼宏偉驚人，都不是長期關係的滿意度指標，或者心靈平和度指標。

實在沒有什麼道理讓婚禮的鐘聲或其他類似的東西，害你跟你的老朋友們分道揚鑣。很多浪女都發現，終生伴侶的承諾與穩定，和多樣化的愉悅性愛與親密關係，兩者是有可能結合在一起的。

然而毫無疑問的，在一段有承諾的關係裡面做一個浪女，確實有些特殊的挑戰。即使是自知很深的人也常（驚訝地）發現，他們對一段有承諾的關係的期待，往往包括對伴侶生活很多其他面向的控制權。

我們在這一章為求簡化，基本上都以有共識的兩個人為例，但這些議題，在三人、四人或更多伴侶的關係裡面也都適用。關係會自然發展出自己的形狀，但最好的關係總有一些基本原則：界線明確、心就在焉、所有人都關心所有相關人士的福祉。

你大概也猜得到，我們不怎麼喜歡這種想法：對一段關係有承諾，就表示有權利向對方索取相互尊重、相互照顧之外的東西。如果你把占有慾的概念從浪漫愛情裡面區分開來，結果將如何？我們認識一個女人，以前從來沒有嘗試過開放關係，當她發現自己很多舊時的習慣都變得無關緊要時，簡直嚇得目瞪口呆：「既然我知道如果她跟別人做了愛，她就會直接告訴我，那我又何必那麼麻煩去檢查枕上不小心留下的毛髮，又何必留意嗅聞不忠的蛛絲馬跡？」然而，界線、責任與禮貌，仍然是重要的問題，這些議題補足了占有慾的位置，而對關係的長治久安有幫助，因此是必須處理的問題。

那麼兩個墜入愛河的浪女，如何一起構築人生呢？

我們的朋友露絲與愛德華回憶：

> 我們的一對一關係持續了將近十六年，然後我們對外開放，開始跟其他人互動。現在我們在摸索，看看跟別人一起做哪些事情是讓我們覺得最舒服的，又有什麼事情是我們想保留給我們自己的。有時候，要找出我們的舒適區邊界的唯一方法，就是跨越它，然後感覺到那種不舒服。我們試著踏出小小一步，那樣痛苦就可以減到最低。我們毫無疑問地彼此承諾，也都願意在對方感到受威脅時不再那樣做。

下面要講的，是有伴的浪女可能會遇到的特殊問題。

每一段關係都在尋找它自己的位置。某些關係是一生一世的伴侶，可能包括同居、共有財產、共同養兒育女等等。其他關係則可能是別的形式：偶爾約會、做朋友、發展中的愛情關係等等。然而很多人發現他們有個習慣，就是會無意識地讓他們的關係無法自拔地滑入終生伴侶的形式裡。（有些聰明人發明了「**關係電扶梯**」〔relationship escalator〕一語來描述這種模式，因為你一旦站上去，就騎虎難下了，直到抵達電扶梯的盡頭。）有時朋友會出於好意地推你們一把，因為在你和你的朋友決定成為伴侶之前，他們就已經認定你們是一對了。此外，還有很多人成為伴侶是出於意外，比方意外懷孕，或所謂「迫遷羅曼史」（eviction romance），就是其中一方被房東趕出來，只好搬進情人家，還有就是純然的近水樓臺。珍妮記得：

> 我還是大學新鮮人的時候，遇見了一個很喜歡的人——沉靜而害羞，不過只要他一開口，我又真的很喜歡他講的話。後來芬恩跟我出去約了幾次會，也做了幾次愛。學期結束時，我們整個夏天都在通信。然後秋天到了，我到處找房子，要從宿舍搬出來。我唯一能找到的就是雙人房，我非得和別人分租才能夠負擔得起。所以我打電話給芬恩提議我們一起租，中間用隔板隔開，兩人各睡各的床墊。他同意了。
>
> 在那裡的第一夜，芬恩已經買了一個床墊，但我還沒有——所以我跟他擠。然而我們終究沒有買第二個床墊，我們一起住了好幾年，結了婚。那張缺席的床墊促成了十五年的婚姻和幾個孩子。

雖然我們都支持那些選擇過著伴侶生活的人，但是我們更願意看到大家深思熟慮才做選擇。我們建議你在讓自己滑進一個自己不太想要的狀況以前，先自己認真想想、和對方認真談談，看看這段關係最好的形式是什麼。彼此說說愛情對你們有什麼意義，你們可以如何融入彼此的生活。

你可能會發現，雖然你們喜歡彼此作伴，也有美好的性愛，但你們對於居住、金錢、財物等等的習慣卻水火不容。這種情形下，你可以跟過去一代又一代的人們一樣：搬去一起住，花費好幾年的時間企圖改變對方，在過程中覺得挫折又憎恨。或者你也可以檢視看看你在不知不覺中帶到這段關係裡的預設。你們一定要一起住嗎？為什麼？為什麼不跟他分享那些你喜歡的部分，而找另一個人來分享其他部分？作為浪女至少意味著你不必依賴任何單一個人來滿足你所有的慾望。

如果你知道你是那種容易滑進伴侶關係的人，我們建議你花一點時間搞清楚，你為什麼有此慣性，你希望從伴侶生活中得到什麼。對每個人來說，學著過單身生活是非常好的：看看在沒有伴侶的情況下如何滿足自己的需求。也不會到頭來才發現，自己只是在找一個人來滿足那些本該自我滿足的需求。你也可以考慮嘗試一些跟過去很不同的關係：不再尋找完美的靈魂伴侶，而是跟你喜歡、信任的人約會，你不見得愛他，或者你對他的愛比較安靜，不會使你背脊打顫。

這件事的訣竅是：建立你內在的安全感。如果你喜歡自己、珍愛自己、能夠照顧自己，那麼你其他的關係自然能夠圍繞著你，如水晶一般完美。我們希望如果你進入伴侶生活的話，那是出於你的選擇。

伴侶專屬的挑戰

我們的文化與許多其他文化一樣，最常見的關係形式就是伴侶：兩個人決定共享親密、時間，可能還有空間與財物，從此刻到可預見的未來。雖然伴侶生涯有許多優點——建立生活需要不少努力，而充足的人手讓這件事變得較為輕鬆——但它也會面臨很多特殊挑戰。

為求簡化，這邊以兩個人的伴侶為例，但這些想法在三人或更多伴侶的關係裡也適用。

浪女的競爭

浪女情侶間常出現的問題是兩人會競爭誰比較有行情，這是我們大多數人從國中開始就悄悄藏在心底深處的念頭。有時候情侶彼此競爭，看誰得分比較多，或者看誰最有魅力、收穫最豐富——好醜陋的一個畫面。

這句話再怎麼重申也不嫌多：這不是競爭，這不是比賽，沒有任何人是獎品。消弭競爭心的策略之一就是互相成為對方的媒人，投入伴侶的性愉悅當中，就像你投入自己的性愉悅裡一樣。有些多重關係者發明了「同樂」[53]（compersion）一詞，專門指「看到伴侶與其他人享受性愉悅時，所感到的

---

53 Compersion 來自法文的 compère，法文原意是同伴。Compersion 是與嫉妒相反的一種感情。嫉妒是看到別人享樂，自己就感覺不高興；compersion 則相反，看到別人快樂，自己也彷彿身歷其境一樣快樂。Compersion 也是很普遍、直觀的情感，例如看到不認識的小孩快樂地揮舞雙手，大部分人也會感到快樂。這個詞沒有中譯，此處譯為「同樂」。

愉悅」。

珍妮記得她曾跟一個網友約出來喝咖啡，對方講的寵物性幻想與珍妮當時的伴侶所講的驚人地相似。珍妮立刻為他們兩人安排了一場約會，就在那個禮拜，此舉撮合他們兩人擁有了一段長期緊密的關係（後來珍妮也加入了）。

一見鍾情

我們已經指出，沒有人能夠正確預測一段關係究竟會發展出多麼深刻的感情。很多剛剛嘗試浪女生活的人，會試著讓外面的性關係僅限於隨意搞搞或娛樂的層次，以避免遇上「伴侶陷入熱戀」，或者「對別人一見鍾情」那樣的恐怖景象。有時候外面的關係確實會產生威脅，變成主要關係攆走了元配，當這種事情發生的時候，每個牽涉其中的人都會覺得很恐怖，尤其是因此失去伴侶的那個人。特別是，也許他已經花費數年或數個月，掙扎著處理自己的嫉妒感，努力地克服被拋棄的恐懼，到頭來卻發現他真的被拋棄了。

但你沒辦法預測你什麼時候、跟什麼人會一見鍾情，也無法預測哪一段感情會日漸深刻，而且大部分的一見鍾情會隨時間消逝，不會導致分手。我們當然不希望把約定的界線畫得非常緊縮，以至於我們喜歡的人都得被排除在外。沒有什麼規則能夠保護我們免於受到自己情感的影響，我們必須尋求解決之道與安全感，這不是定規則可以解決的。

也許你可以檢視你的幻想與期待，這挺有幫助的。新的關係總是令人興奮，因為它們是新的嘛，閃耀著性愛的光芒，而且它太新了，在歷經時間考驗的、真正的親密關係裡，那些不可避免的衝突與騷動，現在都還沒有被揭露。每一段關係都有蜜月期，而任何關係都無法永遠維持在蜜月期。有的人對蜜月期上癮（這種情形據說叫做「純愛」〔limerence〕或者「**新關係動力**」〔New Relationship Energy〕，縮寫為 NRE），最後就在情人與情人之間奔波，老是想著下一個情人也許就會是完美情人。這些不幸的人可能永遠不會跟一個人在一起久到有機會了解，深刻的親密關係與徹底的安全感，來自兩人一起正面對抗、努力克服親密關係中的艱難。

我們的朋友卡洛很聰明地說：

> 對我們大多數人來說，性愛時間就是親密時間；我們依賴伴侶提供各式各樣的情緒支持。因此就形成這種行為模式：我們跟我們的終生伴侶分享一切不性感的、艱難的情緒需求——同居所需的工作、疾病與健康、有錢或窮困等等——然後「最好的表現」都留給其他的情人。重要的是要記得，你也許犧牲了一部分得到刺激的、全新的未知情人的機會，但你所得到的親密回饋，價值連城，而你無法與一個兩週前才邂逅的人分享這種親密。訣竅是找到一個方法，在你的生命中同時達成兩種可能：分享的親密感與火熱的新鮮感。

請記得幻想不是現實，並且在享受幻想時別忘了履行你的承諾。如果你對一見鍾情的期待，僅只是短暫而也許美妙的經驗，那麼你和你的伴侶想必能相當平靜地安然度過，而且更重要的是，這樣並不會摧毀你們長期的穩定關係與對彼此的愛。

多房伴侶或團體

不是所有伴侶或團體都住在一起。近年來，伴侶分居的狀況更為常見，即使是親密與長期的伴侶關係，也可能橫跨兩個或多個居住地點，甚至可能住在不同的城市。會造成這樣的情況，有時只是碰巧，比如求學或職業生涯造成了地理上的距離。也有時候，這是刻意的選擇，像我們有一對朋友就在三年前決定不要住在一起，而他們已經在一起十年了。他們說分居拯救了他們的關係。

我們認為，這樣的人生選擇將來可能會更為普遍。當大家都有財務安全感的時候，同住不再是經濟上必要的現實。這樣的安排裡，一個人可能跟朋友同住，不見得是獨居，不見得會浪費資源。同住者有的是多重關係愛好者，有的卻可能是一對一的。當每個人都有自己的床，那就不必爭執誰睡哪裡的問題，不過那並不是分開住的主要原因：絕大多數人之所以選擇分開住，純粹是因為這樣對他們的關係比較好。比如我們兩個超過四分之一世紀以來一起寫書、也是情人，但卻從來不曾選擇一起住：我們覺得我們的關係是個神奇的禮物，日常同住可能會毀掉它（如果沒有毀於朵思對於乾淨碗盤的執念，也必然毀於珍妮對於過期帳單的「管他的」心態）。

請不要認定這樣的關係就不能親密或者沒有承諾。我們建議不要去看它有哪裡不對，而看它有什麼獨特之處、它適合什麼樣的人，也不妨看看這些挑戰預設的伴侶關係發展了哪些特殊技巧與智慧。

這些伴侶常常在相隔兩地時有某些維持連結的儀式：約好時間打電話、重聚時與分離時都有確認相愛的儀式、對於彼此的生活保持了解、預留專屬彼此的空間或時間、指定某個空間或時段屬於其他伴侶等等。

要達成這樣的安排，需要時間排程與守時的能力，因此，相關成員的時間觀念與守時習慣如果有差異的話，需要事先處理。如果不是每晚都有機會享受性愛的話，那性慾模式的不同，就有可能會成為問題。

在這樣的安排裡，你如何尊重伴侶的空間，又如何對自己的空間產生安全感？你想要拉開距離時是否需要回家，還是你可以找到一種方法，讓你在對方的房子裡也可以有自己的空間？你可以在那裡放多少你的東西？

不在一起時，要跟別人維持多少聯繫才感覺舒服自在，每個人都不一樣——有的人一天聯絡二、三次，打電話聊天、傳簡訊或即時通訊，但也有人覺得這樣容易分心。

伴侶之間需要處理的那些差異，並不會因為不住在一起就自動消失：合群程度、清潔程度、睡覺時間、工作型態、生涯規劃、消費習慣，甚至是多久邀媽媽過來用晚餐——在這些事情上，沒有兩個人會對任何一點有完全相同的模式，更別說是所有事情都相同了。還有，很抱歉，不住在一起並不表示「死床」（bed death）就自動地絕跡。也不表示你們每次相聚就一定會有性。

我們猜，不住在一起的伴侶和住在一起的伴侶，在性生活型態上並沒有太大的不同。但不住在一起，會使得相聚成為一個特殊場合，所以大家都會比較重視這些時間，也比較願意投注一些努力，讓這些時間確實特別，不同於平常。

對於這種生活安排，通常大家會問的問題是：「那你怎麼知道你們是一對呢？」他們根據兩人對彼此的感覺，知道他們是一對；進一步說，他們因彼此分享了這麼多生活，而知道他們是一對。我們希望這個世界能夠讓所有關係都受到尊敬與珍惜，希望這個世界能夠了解，伴侶之愛及其旅程，並不因為同住或不同住，而比較重要或比較不重要。

與「表親」的關係

「表親」[54]（metamour）這個字是最近才發明的，用來指你與情人的情人之間的關係。你與你情人的情人的關係，會帶來一些「禮儀專家」做夢也想不到的事情。

關於這點，朵思有個故事：

我曾與一個男人在一起，他有一個主要伴侶，而那個人我沒有見過。我曾經要求要跟她見面，但她在考慮自己是不是有足夠的安全感來見我。他們的協定是：當派翠克跟我約會的時候，路易莎也跟她其他的情人約會，那麼每個人都可以獲得安全感，並覺得被照顧到。不幸的是，路易莎的情人常常放她鴿子，然後派翠克就放我鴿子，我開始覺得無法忍受。這樣來回磨了好久，路易莎終於答應見我——我們的初次見面並不怎麼溫暖，比較像是保持距離地努力要在這個處境中求生存。不過她同意說無論她有沒有約會，派翠克都可以見我，而我們會保證她能夠事前知情，且派翠克會準時回家，她也可以從我們兩個這裡得到許多支持。在協商過程裡，路易莎和我愈來愈親近——我印象特別深刻的是有一天晚上，我們在擔心派翠克，他就在隔壁房間睡覺，而我們兩個相談到深夜。路易莎和我變成最好的朋友，一起開業、一起弄工作坊和劇場演出。後來派翠克與我漸行漸遠不再是情侶，但我和路易莎的友情卻繼續下去。

該不該見「表親」？我們投贊成票：如果你不見的話，結果一定是你幻想著一個更可愛、更性感、更具侵略性與威脅性的人，而那種人只有在好萊塢的情色驚悚片裡面才存在。何況誰曉得呢？搞不好你會喜歡他。

你們首次見面時，最好選在一個輕鬆無壓力的環境，吃午餐或喝咖啡、散散步，或看場電影（然後你們就可以在說不出話來的時候，聊一聊那場電影）。

盡力喜歡對方。如果你不喜歡你的表親，事情可能會變得很麻煩，不容易找到快樂的平衡點。如果某個表親我們並不是第一眼就喜歡，我們就把他當作姻親一樣處理：我們未必很愛自己的嫂嫂或者媽媽的新丈夫，但我們認識到，這個人已經加入我們的家庭了，他有他的權利，有情緒，就像所有其他人一樣。所以在各種聚會裡遇見的時候，我們會想辦法對他們表示友善。

我們的好朋友裡，有一些是因為我們在搞的人也正在搞他們，所以才認識的。也許你會發現自己正在考慮要不要跟表親也好一下——我們的一位受訪者說，她第一次開放關係的經驗，發生在她女朋友搞了另一個女人的時候，結果我們這位受訪者最後反倒愛上了這個女人。「這件事讓我女朋友變得焦躁不安」，她嘲笑。「我們現在都是緊密的一家人了，但我們花了十年才達成今天的局面。」我們建議你花一點工夫搜索自己的內心，確定你的動機是出於愛戀與慾望，而不是為了復仇或競爭——然

54 Metamour 一字是從 paramour 改過來的。Paramour 是情人的意思，meta 放在字首則有後設之意。近年臺灣的網路語言，將情人的情人稱為「表兄弟」或「表姊妹」，所以這裡將 metamour 譯為「表親」。

後，如果你「通過考驗」的話，就去追求吧。你跟你的伴侶會喜歡同樣的人其實並不出人意外，像這樣的相互吸引，將有助形成長遠的、回饋豐富的小部落。

另一方面，我們也發現，有的浪女跟情人的情人在一起時，好像非得顯得十分性感不可。有時候一對情侶會約定說只有兩人一起的時候，才跟第三方一起玩。這種約定的前提是，雙方都必須對潛在的第三方感到自在才行——不然的話，跟一個不吸引你或者你不喜歡的人做愛，對你自己以及對他們來說都是個餿主意。

你可能會覺得，既然你的伴侶喜歡且渴望這個人，那你也應該如此——為了緩和你伴侶的罪惡感，或者為了滿足某種難以理解的公平感。請不要這樣做。如果你就是不「哈」這個人，就別讓自己趕鴨子上架，變得必須出於禮貌而搞。要建立人與人之間的關係有很多別的好方法。為她煮一頓好晚餐、跟她一起看場電影、一起玩紙牌，或者找出其他方法讓她覺得被你們接納。

這帶出一個很重要的問題：你有多少責任讓你情人的情人覺得有安全感並且受歡迎？我們都曾經跟表親講很久很久的電話，向對方保證：是的，我真的覺得沒關係，就好好的享受吧，親愛的。我們認為，你自己的需求對你來說應該是最重要的，如果你真的沒辦法誠心歡迎、竭力支持，那以基本禮儀相待即可。另一方面我們也覺得，在無須咬緊牙關、強顏歡笑的前提下，盡你所能地表現出你的友善，是很雍容大度的做法。我們要建議你，起碼試著向他們保證說這不是一場競賽，正在進行的事情並沒有傷害到你，而且你能夠處理自己的情緒；換句話說，就是承諾掌握自己的情緒，而不怪罪於第三方。畢竟他之所以這麼做，正是因為他的感覺跟你的一樣啊：你們都覺得你的伴侶是全世界最炙手可熱的傢伙。他們絕對不是吃飽了撐著要故意花時間與力氣來毀掉你的快樂。

有些人非常重視與潛在伴侶的面談，如果你的多重關係運作模式要求你讓新的伴侶加入大家庭，我們真的建議你採用這個策略。例如有小孩的人會很在乎誰將成為家中訪客，且對方未來可能會成為孩子的叔叔或阿姨。有些多重關係的人會等到這些事情都安排好以後，才跟別人上床。如果你的生活型態適合，這些都是很不錯的決定：長期關係會是個很好的主意。

在一見鍾情的階段結束後，有些人會在你的人生中找到一個長期的位置待下來，但這常常是意料之外的，例如某一個情人變成你小孩最喜歡的叔叔，或是成為你伴侶的生意夥伴。其他情人可能會離開，若她們在溫暖的情愫中離去，則將來當你的生命中又出現了她們的位置，或者她們的生命中出現了你的位置，她們便會歸來。無限多重連結的浪女就這樣建立起她的大家庭與部族之網。

我們認識的好朋友裡有一對浪女，在一起將近二十年，他們彼此相愛，也愛著很多其他人。有一年，提娜過生日，崔西給她買了禮物，我們都覺得那真是終極浪女的生日禮物：一系列藝術表演的季票，**三張**……一張給提娜，一張給崔西，還有一張由提娜邀請任何想邀請的情人。（朵思因此去看了拉維．香卡[55]〔Ravi Shankar〕！）

55 印度民族音樂作曲家，錫塔琴演奏家。

旁邊的旁邊的旁邊……

有些很有能耐的浪女，可以維持不只一段主要關係。朵思認識一對這樣的情侶，羅柏與西利亞，他們在一起已經將近四十年了。他們合力撫養從之前的關係裡帶來的兩個小孩，之後又一起養了好幾個孫子女。兩人都有另外一個主要伴侶，通常都是女的，而家庭成員則包括了兩人所有的前任情人。羅柏的另一個情人梅，本來是西利亞的情人裘蒂的情人。梅和裘蒂一九八五年的時候在一起，然後梅成為西利亞的情人；從一九八八年到現在，梅則成為羅柏的情人，而且他們還有共度未來的打算。幾年前，米蘭達跟西利亞住樓上，羅柏與梅住樓下。現在是西利亞的另一位前任女友雪若住樓上並且幫忙帶孫子；米蘭達呢，她也是西利亞的前情人，現在一個禮拜來兩天，因為她住在另一個城，但是會來附近的學校上課。你昏頭了沒？這些人全部一起，再加上其他各種不同程度的親密朋友與情人，有現任的，也有過去的，還有他們的大部分朋友與情人，形成了一個長期的大家庭，他們已經一起生活、彼此相愛，並共同養兒育女過了四十年，而且還計畫在老年時彼此照顧。真令我們印象深刻。

論婚姻

成雙成對的浪女會面對的一個問題，就是要不要進入一種特別的法定伴侶關係，叫做「婚姻」。在愈來愈多國家，就算你是同性戀，也無法不去想這個問題：同性婚姻在美國、加拿大和很多歐洲國家都已合法，我們認為這樣很好。但我們同時也認為，伸手去拿美國派裡面「婚姻權」的那一塊時，仔細檢視餅皮下面有些什麼東西，也是很重要的。

今日的婚姻，是政府把它自己的標準強加於個人關係之上，把一個單一規格的律令立法，變成人們經營性生活與家庭關係的金科玉律；婚姻制度旨在支持某一特定模式，就是年輕時結婚、生小孩，一個配偶出去工作、一個配偶在家照顧。很多婚姻並不合乎這個模式，因此便不受現在的法律支持。很多州都採夫妻共同財產制（community property law），這意味著婚姻存續期間，任何一方的收入或負債，都是兩人所共有。我們認識的一個女人，被即將成為前夫的那個男的故意害到破產，因為他知道她打算離開他。

大家都告訴我們，婚姻是聖事：你的信仰與社群一起祝福你們的結合，舉行一個愛的儀式。那麼，為什麼我們的政府，號稱「國會不得立法確立國教，或者妨礙宗教自由」，卻堅持要我們領執照？如果婚姻如我們所想的那樣神聖，那為什麼對於關係的法律認可、繼承與養育的特權，僅限於那些願意讓人生屈從於他人設計的人？為什麼婚姻僅限於浪漫伴侶關係？如果你打算與好朋友一起終老，為什麼不能跟好朋友結婚？與朵思在一起最久的生活伴侶是一位男同志，而他們一起撫養朵思的女兒。

如果我們來治理世界，我們會拋棄婚姻這個法律概念，人們可以進入契約關係，只要用現存的其他合夥關係的法律來規範就可以了。契約的樣本可以參考機構、律師、教會、出版社以及其他支持網絡的契約。想要把婚姻當作聖事的人可以在宗教機構或社會機構的主持下結婚，只要他們認為適合。在這種系統下，任何協議都不會被當作理所當然；性愛的排他性、金錢共享、財物繼承，以及其他被現行婚姻法無彈性含括的其他議題，都可以由參與者有意識地選擇，而不是被法律規範。

當然，還是需要有法律來規範成年人對小孩與被撫養者的基本責任。國家仍然應該提供賦稅減免與其他補助給照顧小孩與年長者的人，因為他們真的需要。

愛是美妙的事。我們認為，如果我們都像成年人一樣負責任，對生活的物質與財務基礎深思熟慮，然後立下約定，愛將會更加美妙。

第二十一章
單身浪女

大部分的文化都認為單身不太尋常。大多數人將單身的日子視為暫時狀態、人生中的意外，而且愈早結束愈好。你可能正從上一段關係中復原，為上次的分手哀悼，或者忙於事業，沒時間獵尋下一樁羅曼史。也許最近就是沒有什麼好的人選出現。一定很快就會有好事情發生的……所以你等待，甚至不曾想過將你今日的生活現況活出一個風格來。

如果你**有意地**單身呢？選擇自己安排生活，過一段時間？潛在的伴侶會在你最沒有準備的時候冒出來——在一個成雙成對的文化裡，關係裡只要出現另外一個生命都被視為有所提升，朝向伴侶生涯邁進了一步。那麼如何維持單身呢？

你的社交支持網絡在哪裡？你能不能在朋友、情人、家人、良師的社群裡（意即你的個人人力資源），讓你的需求被滿足，並且感到被愛、有安全感？

建立自己的社交網絡乍看之下似乎很難：你得負責打電話、約時間吃午飯或看電影、保持聯絡，責無旁貸。要建立一個家庭全靠你了，你要以開放的心態細心地照顧自己。

你與自己的關係是終其一生的承諾。當你單身時，你有很好的機會可以深化與自己的關係，弄清楚你是誰，無論你在隨後的人生中進入什麼樣的關係，你都要為自己的旅程歡欣慶祝。保持單身但與許多人有愛，是一場自我發現的旅行，一個親密地自我了解的機會，也是自主改變人生的機會。朵思剛開始與嫉妒搏鬥時，她單身，獨處使她能夠觀看自己的內心而不是責怪他人，因此，她能夠清醒地決定自己想如何處理自己的情感。

單身與有伴並不是二選一的兩個選項。但我們的文化通常都低估了單身這種生活方式的價值，所以很少有人選擇保持單身，也就是說，很少資源與社會位置可以為單身者所用。也許，如果單身是一種被接受甚至被看重的生活方式，那麼伴侶生活或許也會發展為一種選擇，而不是出於非如此不可的必要性，或者在絕望中尋求的救贖。

有伴的人可以與人分享生活裡的基本事項：為共同目標努力、資金共享、分擔養兒育女的重擔等等。當事情不美好的時候，伴侶也可以彼此分擔：當我們不那麼光彩奪目的時候，需要有人告訴我們，我們仍然值得愛。單身浪女所面臨的挑戰就是要找到一些方法，使關係中的親密感能夠深化，即使那並不是終生伴侶的關係。

單身提供我們一個純粹做自己的機會。單身者有比較多的自由去探索，比較少的義務，也可以自在地在家裡穿一件有洞的T恤打電動，不會有一個聰明人在旁邊嘮叨。

單身提供我們一個純粹做自己的機會。

也許你之所以單身，是為了負面（但合理）的原因。例如上一段關係釀成慘劇，所以你不敢再試了。只有當你控制自己的財務、自己的空間、自己的人生時，才有安全感。就你所知，進入一段關係的唯一方法就是當一個完美的太太或先生或情人或提供者，可是你已經倦於變成你所不是的樣子。你還沒從上次的分手中復原；你不想倉皇投入「墊檔羅曼史」[56]（rebound romance）；你需要時間來悲傷。你就真的沒有遇到想廝守終生的人。

也許你積極地選擇在這個階段維持單身。單身使你能夠在雙手所及的各種關係選項之中自由地探索。你可以愛一個人，即使明知道他不是好的伴侶人選。你可以愛一個已經有伴的人，你不需要跟他一起付貸款或者帶小孩去矯正牙齒。也許你選擇單身是因為你很享受獵食的樂趣、調情的魔力，以及新鮮所帶來的神秘與興奮。也許你想探索如何與你喜歡但不愛的人發展性愛連結，或者學著不帶占有慾地愛，或者探索不計其數的伴侶之外的各種關係。每一個你所遇見的各自獨特的人，都是一面新的鏡子，讓你用新的眼光看自己：每個新情人都增加你對這個世界的認識，也增加你的自我認識。

單身浪女的倫理

單身的性伴侶有什麼權利與責任？從權利開始說：你有權利，你必須主張你的權利。我們的文化太容易把單身伴侶視為「次要的」、「外面的」、「外遇」，或者「家庭破壞者」，你的位置，在任何生活或關係或社群的生態裡都被輕視，被認為「無足輕重」已經是其中最客氣的了。一個單身者在社群中要如何被認真對待？如果這是你的處境，那你關於權利與責任的思考可以從這裡開始：尊重、

56 Rebound romance是指為了平復分手的傷痛，就匆忙找下一個，所以譯為「墊檔羅曼史」。原始出處是Mary Russell Mitford寫的，「沒有比在復原期間擄獲芳心更容易的事了。」

尊敬、顧慮到每一個人的感覺——包括你自己的感覺。

單身浪女的權利

- 你有權利受到尊重——你單身並不表示你是半個人。
- 你有權利要其他人聽聽你的感受、尊重你的感受，並予以回應。
- 你有權利要求任何你想要的東西——對方未必會給你，但是你絕對有權利提出要求。
- 你有權利要大家尊重你的約會與計畫，不受第三個人的計畫影響，即使他比較資深。
- 你生病時有權利接受雞湯，並且在你需要的時候獲得各種緊急支援：例如載你去急診室，或者在你車拋錨時幫助你。你的情人也是你的朋友，而朋友會在危難時互相幫助。
- 你有權利參與家庭節日的協商，比如商量感恩節或週末，你的小孩或情人的小孩該去哪裡：你因為情感關係而加入某個家庭時，你就是那個家庭的一分子。實際上協商要怎麼進行，可能要視你所加入的家庭有何價值觀而定，但你不只是某人見不得人的秘密，你可以要求更多。
- 你有權利設下界線：你要做什麼、不做什麼，在你的身心健康範圍內，什麼可以協商、什麼不容協商。
- 你有權利在其他人的關係出現問題的時候，不當代罪羔羊。
- 你有權利拒絕當某人婚姻困境的垃圾場——你未必想聽你的情人訴說他有多想離婚，如果是這樣，你有權利不聽。

- 你有權利被當作成員。每個人都算數，包括你。
- 你有權利被珍惜、被歡迎、被尊重，被當作一個美好的人，正如真實的你。

單身浪女的責任

- 你有責任發展並維持穩固的界線。界線是你的權利終結而別人的權利開始之處：好的界線是強壯、清楚而有彈性的，不好的界線是脆弱、模糊、生硬的。
- 你有責任達成清楚的協議。針對時間、公開與私下行為、共享空間的禮節等主題，做成清楚的協議，並且遵守之。
- 你有責任在想說不的時候，清楚地說不。別鬼扯，不要做出你做不到或不打算做到的承諾。
- 你有責任選擇值得信賴的人選幫你保守秘密。閒言閒語有可能毀掉很多事，但是絕大多數人都需要找人傾訴。搞清楚誰是你能傾訴的對象。
- 你有責任尊重你情人的其他關係，特別是他們的生活伴侶，你也有責任待他們以尊重、同理與開闊的心。
- 你有責任從事安全性行為：主動提及潛在的伴侶，決定自己可接受的風險程度，尊重其他人的選擇，學著使用必要的小小橡膠。

．你有責任擁有自己的情緒。學著處理自己的危機，然後看誰那個時候能夠在你旁邊支持你。
．你有責任直接說出自己的意圖。當你練習公開與情人親密互動時，他們所期待的也許比你做的更多，你得願意坦白說出來，並且讓所有相關人士都知道你的想法與慾望。
．你有責任想辦法說出你的意見，讓不想聽見的那個人也聽見。單身浪女有時需要說出關係中令人不舒服的真相，即使你們的關係可能缺乏慣有的親密感，足以承受這種討論的脆弱性。
．你有責任促進關係中的親密感。如果單身就表示你在任何狀況下都矢志耍酷而毫不軟弱，那你將置身於一個冰冷淡漠的世界。
．你有責任珍惜、歡迎你的所有情人，把他們當作美妙、聰明、獨特的人來對待，正如真實的他們。

彩虹連結

如果你單身又是浪女，你可能會與很多不同的人，以很多不同的模式互動。以下是我們所遇過的情形，你可能也會遇到。

單身者與單身者

我們稱呼單身者為「可用的」（available），很好笑，不是嗎？可以用來幹嘛？單身者的情人有可能是其他單身者，但那不表示這些單身者與單身者的關係全都一樣。

你與別人的約會有可能經常發生、固定發生、不固定發生，或者很少發生。量不一定代表質。如果每個人都單身，而且沒有人在進行伴侶試鏡，那就可以任每段關係自己找尋適當的位置，它會自動流向適合你們兩人的形式，不太會遇到障礙。

你單身而且目前不打算改變這個狀態，但請不要因此把你的情人當作理所當然。讓他們知道他們對你來說多麼珍貴。傳統說：我們應該矜持些。我們說：讓我們改變傳統吧。我們深愛火熱約會，也深愛溫暖連結。

有伴者的伴

你約會的對象可能有長期的、共同分享生活的伴侶，不論他們已婚或同居。如果你面對這種情形，你要把另外那個人的感受也列入考慮。

你可能會發現，你的情人在跟你偷情。無論你對倫理的想法為何——不同的浪女會做出不同的選擇——毫無疑問的是，你情人的伴侶如果不知道你們的關係，你們肯定會遇到一些困難。為了不讓情人的伴侶發現，你們可能得很扭曲地過活，而即使用盡全世界的聰明、機關算盡，也無法保證這麼一個大秘密可以永遠隱瞞。這種秘密會逼你們必須遵循一些嚴格的界線：如果你們的關係就是每個禮拜在一個難以啟齒的汽車旅館幽會，那你們能連結到哪裡去？如果關係進展順利，終究會有人想要更多。如果被發現了，總是「外面的」情人比較可能被拋棄。

也許你的情人和他的伴侶有「你不問我不說」的協議，很多非一對一關係的新手伴侶會這樣做，因為這樣感覺比較安全。我們的經驗是，這有時候使得所有相關人士都很麻煩。首先，很多人的情人來自原有的社交圈，所以要把他們全部隔離開來可能有其困難，或者根本不可能。或者為了維持那個協議就非說謊不可——然後你就回到了我們剛剛討論的偷情模式。即使你是因為協議如此而說假話，還是會造成關係的疏離，對於同住的伴侶尤其容易造成傷害，因為一起住要保密真的太難了。

另一方面，如果每個人都知道有你的存在，事情其實會比較簡單。即使一開始並不容易，但出櫃還是提供了一種可能，讓大家有機會學習處之泰然。如果你的情人是有經驗的多重關係伴侶或家庭的成員，每個人都知道自己的界線，他們會讓你知道界線在哪裡，事情就會清楚很多。如果他們是新手，保持善意與溝通的意願，將幫助你處理絕大多數的艱難情況。

我們兩個的經驗是，當每個人都知道且承認每個人的存在時，大家最快樂。基本禮貌很重要，小心仔細地避免造成競爭與比較，也很重要。拉頭髮的激烈戰爭只有在色情片裡才有趣。

我們兩個都傾向於盡可能跟伴侶的伴侶見面，跟他們做朋友。有時候他們不很確定要不要跟我們做朋友，有時候他們非常確定還是不要做朋友好了，但只要有耐心與善意，他們多半都會回心轉意。再怎麼說，我們總有一個共同點：我們愛著同一個人。

—— 我們是同一國的。——

我們的利益未必與情人伴侶的利益相左。我們都願意合作創造一個快樂的結局，讓每個人都得到尊重、需求都得到滿足、慾望都得到紓解。長期看來，我們是同一國的。

有經驗的浪女可以主動與被嚇壞的伴侶聯繫，以溫柔、敞開心胸的方式。對彼此感到嫉妒或緊張，這種脆弱的經驗本身就是一種親密感，對此最好的回應就是友善的態度。

要不要透過分享性愛來照顧你伴侶的伴侶，要看你們的選擇。只因為某人覺得被排除在外，就跟他發展親密關係，通常不是什麼好主意。偶爾你會碰上合拍的情形，而成為一對情侶的情人，我們很快就會講到這種情形。但是對於你不太喜歡或根本不想要的互動，請避免投注太多承諾。同意不想要的性愛只為了平息嫉妒，通常都沒用。對情人的情人提供支持、溫暖、歡迎的同時，你也要尊重自己的界線。

特殊情況：你可能會發現你的情人和他的生活伴侶已經不常有性生活了，可能出於關係成熟過程裡自然的熱情冷卻，或者因為病痛、某種身體狀況。當你跟這樣的人約會時，請務必帶著加倍的關懷與尊重，去接觸他們的伴侶。他們可能會因為你讓他們的伴侶開心，而感到開心，但同時他們仍然會傷心自己無法親自扮演好這個角色。如果你能夠對他的貢獻表示了解與敬佩，對彼此都大有助益。

限於角色扮演的關係

有些關係僅限於你們一起扮演的角色，就是你扮演了他的伴侶所不想扮演的角色。你們的連結可能簡單得只有兩人都熱愛看足球轉播，或者複雜一點，例如他另有異性婚姻，而你是他的同性情人。也可能你們一起玩ＢＤＳＭ、情慾角色扮演、性別探索、靈性追尋，或者任何他的伴侶不想玩的角色扮演。你們所分享的角色扮演使你成為那個家庭生態的一部分，是讓那個家庭順暢運作的一部分，既是一樁愉悅的事，也是一份責任，不應等閒視之。

一對伴侶的情人

有時候，性愛連結在許多人之間，美妙地發生了：三人行、四人行或者隨便幾人行。如果你能夠經歷如此美妙的事情，那真是三生有幸，你一定會推崇這樣的關係，並以有機會參與、身為其中的一員為榮。這樣的性愛可說奢華至極：想想看，光是多出幾雙手，就可以做多少事情啊！而且可以進行各式各樣的配對組合，二對一、二對二、三對一或者……好多人同時寵你是多麼可口的經驗，與其他人分享主動的做愛，如同與一群大師級演奏家共同完成交響樂，這是多麼神奇的經驗！

確實有時候，某些人會覺得插不上手、沒事做，因而感覺被忽略。如果你覺得被冷落，請想一想額外的「幫手」可以如何幫助其他人正在進行的事情，然後斯文地加入他們。有一次，朵思與一對情侶一起做愛，他們兩人正在性交，朵思便覺得暫時被遺忘了。她有點不好意思，雖然也想加入，但隨即注意到這兩人已經在一起好幾年，他們之間的深刻連結出奇的優雅迷人。於是朵思就舒舒服服地在旁邊看，單單旁觀就已經覺得頗為滿足。他們做愛完，從容歡迎朵思加入擁抱，更深的歡愉隨後產生，使朵思的等待完全值得。

你可以選擇只參與好玩的部分，把所有沉重的部分都留給那些隨後會一起回家的伴侶。你也可以在小孩們出水痘的時候幫忙照顧。請記得作為一個外部伴侶，你享有特權；就像我們一個朋友說的，「我有權利當甜點就好！」

團體

當你的情人有許多伴侶的時候，要達成協議就像簽訂重要的國際條約一樣。其他成員也許希望一起碰個面、審核後同意——那倒還簡單。有些團體會期待外部伴侶充分了解團體的界線，尤其是關於安全性行為的部分，這也很棒。我們很高興看到，有些多重關係團體對於如何與新進成員產生連結思考得很周到，也願意花時間把事情做好。

有的團體可能希望你以某種方式加入：與團體內的人有性關係、與團體同住、成為群婚的一分子。這些方式可能適合你，也可能不是你要的。不用說，你可以聽聽他們的要求，看看是不是你想要的，決定你要不要，並且弄清楚自己的慾望與界線。

許多事情大家一開始不同意，可是只要所有人都敞開心胸、帶著善意互動，最後多半能夠協商解決。如果並不是「所有人」都那樣，你最好一開始就察覺。我們有個朋友，他的情人有兩個主要伴侶，希望我們的朋友當他的次要伴侶。但是當我們的朋友問對方的伴侶們，如果他們得要接受的是一位主要伴侶呢？他的新朋友們回答：「喔，不行喔，那不行喔。」我們的朋友就退出了。

就我們所知，大部分群婚和小圈圈都鬆散得多，可以讓新成員自在地參與，然後隨著時間過去，也許某天他就成為團體成員了，那是一個循序漸進的過程。朵思的女兒還是嬰孩的時候，她的團體就是這樣。他們沒有正式的成員資格要求，每個人互相配合、一同成長，彼此之間的伴侶關係形成、分離、又形成新的伴侶關係，各自有各自的步調，團體裡所有小孩的照顧責任，由所有成員一起承擔。這種適應力強的團體型態持續了好些年，一直運作得很好，它並未永久存在，但是運作了相當長的一段時間，並且留下美好、快樂的回憶。

單身者的獨白

朵思寫道：

有一次，一個工作坊學員問我，「你不會覺得很寂寞嗎，一個人住？」我楞了一下才明白，他並不是要讓我不開心。但他無意間踩了我的痛腳。我只好說：「會呀，當然有時候會寂寞的。」但是……

我成年後大約有一半的時間是自己一個人住。有些事情很難自己完成。我幾年前買了第一棟房子。我多麼希望有伴！但我撐過來了。我得處理我的恐懼，也得處理房屋仲介、房貸仲介、修屋頂工人與房屋檢查員，現在我終於有一個樹林環繞的甜蜜小家了：它就像我一樣，屬於我，而且我可以決定何時、如何與什麼人分享這個小家。

有人問我會不會害怕老的時候孤身一人。我現在七十幾歲了，廢話，我當然怕。但我有模範：我媽媽在我爸爸過世後活了幾乎三十年之久。

沒有什麼能夠永恆存在。我還是渴望墜入情網的戰慄感，愛情的夢想有神奇的魔力，永不褪色。我太清楚了。但比起甜美的理由，我更喜歡燃燒熱情，而且我不太擅長妥協。我為了生存而做的妥協，就是學習如何單身，並且讓我的單身生活過得有聲有色：那是我對自己的終生承諾。

一九六九年，我第一次決定成為浪女兼新手女性主義者，我決定自己住個五年，我想知道不當別人的太太時，我到底會變怎樣。但要如何做到呢？我不想身處一個冷淡無愛、缺乏親密關係的世界，不想在這樣的環境裡養小孩。所以我設計的生活雛形就是與情人分享愛，但不需要與他們一起住。

我找到一個辦法，讓我可以逐步冒險，與那些我還「沒把握」的人坦率分享愛意，如果可以這樣說的話。我告訴他們我為什麼喜歡他們。我說好話。我會把握機會明白示愛。我堅持以真名稱呼我對每一個情人的感情：那是愛。當我能夠鼓起勇氣去愛，結果是我得到許多愛作為回饋。我公然分享我所愛的人與事，這成為我生活的基石，無論我是否與伴侶同住。

我有信心，這樣的做法適合每一個人、每一種生活型態：如果我們都有意識地尊敬、珍惜且坦率地看重與我們連結的每一個人，這個世界不是很美好嗎？

我住在鄉間，當我在水邊散步，從小山丘頂端俯瞰世界，在小徑轉彎處發現一株兩千年老樹莊嚴地聳立時，都感受到同樣的愛，把我的心打開了。我不感到絕望，也沒有依戀的慾望，我只是快樂。

我會不會偶爾感到寂寞呢？當然會。我愛我的生活嗎？超愛。有時候我覺得我是全世界最幸運的人。

第二十二章

情感關係的潮起潮落

我們很開心地注意到，我們如果要知道自己有多少老情人，只要數數我們現在有多少朋友就行了，性愛伴侶能夠發展成一家人，讓我們驚嘆不已。這裡有個現實的限制：你一天只有二十四小時能夠奉獻給你的愛情生活，而且照理說你應該需要花幾小時工作、睡覺什麼的，因此你能奉獻給每一個情人的時間是非常有限的。你的一生只能放進一定數量的情人，並且你要公平對待他們。

我們發現，大多數人都還滿能接受伴侶來來去去的事實，只要他覺得這對他們都好。大家庭式的情慾關係比較容易漸行漸遠，而非斷然分手。建立情慾友誼的美妙之處正在於，過去的關係與小小的風流韻事雖然有生有滅，但每一段感情都有特殊與獨特的親密。你創造一段親密關係的方式就像你學會騎腳踏車一樣；從嘗試與錯誤中學習，滑倒、摔跤，最後終於學會迅速前進。就像騎腳踏車一樣，你永遠不會忘記那種特殊的親密，以及你在其中的角色。即使經歷過最痛苦的分手，但在此之後，當衝突已獲得釐清、時間已撫平傷口，你可能會發現你能夠立刻接續那份連繫，就像一隻舒服的舊手套。

另一方面，有時候親密關係裡的衝突會持續很長一段時間，或者看似不可能解決，以至於威脅到這段關係的基礎。我們希望你處理一段衝突不斷的關係，和處理一段快樂的關係時，用的是一樣的道德標準與關切。

對於關係中的重大衝突，以指責某人作為回應之道總是非常誘人。從童年開始，我們就從有無上權威的父母施加的懲罰中學到，「痛苦」是做錯事情的後果。所以當我們覺得受傷時，我們試圖理解此事的方式，就是找出是誰做了什麼錯事，而且最好是別人。

必須記住的是，絕大多數的關係之所以破裂，是因為伴侶們在一起不快樂，而不是哪一方的錯；不是你，不是你的伴，也不是你伴侶的情人。即使某個人行徑惡劣或者滿口謊言，你的主要關係八成也不是因為那樣才破裂的吧——關係通常是因為自身內部的壓力而終止。連我們兩個都很容易因為身處於痛苦的分手中，而忘記了這一點。

當你發現自己非常想責怪別人時，也許記住這個關係諮商時的老生常談是挺有用的：任何問題都屬於關係本身，而不是關係裡的任何一個人。確認誰是誰非是沒有用的，重要的是：接下來應該要怎麼做？如果你能開始試著把衝突當作關係中有待解決的問題，而不是一直在判定這是誰的錯，那麼你就已經朝向「解決問題」踏出重要的一步了。

有些人習慣性地擔負著維護大家情緒健康的責任，他可能會覺得，沒有能力讓大家的痛苦與煩惱神奇地消失，是他的錯。這樣的人需要學習認自己該負的責任，也讓其他所有人認他們該負的責任。

一方背負太少責任的情形也是很常見的。有些人的自尊幾乎全繫於他維持關係的能力，那他就會覺得非把他的伴侶說成「壞蛋」不可，這樣才能讓他的離開獲得正當性。這樣的策略對你們雙方都不公平：好像「壞蛋」在關係中擁有無上的權力，也弱化了那個「受害者」。因為你的伴實在太恐怖了，所以你別無選擇只能離去，這樣的講法否定了一個事實：總是有其他選擇的。我們的經驗是：關係裡的麻煩多半都是兩面的。如果你肯承認自己在這個問題上也得負點責任，那麼你就能夠做點什麼事去解決它。

不過有個很大的例外：如果你關係中的問題包括身體暴力、性暴力、情緒或言語虐待，你一定要尋求專業的協助，學習如何以不具毀滅性的方法來解決衝突。在你最愛的搜尋引擎上花幾分鐘，它會告訴你如何與你居住地區附近的團體聯繫，這些團體能幫助被虐以及施虐的伴侶雙方。只有你能判斷自己身處的危險到什麼程度。如果你覺得身處險境，那你得快點離開。立刻。如果其中牽涉到藥物濫用，那尋求專業支持是很重要的：沒有人，不管多厲害，能夠純粹以愛解決酒精成癮這一類的問題。如果有小孩遭受任何形式的虐待，安全就成為首要考量，你一定要立刻離開：你可以在安全距離外解決相關問題。

分手

分手就是會發生。高超的關係技巧、高尚的倫理標準，並不表示你就會跟同一個或同一些伴侶永永遠遠在一起。我們的經驗是，關係是會改變的，人會捨棄一段關係，因為人也會變。我們自己也在生命中經歷了一些分手，當我們以後見之明回頭看時，會覺得那其實對雙方來說都是頗富建設性之舉，我們因此朝向個人成長與健康生活繼續前行。然而在當時，我們只覺得糟透了。

請記得，在今日社會，分手不必表示你與你的前任情人做了什麼了不起的錯事。絕大多數人在生命裡某個時刻都難免會經歷分手，可能還有很多次。與其在否認中躲藏，或者拼命折磨自己、反省自己做錯了什麼，為什麼不事先想想，我們希望怎麼分手？

當傳統的婚姻破裂時，沒有人把它當作是一對一關係行不通的證據——那為什麼人們就非把浪女的分手視為自由性愛不可行的明證呢？你們的分手可能與關係的開放性完全無涉。那也不表示你不適合做個浪女：如果你不是對浪女生涯有著強烈慾望的話，我們很懷疑你一開始怎麼會願意下這麼大工夫來過這種生活。

為什麼人們就非把浪女的分手視為自由性愛不可行的明證呢？

當關係起了劇烈轉變的時候，如果每個人都有足夠的冷靜，大家在愛與平靜中分手的話，那最好不過了。但是慘烈的伴侶拆夥、離婚真是太常見了，挾帶著痛苦、憤怒、受傷與酸苦的情緒。失去一段我們深深依賴的關係，我們的失落悲傷會深深地刺傷我們，而當我們正陷入一樁不受歡迎的分手事件，正在經歷那些傷痛的過程時，當然沒有人處在他的最佳狀況。如果有兩個人分手，整個朋友群與情人群都可能受影響，你可能會被叫去提供支持，因為你的情人為情傷所苦，不過不是跟你。

你可以把悲傷視為有生產力的工作。失落使得你的生活破了一個洞，當你思索如何補起這個空缺、縫合傷口時，你必須仔細體察自己珍惜的價值。你可能得自己經歷這個過程——前任情人無法代勞。悲傷、被拋棄、生氣、憎恨等情緒，今天看起來可能是排山倒海，幾個月後卻可能會變成：雖然令你黯然，但是可以處理。當這些強烈情緒消退時，就是你回頭跟你的前任情人溝通的好時機——喝杯咖啡、看場電影，或類似這樣的事。在你們分享了那麼多，又經歷了分手的過程以後，如果甚至沒有一點友誼留下來，未免太遺憾了。

二十一世紀的分手禮儀

很遺憾，許多人結束關係的方式好像他們領有戲劇執照似的，有些人更是完全沒辦法好聚好散。他們需要有人可以怪——一個壞蛋、罪犯、惡人——這樣他們才能自我感覺良好，或者在良心上過得去。

網路新科技提供了人際關係戲劇化的大好機會：交友、刪友、針對新近分手對象發布聰明的或缺德的評斷、讓你的憤慨如同火山爆發的熔岩一樣四處溢流。

對於當代浪女來說，網路衝浪雖帶來新的機會、大量資訊與許多歡樂，但也帶來前所未有的機會可以做出令人側目之事，尤其是在分手前後的敏感時刻。

涉及電子通訊時，信任他人的法則必須比以前嚴密三倍。如果你習慣拿部落格或社交網絡頁面來寫日記，請考慮一下把日記頁面獨立分開——如果那是線上日誌，請加密，那就只有你自己可以讀；但我們真的覺得還是用紙本比較好。你可以將憤怒、責怪、悲傷與所有其他情緒一股腦兒地倒出來；去感覺這些情緒是很重要的，但與整個網路社群分享卻是很不適當的。然後你可以把紙本燒掉。

至於那種國中生一般的行徑，例如把某人刪友然後大呼小叫——欸，不要吧。如果你認為繼續讓某人看到你的個人資訊不太適當的話，你可以考慮這一陣子少貼些個人資訊……或者，如果真的必要的話，你可以把那人從交友名單中移除，但不要評論他，也不對其他人評論他。把人刪友然後就在他背後講他壞話既愚蠢又粗魯，他們最後總是會從共同朋友那邊聽到。

如果你去看二十世紀早期的建議專欄，會常常看到他們認為用打字機打個人信函是非常失禮的事情：新科技剛剛出現的時候總是令人感覺很冰冷、有距離，電子郵件也是如此。電子郵件與社群媒體的缺點是，在電腦螢幕上，你們無法以臉部表情或肢體語言溝通，表情符號也提供不了多少幫助。當你覺得有些話用說的可能會太過情緒化或過於危險，這些科技可以幫助你說清楚；但這些話透過新科技聽起來也可能比你想要的更尖銳，因為你的溫暖笑容在乙太世界裡迷失了。

朋友歸誰？

開放性愛的生活型態有一個很令人開心的效果，就是在這個大家庭、性愛小圈圈或部落裡，每個人跟每個人都有關聯。當一對情侶在傷痛中分手時，整個圈子都會受到影響。對那個正在痛苦的人來說，她可能會覺得她毫無隱私。妳的朋友與其他情人的腦袋裡可能充斥著他們自己的意見，認為誰對不起誰了。當她們感受到妳的痛苦時，她們也受傷了，所以整個圈圈可能就會開始尋找著該怪誰。

就倫理上來說，分手的這一對，對於她們的親密圈子其實應該要負起一點責任，而這個圈子也對這一對前任情侶負有某些責任。前任情侶雙方應避免分裂你們的社群。也就是說，你不可以要求你所有朋友切斷與你前任的友誼，不管那是什麼樣的友誼；你也不能把你的社群切割成：某些人是你這邊的，而另外某些人則是敵方。

分手的這一對，對於她們的親密圈子其實應該要負起一點責任，而這個圈子也對這一對前任情侶負有某些責任。

隱私權是一個棘手的問題，因為沒有人喜歡八卦耳語到處亂竄。但我們都需要一個信得過的朋友，好對他傾訴我們遇到的麻煩，尤其是難過的時候。有時候分手的伴侶會約定：你可以跟什麼人講私密的事情，而某些人，我們則寧可不要把我們不堪的私事秀給對方看。

如果你覺得你和前任情人這一陣子應該避免在同一個派對中出現，那你們兩個需要商量達成協議，而不是最後對著主人咆哮，只因為他同時邀請了你們兩個去參加同一場活動。打電話給某一場派對的主人，叫對方取消她對你前任情人的邀約，或者威脅對方說如果她邀請你前任的話，你就不去了，這些都是相當缺乏道德的行徑。這等於是把你份內的工作強加在你朋友身上。是你有責任去設定你的界線，跟前任達成協議，而且如果你發現自己在前任也在的場合裡就會覺得不自在，那麼要離開或是留下來，都是你的決定。如果你最後還是決定要去，因為你實在太想參加這個活動了，那你就必須面對前任的在場，這對你有好處：你可以練習跟前任分享同一個社交空間，你遲早都得這麼做的，除非你們之中有人搬到廷巴克圖[57]去。經過練習，最後你總會能圓滿處理你對前任的感情，傷痛會減少，在痛苦的分手之後，你會朝向雙方和解、甚至建立朋友關係慢慢靠近。

你的圈子與家庭有責任維持不分裂的局面，有責任傾聽但不妄下判斷，也有責任了解：每一個人在分手的時候難免都會冒出一些壞念頭。支持你朋友的感覺，不管多糟，但是對於他的責怪，稍持保留態度。這條規則唯一的例外是，除非她們是因為一些非常嚴重的議題而分手，例如強暴、家庭暴力或者毀滅性的藥物濫用，那就不能等閒視之了，因為同屬一個性愛圈圈的同伴，對於這些事情必須有所評斷。但大多數時候，分手的伴侶多半是指控前任是個沒大腦、自私、不體貼、黏人、惡毒、不誠實、在背後操縱別人、被動攻擊、粗魯、愚蠢的粗人。我們都曾經有某些時候是這樣的，所以我們應該可以了解，並且原諒。

快樂結局之可能

雖然分手對所有相關人士來說都是艱難的，我們也知道你可能好一陣子都覺得很生氣、悲傷、被拋棄、被錯待，但是我們誠懇地希望你能夠記得，這個即將成為你前任的人，仍然是你過去深愛的那個美好的人，希望你不要斬斷全部的關係。珍妮說：

> 我們離婚後，芬恩很生我的氣，也很沮喪，我覺得很有罪惡感。但為了我們擁有共同監護權的那幾個孩子，我們仍然訂了一些探視契約。現在，三十年過去了，他名列我最好的朋友之一，而他幾年前罹患重病時，我是支持他的朋友之一。如果當事情剛發生、最困難的時候，我們惡待彼此的話，我不認為我們今天還能夠處得這麼好，那我們兩人都會錯過一段很重要又回饋豐富的友誼。

聰明的浪女都知道，分手不見得是關係的終點，雖然當衝突白熱化的時候他們可能會忘記。相反

57 廷巴克圖（Timbuktu），西非馬利共和國的一座城市，位於撒哈拉沙漠南緣。

地，分手可能是將關係轉換成另一種類型，可能變成以禮相待的泛泛之交、朋友，或甚至是情人。

朵思說：

我跟比爾約會兩年，對我而言，那兩年我們在各方面的連結都好極了，尤其是強烈的性愛連結：我們一起探索了許多彼此的第一次。因此，我們開始同居，維持了六個月以後，爆發嚴重衝突而令一切告吹。我們的人生目標真的大不相同。過了一年，我們才能夠常常在對方面前出現，然後我們又開始約會，而我們的性愛比以前還要火熱真摯。結果我們變成差不多一個月見一次面，整整九年，我們成為好友與情人，持續享受著一開始將我們兩人連繫在一起的那種火熱性愛。

練習：健康的分手

編三個簡短的故事，講述健康的、有建設性的分手。請以細節描述其中每一個人如何處理自己的困難情緒。請虛擬剛分手時所需的協議、分手六週後所需的協議，以及六個月後所需的協議。

做個道德浪女的好處之一是，你的關係不必是二分的：你有多少朋友與情人，就有多少不同的朋友關係、情人關係。一旦你從分手中存活，事情就壞不到哪裡去了。與前任情人的關係是真正安全的關係，因為你這位朋友曾經見過你最糟的樣貌。當我們了解一個人如同我們了解前任情人這樣深，知道他們所有的缺點與過失，那就是一段真正親密且重要的關係之基石，可以容許這段關係改變、成長，來日方長，永得支撐。如同埃德娜．聖文森特．米萊（Edna St. Vincent Millay）所寫的：

終究啊，我過去的戀人，
已不再被鍾愛的，
我們要說那不是愛嗎
只因它會消逝？

第二十三章
性愛與愉悅

性愛很好，快感對你有益。這句話我們講過了，但值得再講一次。我們兩個很自然也很自在地享受性的愉悅，就為了性本身；但我們想讓妳知道的是，對我們來說，這並不是一直都這麼容易。社會文化教我們，性愛是低級、猥褻、骯髒又危險的，要在這樣的文化中找到一條通往自由性愛的道路很難，路上也充滿了危險。如果妳選擇走這條路，那麼我們要恭喜妳，並給妳支持、鼓勵，以及最重要的：資訊。就從我們所學會的事情開始吧：每一個不顧外界非難、盡情享受性愛的人都一樣，知道如何不去理會我們所成長的這個社會，而走自己的路——這表示，妳也能學會。

性愛到底是什麼？

「性」這個字眼很常用，搞得好像大家對它的內涵都有共識似的，但如果你去詢問人們，他們在發生性行為時到底都在做些什麼事，恐怕你得到的回答會含括許多不同的行為與互動。

我們先前曾經提過，性愛是所有事情的一部分，所有事情都是性愛的一部分。現在我們先來談談大多數人稱為性的那些事情——跟嘴唇、乳頭、陰蒂、陰莖、高潮有關的那些事。性愛確實牽涉到這些部位，但我們不認為性愛就是跟這些部位有關的事；性器官與性感帶是「如何性愛」，但不是「性愛」本身。

「性愛」本身是什麼？是進入一種特殊意識狀態的旅程，這時候我們把情緒與感官上所有不相關的外在刺激全部關掉，旅行到一個充滿美妙感受的領域，深深沈浸在連結之中。這是一段覺醒的旅程，感覺好像用來傳遞愉悅感受的神經以前都在睡覺，現在突然間跳起來，著火一般，因為輕輕啃囓或愛撫而全神貫注。

我們稱為前戲的事情，或許可以用來說明我們能夠覺知到什麼程度——那種興奮感可以從腳趾尖端遍及頭髮末梢——頭皮刺痛，腳弓發麻。性愛生理的奇蹟是：任何一種感覺的甦醒，都可以觸發陰部、嘴唇、乳頭、臀部、屌與屄的充血，從而觸發更多深埋在我們體內深處的密集神經網絡，直到我們激越迸發如燦爛煙火。

性愛，是任何能夠驅動那列火車的事情，你的所做、所思、所幻想：電影裡的一景、路上一個你覺得很正的路人、草地上盛開的野花腫脹的新芽、使你的鼻子甦醒的香水味、後腦勺曬到的暖陽。如果你想追尋這些性感的感受，你可以透過任何一種人類想得到的念頭、觸摸或談話，來使你的充血強度更高、感官感受更清楚集中：摸、吻、咬、捏、舔、抖動、情色藝術與舞動、熱情的音樂、觸及皮膚的絲滑質感。

所以，性愛涵蓋的領域比「刺激生殖器達到高潮」更寬廣。把性愛限定於敷衍了事的前戲，然後抄捷徑火速通往高潮，簡直是侮辱人類體驗快感的能力。

要回答「何謂性愛」這個問題，這裡有個快樂的方法：如果你與你的伴曾在某個時刻狐疑：「我們做這個算是性嗎？」答案八成是：「是！」我們喜歡對性採取廣義的定義，除了生殖器、性交、插入、導向高潮的性刺激（這些我們絕對不會排除在性的定義外），還有很多很多，都包括在內。我們喜歡這麼說：所有感官刺激都有性愛意涵，從分享情緒到分享高潮都是。

> 把性愛限定於敷衍了事的前戲，然後抄捷徑火速通往高潮，簡直是侮辱人類體驗快感的能力。

當我們把性的定義擴張為「所有取悅自己的行為」，就等於把自己從暴政下解放出來——這種暴政我們稱之為液體暴政，指的是所有時間排程都依照勃起而定，做到一半就被避孕與避病的瑣事打斷等等。如果我們決定體外性交本身就是完美滿足的性愛，就可從液體暴政中解脫。快感對妳有益。所以去做些令妳有快感的事情吧，別讓任何人來告訴妳應該喜歡什麼。

將乾淨的愛帶進性愛

我們稍早討論過「乾淨的愛」，愛在當下、不期不待，記得吧？你可以把這種技巧帶進性生活裡，其基礎是活在當下，接受自己。

讓心思泅泳回到童年，某個你記得的快樂時刻。小孩子天生就有活在當下的本事。要找回那種意識的話，請找個公園，仔細檢視你在一塊有趣的泥土地上發現的有趣樹枝。去海邊，脫下鞋子，沿著水邊走路：走在草上、沙上與浪上的時候，腳趾的感受有何不同？潮水漲上來的時候，在沙灘上挖一個洞。留心你周遭的環境；細細感受你的體驗。

然後同樣地全神貫注於你所愛的人身上：這樣通常感覺滿好的。那麼，就多做幾次——你是好人，你愛的人也是好人，你們兩個都理應感覺良好。

手指碰觸肌膚是感受當下的一個很好的方法，觸碰也可以令你感受連結、感受愛。找來乳液，為你的愛人按摩腳。輪流按摩。把未來的事情丟在一邊：這樣做下去最後會做愛嗎？誰在乎啊？你們兩人此刻正在當下，感受自己的腳。

我們兩人一點也不反對生殖器性愛那種強烈的美好。但是我們都應該學習專注於當下的感受，那感受使我們與我們所愛的人互相連結在一起。我們計畫未來時，並未活在當下。當你一直在預測「接下來要做什麼」的時候，你漏失了太多美妙的感官愉悅。學著享受神秘感，當你發現自己正通往某種有趣的事情時，背脊升起的小小顫抖。順著路徑前去，看看它通往哪兒；珍惜這個奇蹟。別一心只把注意力縮小集中到胯間，像條高速公路似地拼命搶快；不要為此錯過了當下的光輝。我們在這兒可不是為了效率而來。

按摩腳令人放鬆，你會聽見狂喜的呻吟；你是否應該讓手在那條美腿上往上滑行？喔喔！撇開那個念頭，讓你的手回到溫暖敏感的腳。如果他一直在擔心你接下來要做什麼，他當然不可能放鬆地感受他的腳。當你全神貫注在那雙腳上，讓他前所未有地感到舒服，你就活在當下了，你的伴也是。你們在滑潤麻癢的腳背帶來的至樂之中迷路了。然後，這或許就是你爬到伴侶身上的好時機，環繞他、熊抱他，花幾分鐘品嚐這感覺，然後對他輕語：「要不要進一步？」

不管「進一步」進到哪裡去，請務必矢志活在當下。徹底活在當下與徹底接受是理想，也許沒辦法完全達成，但你只要嘗試了，就是一種超越。練習放掉非此刻所需的事情是很愉快的，把一身過往的沙塵與期待都洗淨，盡可能地打開自己，以一顆全開的等待的心，與另一個人相遇。

你面對的困難

好的性愛似乎應該很簡單——但依我們的經驗，通常都不簡單。一場負責任、愉悅的性愛，可能被許多東西阻擋，從無知到心不在焉都有可能。以下就是我們列舉的掃興名單。

性否定的文化訊息

我們很多人都被羞恥與困窘所癱瘓，即使我們已經想通了不要因性而感到忸怩不安，往往還是無法避免。我們被教導說我們的身體、慾望與性愛都是骯髒的、錯的，這種信念使我們難以發展出健康的性愛自尊。很多人在青春期都被罪惡感所啃食，我們的性慾、性幻想與手淫的習慣使我們覺得罪惡，遠在我們真正和別人一起玩之前。當我們與別人交往的時候，很多人只偏執於自己的「表現」，我們往往擔心自己是否做錯了什麼，以至於忘記注意到它有多美好。

當我們的慾望與幻想超出了異性戀一對一婚姻的界線時，自我接受度便遭受更嚴重的打擊——我們成了耽溺於性愛的變態傢伙，成了別人冷嘲熱諷的對象，甚至自己冷嘲熱諷的對象。有些人宣稱連上帝都恨我們。當你自我感覺如此惡劣、一心只想躲藏的時候，你實在很難在一場代價昂貴的性愛中享受愉悅。

身體形象

所有人看起來都不夠性感。廣告業與時尚產業發現瘦身能夠使他們賺大錢，所以他們讓我們對自己的身體感到不滿，於是我們就會去買更多的衣服、化妝品，甚至整形手術什麼的，我們背水一戰，一定要讓自己在別人眼中還不賴。連那些年輕、瘦削、俊美的幸運兒都苦於對自己外表永感焦慮；否則你想他們為什麼大批湧進整型醫院與美容沙龍？

妳想跟多少人分享性愛，就得在多少人面前暴露妳的裸體，就是這麼回事。要享有自由的性愛，妳必須跟妳居住的這個身體和平共存，除非妳願意等到妳瘦了二十磅以後再開始；但那搞不好要等一輩子啊。或等到妳看起來比較年輕的時候——請勿屏息以待。記住：妳的性感是由妳的感受所決定，而不是由妳的外表所決定。

妳想跟多少人分享性愛，就得在多少人面前暴露妳的裸體。

年齡與身障

身體障礙者也享受性愛，如果你假設他們不要性，那就太蠢又太粗魯了。肢體健全程度不一的人，會參與不同形式的性愛，但不是沒有性。有的人脊椎損傷，脖子以下癱瘓無感，但卻能經驗到高潮：這給我們上一了課，讓我們知道耳朵與嘴唇能夠多麼敏感。

肢障者的性愛與任何其他形式的性愛並無不同。專注於你做得到的事情、你有的感受、什麼令你舒服，以及如何用你這一具軀體，感受到最強烈的感覺。學著了解你的身體，就像所有其他人一樣。你移動或伸展時，支撐點在哪裡？如何使用醫療設施？要注意哪些事項以保安全？

最重要的是，你喜歡什麼？因為意外失去身體知覺的人，可能要過很久才能重新找到這個新的身體能做什麼、能有什麼感覺——發現愉悅感是這趟旅程中快樂的部分。出生或童年時就身障的人常常被當作無性的個體；當他們長大，常需要好好探索自己的性愛可能性何在。

別忘了使用工具是有好處的，按摩棒發揮了電動工具的強項，它有力又持久，不會因為重複動作而造成損傷。器具可以伸進手臂伸不進去的地方，枕頭可以支撐需要支撐的肢體。用聲音也可以做愛——淫言穢語或電話性愛——許多無法用肢體做愛的人，仍然有此能力。還有藥物：荷爾蒙使陰道潤濕有彈性，藥丸幫助勃起持久，都可以協助因年齡或健康狀況而產生的性能力變化。

研究有什麼可能性。無論是可見或不可見的障礙（例如氣喘或糖尿病），你都要探索找出適合你的方法，請你的伴與你同心協力，繞過那些你的身體做不到的事。

如果你無法想像跟一個肢障的人在一起，別忘了有一天你也會老——你打算幾歲放棄性生活啊？當你的關節炎第一次發作，害你在美好一鞭下來時忽然感受到一陣劇痛，你就要放棄性生活了嗎？我們真的希望這本書能夠幫助你掌握你的性愛生活，無論什麼形式的性愛適合你。別忘了，最重要的性器官總是兩耳之間的那個。

錯誤性資訊

還有一個障礙阻止我們達成目標：似是而非或錯誤的性愛資訊。長久以來，性行為與性知識一直都受到言論檢查，大部分對於性快感的討論也遭受同樣的命運。現在妳是不是能夠取得好的資訊，則要看妳在文化中處於什麼樣的位置。我們必須積極論政，才能保護我們取得正確、正面的性資訊的權利。

關於性愛運作的基本知識與性反應週期，我們強烈建議你讀一本或幾本好書。性書提供很多資訊，比我們一個章節能夠提供的多多了，你會知道性如何運作，如果事情不順利的時候可以怎麼辦，如何依照你喜歡的方式做。如果是跟勃起、高潮、做愛節奏、太快或太慢高潮、不知道如何使自己興奮等相關的問題，書裡通常都會提供一些習題，讓你自己練習。妳可以學到較安全的性愛策略與避孕策略，多學點關於性愛的語言，妳跟伴侶討論性愛的時候，也會比較容易。有一些聰明的浪女會找一本好書，和伴侶一起每週讀一章，然後可能就在週五的晚餐桌上聊一聊——這是滿好的週末前置作業。

現在網路上也有很多資訊與討論。我們為資訊自由鼓掌，但是我們也希望你能保持警覺，因為很多妳讀到、聽到的性愛資訊都似是而非。網路上更有許多性愛資料其實是色情，它是為了撩起性慾而寫、而拍、而安排演出的，它不是性愛教學，裡頭有許多事，不是真實的人用他們真實的身體在真實的臥室裡做得出來的事情。因為性學還是一門新興的科學，人們做愛時到底做了些什麼，是很難蒐集的資料，也不容易下定論，所以神話傳說多得很，而真相可能很難找到。蒐集所有妳能找到的資訊，對妳有用的就用吧，但盡信書不如無書。

學習性愛相關知識最棒的是：你會很喜歡做回家作業。

開不了口

如果妳無法討論性愛，那妳又如何能夠思考它？過去對性愛言論的審查，使我們陷於一種無能：要開口談論性，或是將床上活動形諸言語時，一切都十分困難且令人困窘。雖然每個人都曾碰過某種性功能障礙的問題，但我們卻苦無機會從朋友與愛人那裡得到支持，性功能障礙變成我們羞恥的秘密，而那樣的位置是一點也不可能想出改善之道的。

我們能夠用以討論性愛的，只有那一點少得可憐的語言，但卻充斥著負面的評斷。你要不是以醫療的語言說著陰戶、陰莖、插入，就是以市井語言（幹、屄、硬屌）談性，而讓一切聽起來像是侮辱。妳如果不能談論一件事情，那妳也不太可能去思考它。無法使用語言的人只能以非語言方式溝通：把伴侶的頭壓下去，移動自己的臀部好讓舌頭觸及正確位置，即使對方撫摸的位置不怎麼對的時候，也假裝高潮……其實我們超希望那個不知所措的伴侶能夠猜出我們真正想要的。如果可以直說，「如果你用手指繞著我的陰蒂畫圈，而不是上下移動的話，我會很舒服。」或者「把我的老二握緊一點」，不是簡單多了嗎？

目標導向

液體暴政是享受性愛的超大障礙，但問題並不是某些製藥者希望你所想像的那樣。很多人認為如果沒有一根勃起的陰莖，就沒有性。（女同志當然徹底不同意這種觀點。）很多有老二的人覺得，當他們陰莖還疲軟的時候，他們連前戲都無法進行，而許多男人的伴侶如果發現對方老二不硬，就會覺得受到侮辱。有時陰莖在某個時候決定洩洪，對後續的活動來說可能不是很方便，這時很多人會完全不知所措，好像射精之後性愛就沒戲唱了似的。我們想鼓勵大家，擺脫勃起的暴政，把思考放得更寬廣，你可以盡你所想地到處探索到處玩，無論你伴侶的性反應在哪一個階段，都沒關係。

當性愛變得目標導向的時候，我們可能就只注意是什麼東西使我們高潮，而忽略了先前一切愉悅的感覺（以及之後的一切愉悅），忘了去享受。當我們只把注意力放在生殖器的性愛上面，而忽略身體其他部分時，我們把大部分的自己都排斥在外了。我們漠視了很多好的部分，那會增加發生性功能障礙的機率，而且爽頭少了好多好多。

性別角色

要徹底自由地探索性愛潛能，我們需要檢視過往的教育，我們所屬的性別角色被教導在性愛中理應如何？很多人被教導說男人天生就是性愛中的攻擊者，女人則是被動的回應者。兩個角色我們都喜歡，我們也喜歡很多其他的角色。如果要講愉悅感的話，每個人都是非常獨特的個體。

當一個人被禁止扮演接受者，他就沒有前戲的權利，也無權要求任何感官上的刺激。如果他沒有自動和伴侶同步地興奮起來，他會懷疑自己是不是性無能，其實他可能只需要有人輕咬他的耳朵就會興奮了。

至於那些被教育成被動接受的人，則可能落入睡美人的陷阱：有一天我的王子可能會到來，我就會高潮了[58]。但是在真實世界裡，如果一個人能夠接棒扮演主動的角色，他就已經踏上為自己與伴侶找出絕佳搞法的道路了。

主動者與接受者都是很好的角色，只要它們不取決於性別。以口交為例：一定要六九才能享受口交嗎？輪流口交是否會產生一種獨特的快感？當我們聚精會神扮演主動者時，我們都能成為很棒的愛人，並因伴侶的愉悅而感到興奮。輪到我們當接受者時，我們也能全心地享受這個送給我們的禮物，更能夠自由自在地擺動、尖叫，或者徹底沈浸在那美妙的感覺裡。

主動者與接受者都是很好的角色，只要它們不取決於性別。

我們誠摯盼望能夠看到這世界裡，每個人在主動時都知道自己給出多少美妙的性愛，也知道自己當接受者時，給予伴侶多少滿足。

如何學習做好愛

神話說，只要我們開始做愛，就自然什麼都會了——如果不是這樣的話，那你一定有什麼非常深層的問題，是不是？我們真不知道為什麼性愛老是被另眼看待。如果你希望做好某件事情，不管是烹飪、打網球還是天體物理學，你都要花心力與時間去學習啊。

我們有一個朋友，三十四歲時才第一次有高潮，那時她第一次讀到一本七〇年代早期很流行的性愛指南，書裡說手淫沒關係，而她成長於被大人告誡說手淫會導致生病或發瘋的年代。這是一個恐怖故事：只因為錯誤的資訊，她失去了多少年的高潮？

你現在的做法，是你從某處以某種方法學來的。所以如果你願意，你可以學習新的、不同的性技巧，發展不同的性習慣。學習需要努力，但成果十分值得，我們相信你能夠勇敢地堅持下去。我們推薦的書籍裡很多都附有練習，你可以充實你的性技巧與習慣做法，試試看吧。

說髒話

跟別人談性。問問他們的性經驗，也跟他們聊聊你的性經驗。我們有個朋友一直以為，全世界只

---

58 作者用了雙關語。到來是come，高潮也是come。

有她會因為吸一根大老二而覺得臉頰很酸。跟朋友聊過以後，她才知道她是多數。跟你的親密伴侶、朋友、你尊重的人聊聊。剛開始，破冰之舉感覺很恐怖，但只要冒險撐過剛開始幾分鐘的尷尬以後，跟朋友與情人的性愛討論絕對值回票價。如果你沒辦法跟朋友或情人以親密與明白的方式討論性愛，那你怎麼可能在發生問題的時候好好處理，或者嘗試新的玩法？

當性愛不再性感

任何人都可能對性愛產生抗拒。可能是擔心自己做得不好，也可能是因為自己的需求與夢想沒有得到滿足，而感到失望。一旦性愛變成一樁難事，而情人之間不討論、不處理，恩怨情仇就開始累積。如果你對於抗拒的回應，就是更加咄咄逼人，而忽略你的伴侶傳遞的訊息，絕對不是個好主意。在別人不想做的時候一把將他抱起來，只有在電影裡行得通。你可以做的是，邀請他們與你一起去花園裡散步，享受世間的快樂，找找看什麼事情能夠令你們兩人都心情舒暢。

很少有兩個人對性有完全相同的慾望，那就好像要求每個人都要有一模一樣的清潔模式。當一個人慾火焚身而另一個人被睡意包圍的時候，如果你們能以正面態度看待自慰，那問題就不會太嚴重。如果你真的想成為全世界最棒的愛人，而你想確切了解怎麼樣能使你的伴最有快感，你們可以在同一個房間裡自慰。誰知道呢，也許你喜歡看啊，我們覺得那使我們超興奮的。藉由觀看與展示，你們便能互相教導對方自己獨特的快感模式，也互相學習對方的快感模式；成為有史以來最完美也最契合的情侶。

你的第一項讓性愛增溫的浪女技能，就是具體溝通一下彼此最喜歡的做愛方法，並且一起克服困難。知識是最強力的春藥。

你想要什麼？

有些情侶會發展出一套自己的性愛慣例，一個每次都能讓雙方感到滿意的劇本。在實驗性生活中的新刺激之餘，你不必放棄性愛慣例，你可以直接在習慣做法上添加新把戲。那好的做法仍然會令你們感覺良好，你可以一再前去，如同造訪一口清甜的水井。

如果你們的性愛慣例已經一成不變，好像在做家事似的，或者你們對於這樣的做法反覆感到失望，那你們應該談一談，考慮更多的選項。你們也許就可以在此時做一做這章所附的「YES，NO，也許」練習，別忘了列入一些你願意嘗試但從沒試過的事情。對初學者而言，看到你伴侶所列的清單可能會讓你微微吃驚：「我不知道你討厭這個！」但當你從驚訝中恢復過來，就能夠帶著許多有用資訊，知道每個人的性愛偏好，而開始進入未來。你說出自己真正慾望時所冒的小小風險，可能正是一個興奮誘因。

比較一下你們的慾望模式，整個性愛光譜從短暫邂逅到眾人大會師[59]，你可以仔細看看你們在光

59 作者用語是production numbers，原意是音樂劇中大家合舞的段落，這裡用以比喻群交，所以譯成「眾人大會師」。

譜的哪裡。你喜歡友善、溫暖、抱抱的性愛嗎？你喜歡迅雷不及掩耳，早射早爽嗎？你是否幻想從禮拜六一直延伸到禮拜天早晨，一段高潮迭起的旅程？好的性愛可以像麵包奶油那樣基本而務實，也可以像最精巧的甜點一樣，要花上好幾個小時細細準備。眾人大會師顯然不能每天來，但幸運的是你不必二選一：你可以每樣都來一點。

為性愛勻出一點時間，作為開始。這不像你想的那麼簡單，但卻非常重要。等到小孩上床，電子郵件都回完了，社交媒體的訊息都看了，你也已經在看晚間新聞的時候，嘀咕過這世界多糟、多麼令人失望了。為性愛排個時間，就像為某件重要事項排時間一樣，排一個你精力充沛的時段，然後盡可能地按照時間排程來。

一起找出興奮點

興奮點跟勃起不一樣。興奮點是讓你進入那種情緒，把注意力集中在情色感受，最後進入性愛感受。

太多人以為，興奮點就像天氣一樣地發生。我們跟你保證：「我知道我的興奮點在這附近某個地方，我可以把它找出來。」

興奮點可能是視覺的、語言的，或者情色感官的；可能藉由觸摸、聲音、氣味，或肌肉伸展和彎曲的感受而來。興奮的方法多到數不清。將你最喜愛的興奮點列個清單：不是你喜歡性愛結束於什麼狀況，而是你喜歡性愛開始於什麼狀況。興奮點有點像喝茫了，或醒過來，或熱身：從一種意識狀態，轉變到另一種意識狀態。它需要一點時間，你會感覺舒服。尋找興奮點可能會使你覺得很脆弱，但戴著盔甲做愛很少能夠感到滿足。

研究興奮的性學家告訴我們，興奮點取決於兩件事情：安全與風險。你必須很有安全感地覺得，不會有人傷害你，你開出來的條件會達成，你的所需與所想也會受到尊重。你也必須如同站在滑雪跳臺頂點一般，站在某個壯麗事物的起始點上。新的關係可能很火熱，因為還有很多冒險成分在；但成熟的關係就需要找方法冒一點風險，踏出熟悉的舒適圈，進入一個有點新、有點挑戰性的情境。

無限的可能

看看你的興奮點清單，那在很大程度上就是你滋養關係的方法清單。以下是一些可能性，也許對你有用：

- 打扮，整潔，清醒。
- 整理環境：漂亮的床單、蠟燭、音樂。
- 有充分的時間：三小時前開始約會，去別的地方。
- 去情趣用品店。
- 談談你們的性幻想（說吧說吧，臉紅吧）。

- 玩情色桌遊。
- 用你最喜歡的按摩油，緩慢、溫柔、舒服地按摩……也許一個人戴著眼罩……也許兩個人都戴眼罩。
- 做點蠢事。
- 像青少年一樣在車裡交頸。
- 哭的時候彼此相擁。
- 做晚餐，然後用手捏來吃。
- 吃上好的巧克力，然後品嚐彼此的嘴唇。
- 一起讀一本情色書，高聲念出來。
- 看一部兩人都覺得色的電影。
- 一起去脫衣俱樂部。
- 去熱水浴池做水療，泡在池子裡。
- 走進大自然，在那裡親熱。
- 在約會時以任何方法做點特別的事。

先產生連結

約會通常都包括晚餐，這是有道理的：晚餐，無論在外或在家，都是很好的機會讓兩人產生連結，談話、互道近況，然後或許就可以一起密謀冒險。上餐廳吃晚餐讓你們有時間打扮性感，那比洗碗盤好玩多了。

搞清楚你們的相處裡，何時是約會，何時不是——有些人並不喜歡洗碗的時候被人家從後面亂摸。（而有的人就喜歡這一味，當然。所以你們要溝通清楚。）

> **練習：無加工的約會**
>
> 相約出遊，一起做一件你們都喜歡的事。這次約會中，不要談關係裡的問題、不要談工作、不要談小孩、不要談經濟問題什麼的。我們認識一對情侶會出去吃晚餐、跳舞，假裝這是第一次約會。他們像青少年一樣跳舞，然後回家好好做一場，感覺一切重新來過。

床笫之間

當你們上了床，你們的興奮程度未必相當；但只要花一點點時間、一點點歡愉的合作，就能萬事俱備。興奮程度高的人可以幫助另一個人跟上進度。性治療師有所謂的「無所求的快感」（nondemand pleasuring），你可以試試，就是做任何你伴侶喜歡的事情，但不催促、不冒進。你們可以做個實驗，由接受者指定方式，另一個人就按他說的方式想辦法讓他興奮——沒有額外責任，如果行不通也沒關係。

好的性愛從你開始

我們就是這個意思。當一九五〇年代末期麥斯特與強生（Masters and Johnson）開始研究性功能時，他們想先了解什麼是好的性愛，然後再研究性功能障礙。所以他們選出三八二位男性、三一二位女性，包括二七六對異性戀伴侶，受試者都有滿意的性生活。他們的驚人發現是，這些性愛滿足的人，不論是否有性伴侶，幾乎全部都有自慰的經驗。

在妳的鏡子上寫下：性愛成功人士都自慰。不要覺得妳跟自己做愛就表示妳是個沒出息的癟三，表示妳找不到人跟妳玩，表示妳已不擇手段地想發洩。妳跟自己做愛是因為妳有資格享受歡愉，跟自己玩使妳感覺很開心。

在妳的鏡子上寫下：性愛成功人士都自慰。

練習：與自己來一場火熱約會

勻出幾個小時的時間來。關掉電話，鎖上門，摒除一切分心的事。開始準備，就像你準備要跟你的天菜約會一樣：換上乾淨柔軟的床單，把你最喜歡的性玩具放在觸手可及的地方。點上蠟燭，洗個蒸氣氤氳的泡泡澡，或者舒服的淋浴，一邊聽著輕柔性感的音樂。頭髮有型，噴上香水，修好指甲，擦上乳液，讓全身的肌膚都柔軟好摸。穿上絲質內褲性感睡衣。如果你想的話，喝一杯酒。

一切就緒以後，把燈光調暗，躺下來。以溫柔的觸感挑逗自己的全身，感覺自己柔軟的雙手，好像那是一個完美情人在碰你一樣。慢慢來。用很多前戲來吊自己胃口，手口並用，或許再加上幾樣性玩具。

等到你真的沒辦法忍受了——就是，假如那是別人的話，你會哀求他釋放你緊繃的慾望——才將自己帶向高潮，想高潮幾次就幾次。

躺著，沈浸在溫暖豐富的自愛感覺裡，有意識地給自己舒緩的愉悅。你的完美情人隨時任你差遣，隨你高興……他就躲在你身體裡面。

妳與自己的關係，會影響到妳與別人的關係：妳與自己的關係，影響到妳如何與人分享，在個人、情緒與性愛上會付出什麼。一個痛快的高潮會改變你的神經化學，滋養你的自尊：妳在自己面前愈性感，在情人面前也就愈性感。

跟自己玩的人是很好的情人。跟自己做愛是一個探索新刺激的好機會，例如觸碰自己全身各處、用性玩具、嘗試新姿勢等等。妳絕對不會忽略不舒服的感覺而硬做，妳一定會用最舒服的方式做，妳也不會因為在別人面前而感到困窘。所以手淫讓妳有個機會去實踐各種有趣的事情：比如說，如果妳的目標是要在達到高潮以前享受更多的性活動，妳就可以自己練習放鬆，並學著隨心所欲地加快或放慢腳步。如果妳擔心的是有時候妳無法依自己所想要的高潮，妳可以注意一下在自慰的時候怎麼樣刺激比較有用，然後告訴伴侶妳的個人偏好。試試用不同的韻律、不同的刺激，以免到頭來你只能以同一種老掉牙的方式得到興奮。熟能生巧，所以多多自慰吧。

你可以試著從這裡開始：花點心思去支持妳的自尊，並對自己的身體抱持正面的態度——不，不是那個妳明年即將擁有的身體，因為妳計畫今年要勤於健身，只靠生菜沙拉維生。如果妳總是對自己的身體大吼大叫的話，那要跟它保持良好關係真的很難。試著給妳的身體一點甜頭：洗個泡泡澡、去一趟熱水浴場、給人家按摩、絲質內褲，一切讓妳覺得舒服的東西。善待妳的身體，然後找一個別人的身體也善待之，那麼就會有別人也善待妳的身體。

如果一個人很快樂地給自己高潮，要多少有多少，那他們在其他關係裡，對性愛就不太會有餓虎撲羊一般的態度。性愛的自給自足是浪女的重要技能，所以我們比較不會因為色慾薰心而跟不適合的人玩。請當你自己的最佳情人。

每個人都合用的性玩具

別忘了：成年人也是會玩玩具的。性玩具種類繁多，應有盡有。如果你害羞，可以上網購買性玩具，但我們強力建議你造訪全美大小城市中如雨後春筍一般出現的情趣精品店。這些商店會給你一種歡迎、安全的購物氣氛，不會讓你覺得很低俗，店員對於架上的神秘器具是何用途都有豐富的知識，並且樂意協助你。

如果你從來沒試過按摩棒，現在為時未晚。用電池的按摩棒比插電式或充電式的按摩棒輕柔，所以找機會每一種都試一試：你隔著衣服就可以試了，所以要實驗並沒有那麼難。（按摩棒不是只有有陰戶的人可以用，許多有陰莖的人試著用按摩棒刺激會陰以後，發現按摩棒改變了他的一生。）你會看到各式各樣的插入棒，不同尺寸、形狀以符合不同的需求，還有性玩具做成假皮毛的觸感或尖刺形狀果凍觸感，以及絲緞眼罩、天鵝絨束帶等等，店裡通常也會有精心挑選過的書籍與電影。性用品店真的沒有道理躲在地下室。

性玩具能增加你的快感，並且使過去不可能的事情變得可能：比如說，如果你對肛交感到好奇，你可以從小的開始玩。按摩棒讓許多女人以前所未有的方式安心享受高潮：很多女人依她們的慾望分享性愛，如果她們還沒高潮可是已經累了，她們就會和她們的好朋友及按摩棒蜷在一起——一個萬全的解法。

滿足你的條件

當妳擔憂小孩是否醒了、門鎖了沒有、窗簾有沒有拉下，或其他煩心的事情時，一定很難專心享受快感。找出妳對情境的要求是什麼，哪些東西能使妳感到安全、無憂無慮，能完全享受性愛。事先處理好妳的需求。

跟伴侶達成安全性行為與避孕的協議。最好不要和任何人爭論對懷孕與疾病風險控制的界線：即使是最保守的人的界線也應該尊重；因為彼此都有安全感的時候，性才會好玩。個人的界線也許聽起來蠢斃了，但是沒關係。朵思有一點潔癖，她喜歡換上乾淨的床單並且沖個澡，這樣她會覺得自己清新健康、閃閃動人。別人也許不會這麼在意，但那又怎麼樣？性愛前的準備動作並無對錯之分。請允許妳自己妥善照顧自己的需要，妳將得到釋放。

有時候妳會發現情境並非妳所以為的那樣，而這些新情境可能會帶來一些特別的樂趣。珍妮記得：

有一天晚上，我和兩個朋友去聽音樂會，他們兩個是一對情侶，也都是我的情人。我們之中有個人最近挖到寶：他買了一輛六四年的林肯轎車，簡直跟一間公寓一樣大。在歸途中，我們決定順道去河邊看月亮，但不知道發生了什麼事，我們就在林肯轎車的前座搞起不折不扣的群交狂歡大會了。我一直以為我不會喜歡在車子裡做愛，但我卻發現我從前座伸展著，我的頭枕在一個情人的腿上，越過我的肩膀為他手淫；而我的另一個情人跪在乘客座位下，她的頭深埋於我兩腿之間。從此我改變了在車裡做愛的看法。這一幕最後以歇斯底里的格格傻笑結束：我幫他手淫的那位漸漸進入高潮，他的身體開始高潮的痙攣，按到了喇叭——那輛車六〇年代中期的底特律喇叭發出一聲巨響，肯定把方圓十里之內的人全給叫醒了，也害我們真的全都從座位上跌下來！

溝通

溝通任務裡最恐怖的一項就是：被問到我們想要什麼。很多人都曾被這個問題嚇得呆若木雞。有時我們必須告訴情人自己的需要，而在這一點上，誰不曾失敗過呢？妳是否會說：我想要被摸得重一點或輕一點、慢一點或快一點、多刺激根部或頂端、摸旁邊一點或兩邊都摸、上下移動或畫圈圈，或無論什麼對妳有效的招式？聽我們一句話：要得到好情人的名聲，就要問妳的每一個性伴侶她或他喜歡什麼，讓他們做給妳看，好讓妳知道應如何對待她。只要妳熬過剛開始的困窘，接下來就沒什麼難了，而且真的會使妳成為一位很受歡迎的情人喔。

溝通任務裡最恐怖的一項就是：被問到我們想要什麼。很多人都曾被這個問題嚇得呆若木雞。

練習：YES，NO，也許

試試以下這個練習題，跟妳自己或者跟一個妳很熟的情人一起，等到妳比較坦然了，再跟每個新情人試一次。

首先，列出所有妳能想到的性活動，只要是有人（不只是妳）會喜歡的都列出來。妳會立刻發現，這同時也是一個發展性愛語言的練習，所以當你為這些活動命名的時候，請注意你是否感到困窘。你要讓那個感覺阻礙你嗎？

注意什麼樣的語言讓你比較自在：「性交」還是「幹」，「口交」還是「弄下面」，「吸老二」還是「吃出來」？妳怎麼稱呼自己的性器官：陰莖、老二、我那根、屌……陰部、屄、陰道、陰蒂？如果妳被困住了，那就加把勁找找什麼樣的字眼可以描述這些活動，深呼吸一口氣，將那些字眼重複五遍，再吸一口氣。妳的名單要愈詳盡愈好，喜歡與不喜歡的性活動都要列進去。你可以在網路上找到這種清單，但那樣的話，你就失去了為這些難以啟齒的愉悅逐一命名的經驗。

然後每個人拿出一張紙，分成三個欄位：「YES」，「NO」與「也許」。「YES」表示我確定我喜歡，「NO」表示這件事超過我的界線了，在可預見的未來裡，我都不想嘗試。「也許」表示如果情況適合的話，我會願意試試看。

把性愛清單上的所有活動都填入「YES」，「NO」與「也許」的欄位，以你今天的界線為判斷標準。

寫完以後，和妳的情人們一起讀每個人的清單。討論你們相合的部分與不合的部分。這裡沒有對錯之分。你喜歡什麼、不喜歡什麼，就像你對冰淇淋口味的偏好一樣。

注意你們都列入「YES」那一欄的事情。

這個練習需要重複多做幾次，因為你的界線會隨著時間而改變。你也可以用這個練習來了解，你可以跟哪一個伴侶分享哪些活動。

這些點子可以幫助妳開始進行清楚的性愛溝通，並協商達成共識。記得，我們對共識的定義是：為了所有相關人士的快感、益處與健康著想，而主動合作。這表示任何提議都要得到所有參與者的同意，而且應該讓所有人都覺得她有權利拒絕，如果她想的話。我們相信，如果你無法自由地說「NO」，那麼你也無法真正地說「YES」。我們也認為，應該讓每一個相關的人都明白說「YES」與說「NO」的後果，這很重要；也就是說，不可以因為某人比較天真就占他的便宜。

這句話我們再怎麼叮嚀也不嫌多：妳有權利維持妳的界線，對於任何妳不喜歡或者覺得不舒服的性愛說「NO」，一點也沒有關係。妳有妳的界線並不表示妳就是一個拘謹不安、無趣的人，也不表示妳就是美國清教徒文化的永久受害者，那只是表示妳不喜歡某種東西。而如果妳想要學著喜歡它的話，我們認為應該有更好的方式去學習，而不需要對罪惡感、羞恥感或公然威脅低頭。對於妳不想要的事情勇敢說不，而當妳決定要試點新鮮的時候，想辦法從伴侶那裡得到支持，讓妳的條件一一被滿足，並且善待自己。正面鼓勵、強化，真的是最好的學習方式。

很多地區都有熱心的性教育老師、諮商師，成立性愛工作坊或團體，有時候是在生育控制中心或關心性愛健康的機構裡進行，甚至有的設在教會裡。這些工作坊都設計了一個安全的環境，尊重每個人的界線，並且讓你有機會學到新的資訊，擴大你覺得舒適的範圍，讓你基於自己的感覺與經驗發言。我們在這裡所鼓吹的是：每個人都要學習與每個人溝通，溝通對每個人都有好處。

練習：趣味進階版的「YES，NO，也許」清單

列出清單以後，你就有很多事情可以做：

- 把清單貼在冰箱上或浴室裡，讓你每天都可以看到。
- 根據你與情人的「YES」清單，為你們的下一次約會寫一齣劇本。
- 根據「YES」清單寫一齣半小時約會的好劇本，你在上班日的夜晚可以用：一個速戰速決的約會計畫。
- 在你的「也許」清單裡挑一個活動，思考一下在什麼條件下，你才會覺得有安全感、可以嘗試看看，你的伴可

以如何幫助你。

你的條件可能是：

□如果我夠有安全感

□如果我夠興奮

□如果我隨時可以叫停

□如果進行得夠慢

□如果有備用計畫

然後你就可以決定，要不要邀請你的伴一起陪你走上探索的旅程。

．從你伴侶的「也許」清單裡挑一項，創造一個幻想，看你如何能夠引誘他試試這項。把你的幻想告訴對方：這可不是跳出來大喊「驚訝吧」的好時機！

找到你的興奮點

妳是否曾經準備好要做愛，卻發現妳找不到自己的興奮點？那就是囉，妳追捕著難以捉摸的興奮點，一直想著自己有什麼問題：情人對妳做的妳平常明明就很喜歡，為什麼現在完全沒有反應；或者更糟的是妳覺得又痛又癢？女人總是不知道自己為什麼不濕，男人則為了沒有勃起而苦惱不已；每個人要不是假裝爽，不然就是糗斃了。每個人都會碰到的，真的，不是只有妳。

對某些人來說，當他緊張的時候就會失去興奮的能力，例如跟一個新的伴侶在一起，或者換一個新的情境。有人則覺得，熟悉會減低興奮的程度，如果是和他們最了解、最愛的人一起的話，慾望尤其難以捉摸。

要興奮起來，需要讓身體與心智都轉入一個完全不同的意識狀態。每天晚上你睡覺時，都經歷這樣的轉型：把燈調暗，換上寬鬆的衣物，躺下來，安靜地閱讀或者看一會兒電視，刻意將意識狀態從清醒轉到睏倦。有的人自動完成這個程序，有些人則必須花點力氣找到順利入睡的方法。

同樣地，我們也需要找到讓自己興奮的方法，當情慾沒有自動開啟時，就要改成手動開啟。神話告訴我們，不應該刻意做這些事，慾望應該會自然將我們席捲，如果沒有的話，就表示哪裡不對：也許我們不是真的想跟這個人做愛；我們犯了大錯，現在可好了，小孩都生出來了，這下怎麼辦？有些人不斷被告知：只要有人願意跟他上床，他就應該興奮得不得了，他應該自動勃起致敬，無須任何實際的感官刺激。另

> 我們也需要找到讓自己興奮的方法，當情慾沒有自動開啟時，就要改成手動開啟。

一些人則被告知：只要你喜歡對方，你就自然會因對方的任何挑逗而有興奮反應，如果你沒反應，你就是性冷感，不然就是太過防衛。這只是妳學到的各種錯誤示範中的一小部分而已。

當妳的慾望沒有像閃電般赫然出現時，妳要做的第一件事情就是記得：很多浪女都曾成功地應付過這個問題，妳也可以的。現在就讓我們來看看用什麼辦法能夠手動開啟興奮感吧。

有的人就是整裝上陣，開始進行挑逗，持續進行，直到興奮的感覺終於跟上來，對大部分人來說，這個方法多半都能奏效。朵思曾經有過一個情人，她老是喜歡在露營的時候跳進冰冷的高山湖泊裡，她堅持：只要一直踢水，最後身體總是會暖和起來的。也有的人會慢慢入水，一次浸入一個腳趾，慢慢慢慢地熱身，感官甦醒，給自己多一點時間，在自己慢慢進入性愛反應循環的過程裡，體驗自己的敏感度一點一點地出現。對很多人來說，只要把腳步放慢一點就能使他們有機會與興奮感同步共振，只要你找到自己的興奮點，再加快腳步就很容易了。

很多人都曾有「過度敏感」的經驗，在剛剛開始興奮的時候，太集中或太劇烈的感官刺激會使他們覺得癢、刺激或者有點痛。通常在徹底興奮的時候，這種搔癢的感覺就自動消失了，高潮之後又再度出現。對付「過度敏感」的方法是記得：在又癢又痛的狀態下，不是所有人都會覺得興奮，所以慢慢來吧。（朵思那個喜歡跳到湖裡面去的情人也很喜歡人家搔她的癢，這就是為什麼你一定要先問清楚。）大大方方地跟妳的伴侶討論過度敏感的問題，並且告訴他妳在剛開始興奮的時候喜歡什麼感覺，到了愛撫的後段又有什麼改變。絕大多數「過度敏感」的問題，只要碰觸稍重一點，循序漸進，就可以迎刃而解。從愛撫背部、肩膀及其他比較不敏感的部位開始，確定對方已經相當興奮了以後，才碰觸那些比較敏感的區域。

跟情人討論什麼樣的事情會使妳興奮——性幻想？故事？手指或腳趾被輕輕地咬齧、輕輕吸吮？問問妳的情人如何能使她興奮——吻她的脖子？手指刷過他的頭髮？為了準備進行這樣的討論，妳們可以寫下一張清單，列出所有能夠令妳們興奮的事情，各寫各的，再交換清單。談論這些也許有點冒險，但冒險本身挺讓人興奮的。

讓妳的身體體驗各種感官愉悅，如泡熱水澡、泡泡浴、裸體坐在溫暖的爐火前、按摩等等。這些比較緩慢的快感讓我們有時間將注意力集中在身體的愉悅上，也使忙碌的大腦閒下來，滑入幻想中。現在還不到呼吸急促或屁股快速抽送的時候，而是出神感受喜悅的時刻。

性幻想對很多人來說都是很重要的性刺激，沒錯，當你的伴侶對你做性感之事時，你會有幻想是完全正常的。很多人也喜歡在跟伴侶做愛前自行幻想一番，在任何碰觸發生前，先準備一顆躍躍欲試的腦袋。也許你們會喜歡先看一段情色影片，或者為對方讀一段成人的床邊故事。把自己最喜歡的性幻想告訴對方，可能會令他想入非非喔。

對甲的慾念很難因為和乙做愛而得到滿足，但有經驗的浪女知道，興奮是可以轉移的。妳計畫下週末要跟比爾做愛並因此感到興奮，這興奮會輕易點燃妳今夜與珍的約會；因為湧起的情慾是一個身體經驗，妳可以隨妳所願地使用它。妳心裡的慾念會持續存留，一直到妳跟比爾在一起的時候，我們保證。

性興奮總以緩慢的感官愉悅為始，當熱身階段開始的時候，大門就已開啟，準備迎接更激烈的刺激：探索耳朵、脖頸、手腕與腳趾的敏感度，甚至是口中的舌頭。然後呼吸變得沉重，屁股也開始自動搖擺。

這樣的興奮是否意味著：該是跳上通往高潮特快車的時候了？妳的身體已經準備好能享受性愛，並不表示妳就一定要急匆匆地衝到終點！為什麼不多花一點時間呢？這種感覺很好啊，對不對？那何不延長一下這種感覺，再多一點興奮；還記得妳唸高中的時候，單單摟著親吻就可以吻上個把小時嗎？

慢慢來

我們不是都希望有一個慢郎中情人嗎？當人們對性愛感到緊張的時候，最常犯的錯誤就是太猴急。張力確實催促我們加快腳步，而大多數的人在接近高潮的時候都會繃緊肌肉，而這會加快速度。當我們真的做好準備時，我們想做的無非是在向性高潮加速奔去的特快車上低聲吟哦、喘息、叫喊、腳趾蜷縮。但是性愛並非只是高潮而已，不要遺漏了感官與勾引，不要忽略了緩慢的興奮，吊足她的胃口，探索她身上每一個讓她有感覺的部分：我們全部都要。為了全面探索感官與性愛的親密，應該學著慢慢來。

慢下來的第一個訣竅很簡單：深呼吸，然後屏住氣。把手放在腹部，感覺到肌肉的緊繃。然後慢慢吐氣，妳會感覺到妳的身體肌肉漸漸放鬆。當我們緊繃的時候，我們的呼吸就變成喘息，吸氣吸得很大口，吐氣卻只吐一點點，因此無論肌肉與心情都保持緊張。當我們吐氣，我們就會放鬆。所以無論什麼時候、什麼情境，若感到緊張，你可以用深呼吸三次來舒緩那種緊張，長長的，慢慢的，確定妳呼出的氣跟吸進去的一樣多。

你可以去上個瑜珈課學習更多放鬆的技巧，任何形式的都可以，練習感官按摩，學習譚崔的技巧，或者單純地慢下來，直到妳終於發現：在覺得舒服的時候將注意力集中於自己的感覺，會帶來多麼大的樂趣！

只要運用這個呼吸法，妳就可以減低談論性愛時的緊張感，也能夠在性愛中讓自己慢下來。如果妳在興奮的時候讓呼吸慢下來，請讓妳的意識進到妳的身體裡面。用心掃描全身，從腳趾開始，讓自己注意身體每一個部分的感覺。說不定妳會發現以前從來沒有感受過的舒服。性愛治療師稱之為感覺**集中法**（sensate focus），特別推薦給那些希望自己在高潮之前能夠慢下來、多享受一下性愛的人。藉著呼吸、放鬆、集中注意力來降低身體的張力，妳就可以讓身體的性反應慢下來，這不僅是因為我們在高潮之前都會繃緊全身的肌肉，也因為大部分人在肌肉放鬆的時候是無法高潮的。因此，要控制高潮並不是像產婦那樣低聲呻吟、用力收縮，妳只要放鬆、享受就行了。

在嘗試新的活動，或因為任何原因而緊張的時候，慢慢來也很有用。我們的朋友曼蒂講了一個她早年的經驗，關於保險套：

> 羅伯跟我，多年來是偶爾做愛的朋友，很久沒聯絡以後，我們第一次聚在一起。那時候我們對於安全性行為沒有什麼經驗，但因為我們各自都有很多的性關係，所以我們決定：如果要搞的話，一定要戴保險套。在理論上都沒錯啦，但是到了該戴上的時候呢，那時我們已經經

過一、二輪舒服又刺激的體外性交，羅伯拿起那一小片難纏的橡膠，立刻就萎靡不振了。我相信你們一定都沒有碰過這種事。

我們胡搞了一會兒以後再試一次，結果一樣：羅伯的心與他的老二彼此不合，老二拒絕從命。我把自己拉進一個比較主導的意識狀態裡，決定要將我在成人性教育裡所學到的拿來應用在這裡。

我要他躺下，放手讓我去做，我布置了環境：當作光源的蠟燭小心地放置在我們不會碰倒的地方，潤滑劑與毛巾隨手可及，兩個或三個保險套（以免我們弄破了一個），還有一張很長的性感音樂唱片。我在他兩腿之間舒服地坐著，很舒服，因為我想花掉全世界所有的時間，不想被背脊的刺痛或肩膀的痙攣給打斷。

一開始，我非常溫柔地摸他的身體：大腿、肚子、腳，很久以後他放鬆了，有了勃起的回應。我停下來，讓他享受一下勃起的感覺，無須更進一步。然後我開始撫摸他的生殖器四周，但沒有摸到陰莖。他的勃起消失了，所以我回到剛才那樣，繼續撫摸他全身，直到他又硬了，我又繼續了一會兒才移過去，在他的老二附近摸著。這次他的老二只變軟了一點，僅僅幾秒以後就又硬了。他呼吸急促，我也是。對我來說，這樣的經驗是非常肉慾的，狂喜的恍惚，溫暖又愉悅：我也因此非常非常興奮。

我花了很長一段時間在他的老二附近撫摸，但不碰觸到他的老二，直到他真的變得很硬。他伸手要捉我，我啪的一聲把他的手擋掉：請不要分心！是我在做你，懂嗎？當我吊他胃口吊得實在無法忍受的時候，我把手輕輕地放在他的老二上：他顫抖了。我摸他的老二、輕拉他的睪丸，使他更加興奮，他開始呻吟、流汗。我拿起保險套檢查一下，確定我朝正確的方向將它伸展開來，而他幾乎立刻就軟掉了。我退回去在他的老二附近撫摸，仍然不摸他的老二，他再度勃起、煩躁起來……但我要他耐心等待。我跟他的老二玩了好一會兒，但是都十分輕巧溫柔，不至於讓他高潮。

當我再一次伸手去取保險套時，他只是稍微畏縮了一下，我就多磨擦幾下，這樣幾個回合以後，他興奮得不得了，無法再思考任何事情，而他的屌，在我將保險套套上去的時候，站得又挺又直。我繼續跟他玩，直到他漸漸習慣了這個嶄新的感受。

這時候我也已經興奮極了，我有一點等不及，所以當我一聲令下，他就像個出柵的憤怒公牛一樣攻擊我，我們兩個最後終於得以幹個痛快。這麼說吧：等待是值得的！

總而言之——讀到這裡我們自己也需要喘一口氣緩一緩——愉悅性愛的基本技巧就是知道如何放鬆、如何放慢，然後知道如何繃緊、加速。一旦妳把握了訣竅，妳就可以一次又一次地玩好幾個回合，只要妳忍得住；妳可以享受每一分鐘，並且為最後的偉大終曲累積足夠的興奮。放鬆地呼吸、放鬆妳的身體，能夠幫助妳穩住，潛到身體的底層，融入妳所感受到的愉悅之中，並且讓妳的性生活有更多選擇。

練習：大聲

為什麼你從來沒聽過鄰居做愛的聲音？為什麼他們從來沒聽過你做愛的聲音？

你是否認為，你的伴應該要發出很多聲音，但你不應該？為什麼？

大聲自慰，看你能多大聲就多大聲。讓臀部隨著呼吸的節奏律動。盡你所能地張開嘴、打開喉嚨。用力呼吸、用力呻吟、喊叫、尖叫。下一次你與你的伴做愛時，看看你們能製造多少噪音。

遇見鄰居的時候，對他微笑。

餘暉

有時我們被眼前的挑戰卡死了，一心想要成功航過湍急河流曲折的河道，要抵達目的地，卻忽略了我們已經擁有的。餘暉，那夢幻的、累斃了的、甜美的狀態，在一連串的猛烈擺動與呼喊之後，這是一段美好的時光。好好享受。在其中好好休息，與你的伴蜷在一起。忘了你們攪出來的一團亂，徹底放鬆地漂流。感受你和你的伴之間的連結，你們的連結能量如同溫暖的池水，你們在裡頭載沉載浮，一起在愛的舒適滿足之中打圈圈。好好感受。

第二十四章
公開性愛、群交與性愛派對

你想成為一個群交的浪女嗎？這是你的選擇。不管你是怎麼聽人家說的，即使你喜歡開放關係，群交也絕非義務，我們也認識很多非常好的、天不怕地不怕的浪女是不參加性愛派對的，他們家裡也不時興三人行或四人行。我們認識一些一對一情侶喜歡造訪公開性愛場所，純粹為了享受在一個特別且性感的地方與對方交歡的樂趣，而現場那些識貨的觀眾讓整件事情更加完美。

如果妳曾有過與五個人一起做愛的性幻想，幻想在做愛的時候多出一雙手、幻想身邊有一大堆性感的人讓你衝動，或者希望在一群識貨的觀眾面前表演，讓他們因為你歡欣的搖動與叫喊，而感到興奮莫名⋯⋯。換句話說，如果妳對於性愛派對這樣的點子頗有興趣的話，那這一章就是為妳而寫的。我們將會告訴妳享受好時光的一些須知，以及如何處理可能會出現的困難。

我們認為將性公共化[60]，是一個基本的、激進的政治行動。我們文化中有非常多的壓迫是植基於性的羞愧：女人受到壓迫；男人雖受到與女人不同的文化規約，但也受到傷害；文化少數與性少數則被他者化。這些壓迫都以「保護家庭」的名義出現，好像家庭跟性一點關係都沒有似的。我們或多或少都被教導：我們的慾望、我們的身體、我

我們認為將性公共化，是一個基本的、激進的政治行動。

們的性慾，都是可恥的。要打擊壓迫，有什麼比聚在一起歡慶性愛的美妙更好呢？

參加性愛派對是一個令人興奮的挑戰。我們必須處理自己的舞臺恐懼症、演出焦慮，也必須承受美妙又嚇人的緊張壓力，要在高度性興奮的環境裡，細心策劃一場精緻性愛，並且讓自己準備好；這也正是我們練習伸展與成長的好機會。大家都很緊張；而這共享的脆弱，使得我們更為興奮。我們無法忘懷，當我們終於克服一切障礙，成功營造了一場火熱的性愛邂逅時，那種暈陶陶的征服感。在性愛派對裡，沒有假正經與羞恥感的空間，我們跟一群人一起玩的經驗是強而有力的證明：性愛是美好的，我們是炙手可熱的性感人士。

為什麼玩公開性愛？

我們兩個都喜歡公開性愛，也定期造訪我們所謂的「爽樂派對」，大家聚在一起享受各式各樣的性愛。我們感到一種天人合一的興奮，因為所有人的興奮都餵養著我們的興奮，我們覺得與身邊所有快樂的性愛活動緊緊相連，也覺得被身邊所有的性愛激起慾望。

群交讓我們能夠在安全的環境裡、在朋友的環繞下嘗試新伴侶——當我們被某人吸引時，我們甚至有機會在她跟別人做愛的時候先觀察她一下。群交提供我們挑戰自我的機會，把性愛移到開放之地，那裡有許多人支持我們克服恐懼與害羞，也有很多友善的人為我們的狂喜而鼓掌。

群交時，我們可以學習新的性愛招數，也得到很多支持：我們可以看到別人在做那些過去只出現在我們幻想中的性愛，也可以在她們做完以後問她們怎麼做。我們有很多安全性行為的技巧是在性愛派對裡面學來的，在那兒，乳膠製品是一種社交禮儀，也會有充分的支援協助維護大家的健康與幸福。絕大多數公開性愛場所都提供保險套、橡膠手套以及其他所有安全性行為所需要的東西。

爽樂派對能夠幫你擺脫惡劣的身體形象。就像我們前面講過的，各種年齡、各種身材的人都喜歡性愛，因此在任何一個性愛派對，你都可以看見各種年齡、各種身材的人在做愛。在你第一次造訪性愛派對之前，先去裸體海灘或洗溫泉，是個不錯的熱身運動，如果你從來沒去過的話，你可以去看看真實的人沒穿衣服是什麼樣子，同時也讓自己親身體會一下在大眾面前裸體的感覺。你會開始看見所有的身體都有它的美麗，它們一點也不像雜誌或色情片裡面的人體——這時你可以重複第十九章〈建立關係〉的「機場遊戲」練習（第二七五頁）——而且，以全身每一部分去感覺陽光的溫煦、微風的輕拂，更是感官的至樂。

對於從事公開性愛多年的我們來說，想到我們社會中大多數人從來沒有機會看著別人享受性愛，真是驚訝啊。我們很為他們

對於我們來說，想到我們社會中大多數人從來沒有機會看著別人享受性愛，真是驚訝啊。

60 作者原文是de-privatize。直接翻譯應該是「去私密化」、「去私有化」，意思是把性從私密空間、私有關係中解放出來。這意思跟「公共化」很接近，雖然要詳細計較的話，可能會認為「公共化」不等於「去私密化」、「去私有化」。這裡為求便於理解，還是譯為「公共化」，畢竟作者確實也用「公開性愛」(public sex)這樣的字眼，作為私密、私有性愛(private sex)的對立面。有興趣的讀者可以在此基礎上繼續辨明「公共化」與「去私密化」、「去私有化」的細微差異。

擔心——我們覺得那是嚴重的剝奪。我們記得那種感覺：我們曾經擔心自己腳舉在空中、臉部扭曲、狂喜尖叫，會看起來很蠢。當妳有機會看見真實的人從事真實的性愛時，妳對於妳的外表、妳的表現與妳這個人，都會感覺好多了。妳將會明白，每個人興奮的時候都是美麗的；在性愛派對上，我們都可以是明星，綻放最炫目的光采。

派對空間

性愛俱樂部是很特殊的環境。美國絕大多數的主要城市，都有多樣性愛環境可任君選擇。有純女性的派對、純男性的派對、情侶派對、BDSM派對、扮裝與華服派對，以及你能夠想得出來的任何一種性模式的專門派對——有些還真是非要親眼見到才能相信呢。你也許可以試試「抱抱派對」（cuddle party，有時候稱為「依偎派對」〔snuggle party〕），參加者穿著睡衣相依相偎，感受一下非常親密的感覺但不真的做愛。這是聚會的新點子，也是與團體連結時安全的第一步。有些城市會舉辦「自慰馬拉松」[61]（Masturbate-a-Thons），參與者在活動中公開自慰並徵求贊助，募款所得用來推動性肯定的文化。

這些派對有的公開做廣告，有的只透過內部通訊或支持團體宣傳，也有的只對私人開放，進入要憑邀請。有些公開的俱樂部，例如男同志的澡堂，是二十四小時開放的，每週七天全年無休；也有比較小的場地，也許是個裝修過的娛樂室、地下室，場地擁有者每個月舉行一次或兩次派對。其他類似的團體則可能就在某位成員的客廳裡，舉行小規模的私人聚會。

許多城市都有「派對屋」，屋裡有一層或兩層的空間完全用來作為社交空間，以及派對時的玩樂室。派對屋可以出租給私人團體，他們可能一個月舉辦一次派對，僅邀請特定的賓客前來。

所有派對空間都極度謹慎，確保每個參加者在這裡所做的任何事，都經過充分的、自願的、清醒的同意。進去之前，你會簽個同意書，上面會告訴你這個空間有什麼規則，例如你搭人肩膀以前需不需要得到允許，或者如果有人碰你而你不喜歡的話，是不是要說「不要，謝謝」——如果你不確定的話，就找派對負責人來問問。大多數空間都對飲酒用藥有嚴格規定：有些地方可以容許喝酒用藥，但你要是喝得爛醉或失去控制，他們就把你趕出去；有些地方則完全禁酒禁藥。請記得，這些空間要持續運作、發揮功能的話，必須讓每個參與的人都覺得很安全，那麼唯一的辦法，就是讓每個人都可以對不想要的事情說不，而且確知當他說「不」的時候，對方會聽。

朵思參加的第一場群交派對，在舊金山的一個公社公寓舉行，主持人是天賦異稟的貝蒂·道德森（Betty Dodson）。住在那裡的人都投入婦女運動、同志解放運動與性解放運動，他們的公社就是一場有意識的實驗，徹底改變我們能盡情享受性愛的條件。他們拆掉了所有的門，移開所有家具，讓上面的閣樓變成一整個不受分割的空間。他們的典型生活是：好幾個人在陽臺上裸體享受日光浴，一些人在張羅晚餐，還有兩個人在下西洋棋，一對情侶在搞，另一群人則持電動按摩棒，邁向各自的高潮。一年大概有三、四次特別大型的派對，一大堆人成群地做愛，兩兩成對或者獨自一人，伴隨著許多的

61 馬拉松是marathon，浪女們把「自慰」（masturbate）嵌進去，所以譯為「自慰馬拉松」。

按摩、譚崔練習者的吟唱聲「Ommmm」，以及永不停止的按摩棒的悶響。這是私人聚會，只對住在這裡的六、七個人的朋友與情人開放，而這些人全都有非常多的朋友和情人。

公開性愛的場所，無論是大規模的公開俱樂部還是小型派對屋，都有個共同的功能：提供一個合適的空間，你可以在這裡表現得很性感。雖然群交環境的裝潢與家具擺飾，如人類的性幻想一般多樣化，但還是有些基本的東西，幾乎每一個派對都有。門口會有人把關讓你進來，他可能會要求你簽下「免責同意書」（waiver of liability）和／或保密協定。裡面會有一個社交的空間，可以坐坐、聊聊天、認識別人，通常還會有個小小的點心吧與飲料吧。人們通常不會在社交空間裡做愛，所以如果你覺得害羞，你可以在社交空間裡混一下，等到你鼓起勇氣再進去。會有儲物櫃、衣帽架、架子或某個地方讓你掛外衣、放3C產品（很多派對空間要求參與者不帶手機進入，或者用膠帶貼住手機的照相鏡頭），你可以在那裡換上派對的裝扮，或者就脫光也行。有些派對幾乎是全裸的，有些則有為各式性幻想而設計的炫目華服。現場通常備有清潔區，包括盥洗室和淋浴間。然後就是一間或多間的玩樂房了。

玩樂房有的小到只是個小鴿子籠，通常裝飾得像迷宮一般，小床小得僅僅夠在上面搞；也有的大到整面牆都裝了鏡子，地上鋪了軟墊好讓人人交疊、互相撫摸、玩一些群交的把戲。也可能有熱水浴池、蒸氣室與花園，讓你們在裡面玩追求遊戲，或者放鬆。可能有個舞池，通常放的是節奏很強的音樂，喚醒你的自然韻律，並且讓你有聽覺上的隱私感，不會被旁邊的人濁重的呼吸或喜悅的呻吟所干擾。燈光會調暗，通常是紅色或橘色，所以我們的膚色看起來像是曬得很均勻，可能這樣看起來比較性感吧。有些房間可能極具想像力地布置了家具，就是為了讓你在上面搞，例如醫院的檢查臺或吊帶、有鏡子的床，或為特殊性癖所設計的地牢；也可能就放上一張巨大的水床，給那些喜好興風作浪的人。

近年來，歡慶各種另類生活方式的研討會常常在飯店舉辦，飯店會容許主辦方在他們的宴會廳裡布置派對空間，甚至是地牢，讓大家爽樂一番。派對主辦者也是研討會的人，通常是研討會招募來的一群志工，協同飯店員工一起，保持派對空間的隱密性。飯店通常很喜歡我們的派對——我們不會喝太多、對工作人員很禮貌、給小費很慷慨，而且又穿得很美。說到「把性公共化作為一種激進的政治行動」，這不就是嘛！主要連鎖飯店現在都有關於如何舉辦爽樂派對的政策，政策內容是對我們有利的——耶！

爽樂派對通常會慢慢形成一個社群。大家試遍了那一區各式各樣的派對以後，通常會回到一個或兩個他們覺得與自己最投緣的團體去。當大家漸漸互相認識，並分享了性愛連結這種特殊的親密關係以後，常常會結為好友，形成大家庭。因為某個成員出意外或罹患重大疾病，而在性愛派對中為他募款之事，並非罕見。他們形成了社群，而社群本來就會照顧其中的成員。

交換伴侶

異性戀者對於性別角色與一對一中心的主流價值，通常比其他人感受到更強的壓力，但他們也創造了他們的公開性愛空間與文化。在過去的年代裡，非一對一的異性戀接觸被稱為「換妻」——這個字眼內建了性別歧視偏見，我們覺得它很討厭。今日，如果異性戀者想在丰要的感情關係之外尋找沒有負擔的性愛，通常都會去換伴社群裡找。這些團體很值得我們了解，因為他們將使我們明白，異性戀男女在主流的一對一文化之外，解開了那些來自主流一對一文化的各種「應該」的束縛之後，能夠如何互動。

「交換伴侶」是一個通稱，用來指各種互動，從兩對伴侶長期互相交換，到最狂野的週末夜乳波臀浪的集體性愛。換伴者主要都是異性戀，雖然女雙性戀很常見，但男雙性戀在某些換伴團體裡可能會遭人白眼——不過這一點也正在轉變中，也有愈來愈多的男人驕傲現身為雙性戀。換伴者大部分都是成雙成對的，通常在政治立場、生活方式與個人的價值觀上，都比其他類型的浪女要更主流。有些換伴團體明確規定僅限於性接觸，不鼓勵情感交流，除非你們本來就是一對；也有的團體鼓勵各種形式的親密關係，無論是愛情或性，一律歡迎。

換伴聚會讓許多異性戀女人第一次有機會嘗試貪婪而無罪惡感的性愛；事實上，我們常常聽到許多女人第一次去換伴聚會是很不情願的，第二次去時是很猶豫的，此後則是性致勃勃地一去再去。我們也很喜歡換伴團體發展出來的一些複雜的溝通模式，她們用這些象徵符號與舉止來溝通性愛喜好，而不致唐突。（舊金山灣區這裡有一個現已停業的換伴俱樂部，發展了一套很棒的密碼，用開門、開窗來做各種表示：「走開」、「歡迎參觀，請勿觸摸」，或者是「請進，歡迎加入！」）

群交禮節

我們知道學校沒有教妳，在群交場合該有什麼行為，我們敢打賭，妳媽媽也沒有教妳。

在公開性愛的場合裡，禮貌是特別重要的，因為那裡的所有人為了彼此更靠近些，都已經放棄了平常的界線。社交界線通常是為了讓人們保持一個可以預測的距離，使我們在自己的個人空間裡都能擁有安全感。群交給我們的挑戰是，我們要和一群（照理說應該）和善又性感的人有非常親密的接觸，同時仍感到安全自在——因此我們必須發展出新的界線，並且學習之、尊重之，不然的話，誰也沒辦法有那種安全感可以繼續玩。

很多派對屋會在你進門的時候給你一張規則清單，或者把它貼在牆上。請讀一讀。絕大多數的場所都明定它們所要求的安全性行為預防措施層級，並提供保險套、橡膠手套、潤滑劑、牙科膠膜等等。即使你和你的伴侶是體液連結關係，你們可能也會被要求（或者自己覺得這樣比較有禮貌）在公開場合要用保險套。道德浪女會遵守他參加的派對所設下的規矩，無論他們在自家的習慣為何。

在所有群交環境，保密都是基本道義。如果你在超級市場裡遇見了昨夜你在群交派對裡愛撫的人，請對他微笑點頭，然後錯身；他們搞不好是跟媽媽出來買菜。如果你知道某人在性愛空間裡使用化名，而你知道他們在外面的本名，請非常小心地看場合使用適當的名字稱呼對方。如果你在派對之夜與喬共同創造了美妙的一幕，後來沒有得到喬的同意就到處去說，那是不合乎倫理的，你也很有可能會因此被那個給你機會經歷這個美妙經驗的性愛空間永遠除名。

窺淫有窺淫的責任要負，這是最起碼的。你可以在公開場合看別人做的事，但要維持一個尊重的距離。如果被看的人察覺到你的存在，那你就靠太近了。一邊看的時候可不可以一邊自慰，要視場合而定，但讓你的興奮保持低調，別害提供這場上好表演的人們分心，則是不變的禮貌——他們畢竟不是為你而做的，對吧。當你靠近正在玩的人，也請小心說話，他們聽得見——這不是跟你的朋友抱怨老闆多恐怖的好時機，也不宜討論最近去看直腸科醫生的經驗。

社交／談話的空間與玩樂的空間有所區隔，這界線十分重要——當你進入玩樂空間時，你就進入一個完全不同的意識狀態，你會遠離你的知性而很快地進入你的身體。在玩樂空間說太多話，可能會害你被拉回日常生活的、語言的、非性的意識狀態。

追求搭訕是主動的，但不應該是唐突的。理想上，一個禮貌的邀請會得到一個禮貌的回應，也就是說開口問問無妨，如果回答是「不了，謝謝」，那也沒關係。

請記得，會來參加群交聚會的人是相當世故老練的，他們來這裡是因為他們知道自己想要什麼。如果妳覺得很吸引妳的那個人現在不想跟妳玩，沒關係，放輕鬆一點，再去找別人就好了。在性愛派對裡糾纏別人是超沒品的事情，你這樣做的話，很快就會被趕出去。

請記得，會來參加群交聚會的人是相當世故老練的，他們來這裡是因為他們知道自己想要什麼。

在群交派對裡追求別人和其他地方並沒有那麼大的不同，也許更誠實、更直指核心一點就是了。通常以自我介紹開始：「嗨，我是狄克，你叫什麼名字？」這樣的開場白遠勝於「嗨，你喜歡我的大老二嗎？」大家會聊一下天，調一點情，然後就直接問：「你想跟我玩玩嗎？」如果答案是「YES」，就繼續協商：「你喜歡做什麼？有沒有什麼是你不喜歡的？我們來確定一下我們所謂的安全性行為是相同的，喔，順道一提，我總是幻想著……。」

如何進行

為了讓你在第一次性派對之前了解一下可能會有的感覺，我們提供一個真實故事，那是一場美妙的冒險：

菊恩以前從來沒參加過爽樂派對。這一定是加州對群交派對的稱呼吧，她暗想。唔，反正至少那是女同性戀群交。她好奇地想，我到底是怎麼搞的，怎麼會成為一個群交派對的座上客？其實她知道這是怎麼回事。她來舊金山拜訪她的密友芙雷希，芙雷希說，她這個週末有個鄉間的房子可以用，她想開個派對，介紹菊恩和她的朋友認識認識。聽起來好像很好玩，菊恩想……。然後芙雷希開始說要有個「小妞儀式」（Chick Rite）來慶祝春天的降臨，並且在客廳正中央擺好了床墊和一些安全性行為的道具。

菊恩與她爭辯，但芙雷希說服了她，芙雷希說她不必跟任何人真的發生性行為，如果她不想的話。最後菊恩說好啦，補上一句：如果她受不了的話，她會帶著一本書，去當地的咖啡店坐坐。芙雷希繼續將那裡布置成一個適合性快感的空間，菊恩躲在廚房裡準備沾醬，這派對裡至少有沾醬是她能夠了解的東西。

當賓客陸續抵達，菊恩開始自問她究竟能不能繼續待下去。她被介紹給一群她所見過最大膽不羈的女同性戀，T和婆們像小鳥一樣全身披滿了搶眼的羽毛，穿戴著充滿異國情調的服裝，旨在展示身上如畫廊般的連串刺青，她們身上到處都有寶石閃閃發光，而那些寶石鑲嵌在身體上的位置，菊恩想都不願想。她們都那麼年輕！菊恩感覺到她四十八歲沉沉的重量。她理解到保持禮貌準沒錯，所以她一如往常地跟大家招呼說「近來都在做什麼啊」，並好奇著如果這些熱情的群交愛好者真的告訴她，她們近來「做」了什麼，她該怎麼回應。

最後，終於進來了一些毫不害羞的中年人。其中之一，卡羅，活脫脫是菊恩死去的姨婆瑪麗的翻版——假如瑪麗姨婆穿著T的全套行頭、足踏馬靴、頭戴牛仔帽出現在世人眼前。菊恩因為發現了一個同類而覺得鬆了一口氣。然後卡羅便綻開她最迷人的微笑，向大家宣布她想把手放進菊恩的屄裡去。

菊恩，倒吸了一口冷氣但仍然維持禮貌，回答說她對此還沒有心理準備，卡羅愉快地說：「好，那我待會兒再問妳。」天哪，菊恩想，無路可逃。菊恩知道拳交是什麼，她曾跟一個喜歡拳交的情人做過，她知道如果方法正確的話，拳交是很安全的。但是跟一個半小時前才知道姓名的人一起做，好像太奇怪了一點。

接著若蒂進來了——跟菊恩年齡相當，但她的穿著與她的年紀並不相當。若蒂染的那頭火紅鬈髮，襯托出她身上那件黑色雪紡洋裝，在洋裝裡面，長長的黑色絲襪清晰可見，還有一件黑色皮革馬甲，以及令人血脈賁張的淺色肌膚。參加派對的人們身上的衣服愈來愈少，若蒂一路擁抱她們、親吻她們、與她們閒聊，而菊恩只是驚訝著：她在那樣高的鞋跟上面怎麼平衡哪。菊恩聽到若蒂對許多女人道謝，感謝她們參加了若蒂五十歲生日的性愛派對。這些人有沒有一次見面是不做愛的啊？菊恩著實好奇。

就在菊恩坐的沙發面前，人們開始身體交疊互相撫摸，一大堆女人交頸、愛撫、微笑、開懷大笑，若蒂與卡羅是其中最搶眼的兩位。菊恩決定退到露臺上會比較安全一點，在那裡泡個熱水澡或許可以洗掉她的驚恐。

熱水池裡比較安靜，菊恩勉強跟幾個女人講了一些話，開始覺得稍稍自在一點。然後若蒂又出現了。洋裝脫掉了，絲襪脫掉了，鞋子脫掉了——菊恩發現自己開始幻想如果能夠看到若蒂的屄會怎樣，然後立刻想到不知是否有人注意到她的凝視。若蒂滑進溫暖的池水，然後幾乎立刻就問菊恩能不能幫她揉揉脖子，因為她覺得脖子很僵。「當然」，菊恩聽見自己說：「我很樂意。」喔，不，她想，我讓自己做了什麼？

若蒂的肌膚在她的手指下，感覺溫暖又如絲般光滑，菊恩幫她按摩並舒緩。按摩的韻律使菊恩放鬆，若蒂和她聊著一些再普通不過的事情，更使菊恩確定這種感覺。她們聊著各自的工作與人生哲學，菊恩是佛教徒，而若蒂是基督教以外的異教徒。若蒂的脖子肌肉終於放鬆了，而熱水池裡的水開始讓人覺得太燙，若蒂便很聰明地建議她們不妨看看屋裡怎麼樣了。她爬出熱水池，穿上絲襪與高跟鞋，在屋子裡滿場飛。神聖的米涅娃[62]（Minerva）啊，菊恩想，我還能跟著她嗎？不，她堅決地想，不行。菊恩在庭院的角落裡找了張桌子坐下來，堅定地看起星星來。

62 羅馬神話裡的智慧女神。

同時，若蒂也覺得有一、二件事她得想清楚才行。她的朋友們在客廳沙發上、扶手椅上、壁爐前歡樂地嬉戲，她卻想著菊恩。她有什麼特別，為何使我如此興奮？她喜歡我嗎？她會跟我玩嗎？她看起來不太習慣玩這種派對——啊，唉呀，凡事總有第一次嘛。那個女孩子跑哪裡去了？

若蒂環視客廳，沒有菊恩的影子。其實這時客廳變得滿有趣的，若蒂考慮著是否應該放棄追逐菊恩，找個朋友樂一樂就好了，但是好奇心戰勝了她。她走向廚房，一路上越過許多快樂的人，有時遇到特別刺激的活動，也不免稍做停留。正當若蒂停下來找沾醬，順便為自己補充一點血糖的時候，她向窗外望去，菊恩就在那裡，藏身於庭院中。

若蒂裝了一盤點心快步走出去，與菊恩共享。雖然她們閒聊的氣氛是滿友善的，但若蒂卻一直覺得她們之間的連結沒有建立起來。她最俏皮的調情全無回音：呆若木雞的菊恩，只會深呼吸、有意識地盡她所能維持靜定不動。若蒂頗受挫折，決定直接一點。「我覺得妳很迷人。妳願意跟我玩嗎？妳喜歡做什麼？」菊恩再次被逼到牆角，只好結結巴巴地說：「我不認為我已經準備好可以在公眾場合做愛，所以對不起。」

正在那時，卡羅晃到桌邊也坐了下來。她還穿著她的靴子，但襯衫好像不知道掉到哪裡去了。菊恩正在想要如何讓自己隱身在灌木叢後而不要顯得太笨拙，卻見若蒂把自己的大腿跨到卡羅的膝上以示歡迎——而卡羅呢，作為一個深諳應對之道的女人，立刻開始撫摸並享受若蒂的大腿。若蒂問卡羅：「妳今天的邀舞名單額滿了沒？我還有機會嗎？」若蒂並非蓄意復仇，只是單純地不想浪費了一個完美的派對。

卡羅問她想怎麼樣，若蒂說她渴望一隻敏感的拳頭。卡羅說她很樂意效勞，只是她待會兒跟蘇西有約，她得先跟她講一聲。她們兩人高興地蹦蹦跳跳跑掉了，菊恩落得自己一人。我終於鬆了一口氣嗎？菊恩自問。嗯……也不盡然。但她好奇地跟著卡羅回到客廳，想看看接下來會發生什麼事。

幾分鐘後，若蒂很驚訝地看見卡羅與菊恩一同坐在靠窗的一張沙發上，兩人背抵著扶手，腳則在中間。若蒂從未錯失良機，她滑過客廳爬上她們兩人的雙腳，然後宣布：「我來了！」卡羅太了解婆的那一套了，所以她要了手套與潤滑油，然後就把若蒂推到菊恩的腿上：「請妳幫我抱著她好嗎？」下一件事情就是：菊恩已經抱著若蒂不斷扭動的身軀。太美妙了，菊恩想，太美妙了。她穩穩抓住若蒂，深呼吸，然後就開始了。

菊恩專心地保持不失態，幾個面帶微笑的女人已經選定了位置，準備好好觀看窗下沙發的這一場戲，菊恩只能試著不去注意她們，而卡羅正非常稱職地引起若蒂的性慾，使她又濕又滑，讓她高潮。我的天，菊恩想，我要怎麼辦？我在摸這個女人的胸部，而我幾乎不認識她。她想，也許我就假裝她是一個我曾經做過愛的人好了。

若蒂以腳環抱卡羅的肩膀，頂住窗框，充滿活力地不斷將自己往下壓向卡羅的手。當手滑進的時候，她釋放出一個重重的呻吟，她們兩人都開始搞得更用力、更大聲。菊恩盡全力防止若蒂掉到地板上。若蒂終於高潮了，大聲地——菊恩注意到，若蒂非常大聲——菊恩發現自己好久沒呼吸了，深深吸了一口氣。三人都讓身軀鬆軟無力地垂在沙發上，靜靜地享受美好的感覺。

然後他們回到現實。若蒂坐了起來，禮貌地表示願意幹卡羅作為回報。卡羅說謝謝但不要，因為我答應蘇西了。若蒂與卡羅分道揚鑣，留下菊恩一人坐在窗邊沙發，覺得好像被雷打到一樣。我一定是掉進了另一個宇宙吧，菊恩覺得不可思議。我覺得挺好玩的，而且我應該做得還不錯。但還是太超過了。我想我最好去睡覺吧。

過了一天。若蒂回家後發現她無法停止想念菊恩。她打電話給芙雷希，發現菊恩那天早上已經飛離舊金山。兩天後，菊恩收到這封信：

「親愛的菊恩，

在我住的山上，今天是個美麗的早晨，陽光灑入紅杉林——昨天我在山脊上走路，看見一隻好大的長耳野兔在草原上信步亂走，草原上開滿亮麗小花。如果我使妳對山起了興趣，妳會來看我嗎？

妳究竟是誰？作為一個佛教徒，妳如何處理自己的慾望與激情？我的靈性之旅就是試著掌握慾望，然後讓它與正道相合交融。我擔心妳不能接受這樣的實踐：雖然我早已習慣被各種人拒於門外，但我寧可此事不要發生在與妳之間。

我真的很喜歡我們在芙雷希家的互動。寫信給我，向我坦露吧。妳對性愛、藝術與自然的看法是什麼？我敢打賭妳一定有一些很棒的床邊故事。

希望妳在這裡——寫信給妳使我緊張，我好想要一個抱抱。當我再讀一次這封信，以決定我要講多少時，卻發現也許我已經講太多了——嗯，我總是這樣。

愛，若蒂」

接下來的八個月裡，她們付了大約三千美元的電話帳單，還有幾張一時衝動買下的機票，菊恩將她在塵世的一切家當搬上卡車，若蒂飛過去與她會合，她們開車越過大分水嶺（Great Divide）來到鄉間的一個甜美小家，此後便快樂地一起生活於此。

性別差異

在我們成長的社會裡，人們對於性有許多扭曲的觀念。女孩子學到的是她若非墜入情網，就不該有性慾，而男孩子學到把性當成可以從別人身上買到的商品。群交只有在每個人的價值都被承認時才玩得起來。沒有人喜歡被當作是達成目的的一種手段。為了避免這種情形，絕大多數有男有女的群交場合都會限制單身男性的受邀人數，或者堅持只在有女

> 群交只有在每個人的價值都被承認時才玩得起來。

性陪同的情況下，男性才可以加入。現實就是這樣不美好，設下這樣的條件是別無他法所以不得不如此，我們也覺得這對善良的男人來說並不公平，他們因為其他男人的莽撞行為而受罰，那些莽漢顯然不知道有更好的方法。但現實就是這樣，而我們唯一能改變的，就是自己行為端正，然後將我們所學得的教給朋友與情人。

追求策略因性別而異，你可以比較男同志與女同志的性愛派對，並觀察他們與異性戀、雙性戀團體的同與不同，性別差異就變得明顯可見。男同志對於匿名性愛似乎較有安全感，他們在三溫暖或俱樂部的追求策略多半是非言語的。可能一個男人對上另一人的眼光，兩人微笑，穿過整個房間，觸碰肩膀，然後就擁抱了，言語溝通非常少，或者根本沒有。女同志通常比較小心，通常在移駕玩樂空間真的躺平以前，都一定要聊一下才行。

在所有群交場合裡，女人對於匿名性愛相較之下都不似男人開放，她們比較喜歡先溝通或稍有一點認識。這種額外小心，或許是因為女人確實有理由對於跟陌生人做愛缺乏安全感，所以她需要一點支持，讓她能放輕鬆，卸下心防。這沒有對或錯——或者說，如果有錯的話，那是歷史錯誤，但我們也沒法改了。

跨性別在很多環境裡可能也會覺得需要謹慎一點：當人們被某人吸引，後來卻發現對方的性別讓他嚇一跳，大部分的人都會感到很生氣。其實那吸引力多半很真實，我們希望大家不必這樣驚慌失措。

當跨性別與非二分性別人士加入我們的爽樂派對，我們就會不斷地在那些討厭的性別規則裡發現例外，我們很喜歡這一點，他們是有趣的範例，讓我們知道我們每個人都可以自由地做自己。每個人，每種性別、每種性傾向的人，都有權感到安全，有權利自由享受性愛。

建立共識

共識是絕對必要的。有時候有人會太過天真地假設：當兩個、三個或四個人已經在搞的時候，你可以直接加入，開始愛撫其中某人。唔，在大部分的派對中並不是這樣的，因為你沒有事先問，你也不知道這些人想要的是什麼，他們的界線在哪裡。所以也許你會做錯，而那些人只好停下他們正十分享受的事，來處理你，那人家當然會生氣，氣你。

當人家正搞得火熱的時候，要如何取得對方的共識呢？難道要拍拍他們的肩膀說，「你們可不可以停一下，好讓我問問你們，是否能讓我加入？」你大概絕無可能加入一個已經開始的性愛場景，除非你與這些人都已經是情人，即使如此你也應該小心點。如果我們的朋友已經開始玩了，而我們並不確定可不可以加入，我們通常會保持一個尊重的距離，直到有人與我們視線交會，然後看他會不會招手歡迎。像我們前面講過的，請尊重界線，如果大家都要有安全感，以便心無罣礙地自由玩樂的話，那這一點是絕對不能打折扣的。請不要成為害環境變得不安全的那個人。

如果你在一個派對上玩而有人侵犯了你的空間，你有權利要他們走開。讓派對主人知道哪些人太莽撞，哪些人追求得太猴急，亦屬適當——派對主人自有技巧去要求賓客舉止合宜，解釋為什麼這樣是合乎禮儀的，而如果賓客不學好的話，主人也有權力將他從來賓名單中刪除。

小心妳的期待

大多數人第一次參加群交派對時，心中都有一場風暴：對於即將會發生的事情，有著恐懼、幻想與狂野的期待，或許更恐怖的是想著「也許不會發生任何事」。我們強烈建議你自制，承認你其實不知道到底會發生什麼事，然後帶著這樣的期待去參加派對：只要你能讓自己走進那扇大門，你就應該為自己感到驕傲了。如果你在那裡待上一小時並且觀賞別人，該得一枚金星獎章。如果你能夠對某個人自我介紹並且講點話，就給自己一面榮譽獎牌吧。

參加性愛派對是一個很大的挑戰。妳一定會緊張。妳一定會擔心。妳一定會經歷一場時尚的危機，所以至少給自己兩小時的時間打扮。有用的建議：用那些很有感覺的質料來打扮自己——絲、皮革或乳膠——那你自己就會很有感。如果你要穿著衣服搞的話，最好避免穿脆弱的古董服飾或昂貴的設計時裝。讓自己穿得性感、好看又舒適——妳的胃在抽痛已經夠糟了，這時候妳可不需要一雙會夾腳的鞋。

妳一定會經歷一場時尚的危機。

很多派對都會有一個迎接窗口，並且會講清楚幾點開門、幾點關門。要不然的話，這些緊張兮兮的人一定會花上幾個小時打扮自己，鼓起勇氣，姍姍來遲，那派對主人就永遠沒有時間自己下去爽一下。

如果這是你第一次參加這種派對，請放輕鬆一點。答應你自己與你的同伴，如果任何人覺得不舒服，你們就離開。約好一個信號，比如把一手放在手肘上，同伴就知道你們需要私下談一談，或者你需要支持。約好另一個信號表示你想快點離開，但也要能夠理解，如果對方正在快樂地追求某人、調情，或者鬼混，他可能需要一點時間來完成自己在做的事。

把目標設定在認識一些人，讓自己熟悉那個場景，讓自己知道自己在這種場合會有什麼反應。如果你受到鼓舞下去玩，也找到一個想和你玩的人，那很好。如果沒有，那也沒關係。別忘了這是你的第一場派對，很可能是接下來的許多派對中的第一場。你不必在今晚就完成此生的夢想；你還有大半輩子可以完成。你只需要跨出第一步。

性愛派對中的情侶與團體

在你們去參加派對之前，請先處理好你們的關係。這很重要。你們是作為一對情侶，去那裡炫耀你們不可思議的性吸引力？是去物色第三個人來跟你們一起做愛？還是作為兩個獨立的人，去那裡認識人們、找人做愛？如果你們其中一人跟一個熱門天菜搞起來了，那另外一個人可以加入嗎？在你們跟新情人玩以前，需要先得到任何人的同意嗎？如果你調情調到一半必須停下來照顧一下你本來的關係，有經驗的浪女會佩服你的體貼與正直。你們說好一定要一起回家，還是在外面過夜也沒關係？如果兩個人都想在外面過夜的話，那你們請的保母怎麼辦？你們要事先決定這些事情，因為在公開場合為這些事情意見不合實在太難看了，如果你們真的有不同意見的話，你很可能會尷尬至極、怒火中燒，然後把事情搞得一團糟。

我們有兩個朋友對參加性愛派對的目的有不同意見，因此鬧得很僵。他們兩個都想去，但一個想要跟情人去那裡玩，另一個卻想去玩那裡的人。怎麼辦？這邊的派對一個月至少會舉行一次，所以他們決定一次以情侶的身分去，一起做；另一次則支持對方單獨、認真地找伴，充當對方的**助攻員**，看到熱門天菜就呷好倒相報。

我們很喜歡看到情侶在派對裡頭做愛——你可以看到他們的親密，他們多麼熟悉彼此的方式啊，他們多麼契合、多麼美麗，也可以看到，經過幾年的練習，做愛將成為一場多麼精彩的交響樂！我們喜歡，因為這是一次愉悅的窺看，也因為我們看著兩個相知甚深的人做愛，可以學到很多。將這種美麗展示出來是絕佳的廣告，下一次妳再到派對裡來尋找新伴侶時，保證無往不利。

爽樂派對也可以讓妳有機會處理恐懼與嫉妒。看著你的情人與別人做愛，你有何感覺？真的很糟嗎？你可能會驚訝地發現自己的反應是很中性的，好比說「天哪，我以為那會讓我很困擾，但是沒有哇！」你可能會喜歡有這麼一個機會，能夠看見你的情人在插入的時候顯得多麼有力，高潮的時候多有氣勢。你甚至可能因此情慾高張。冒險肯定使人興奮。有的情侶發現群交派對使得他們在家裡的性愛變得更加活躍，因為它提供了許多刺激，有很多新點子可以嘗試，並且令他們有動機與能量，想讓家裡的性愛也像性愛派對一樣火熱。

底線與偏見

要有心理準備：有人會踩到你的底線。要有心理準備：你會發現自己的偏見。在群交派對上，你將與一群陌生人分享前所未有的親密，有時候那是很困難的。你可能在玩三人行，但其中有一個人的性別是你不曾與之做過愛的，本來看起來似乎是個激情的點子，結果卻踩到你的底線。是啊，你們本來打算一起與你的伴侶做愛，結果卻走到這一步：另外一個性慾高漲的陌生人就在那裡，而且你們有身體接觸，那你有什麼感覺？

我們喜歡參加泛性的群交派對，意思是參加者可能是男同志、女同志、雙性戀、異性戀或跨性別，他們跟一些慾望及身分認同都與自己截然不同的人們肩並肩地開心玩耍，並不覺得不自在。我們總是不斷碰到陌生的議題：某個女同性戀從來沒有在男人面前赤身露體；男同性戀害怕女人的評斷，也害怕異性戀男人對他施加暴力；跨性別的女人好奇著那個迷上她的人是否知道她裙子底下的祕密，如果知道的話，ㄊㄚ會在乎嗎？如果ㄊㄚ在乎的話，ㄊㄚ會怎麼做？

無論你的成見是什麼——這個派對的人都太老、太年輕、太多男的了、太多女的了、太怪胎了、太異性戀了、太胖了、太瘦了、太多白人了、太多非白人了，隨便什麼——如果你能學著超越你的偏見，那肯定對你有益，而且還會讓你更加性感。

所有你不好意思在公共場所做的事

在我們的幻想裡，我們都像佛瑞德與金潔[63]（Fred and Ginger）那樣順利地一起達到高潮，被音樂徹底征服，推上一個激情的高峰——有時候確實如此。但你總需要先練習吧，就像佛瑞德與金潔一

63　美國早期歌舞片裡的舞蹈雙人組。

樣。你的勃起也許不肯在你快要揭開底牌時與你合作，尤其是當你突然想起來必須戴保險套時。在嘈雜的環境裡與陌生的伴侶做，要高潮可能比較困難。如果你跟某個人開始玩，然後卻發現自己無法興奮怎麼辦？

如果你發現自己內心驚慌失措，我們鼓勵你呼吸。慢下來。請記得這不是奧林匹克運動會，你也無須證明任何事——你和你的新朋友正要一起做一些讓自己身體舒爽的事。互相碰觸感覺很好。撫摸感覺很好。慢慢來感覺很好。慢得讓你能夠真正感受到你正在做的事。為未來擔憂並不會幫助你走向未來：把注意力放在你現在的感受。勃起與高潮來來去去，但只要你總是讓自己爽，那就準沒錯。

派對的噪音與鬧哄哄的能量可能會使你匆匆忙忙，然而慢下來才是品嚐興奮的最佳方式。不同的人興奮的方式也很不同。這種時候，你需要一種很重要的自我了解：知道如何令自己興奮。不管是輕咬頸項還是吸吮膝蓋後方，只要你知道那會令你淫水橫流，你就可以要求，然後你的玩伴就會知道如何使你興奮，也能比較自在地告訴你什麼使他興奮。在你明白過來之前，你們可能早已徹底興奮，並在無拘無束的肉慾之流中順流而下。

男同志的美妙傳統：政治行動主義與公社理想

所有性少數在很多方面都是主流文化的化外之民。當我們在工作上必須入櫃，家庭不允許我們帶兩個伴侶回家吃感恩節大餐，或者我們自小參與的街區教堂不歡迎我們，除非我們假裝「正常」……我們就失去來自家庭、宗教與社區的支持。對於這個問題，男同志已經逐步摸索出清晰的解答：聯合起來建構自己的社區。朵思已經在這樣的社區裡住了三十年。（珍妮也想，超級無敵想，但她此刻是個異性戀、香草[64]、一對一的已婚媽咪。）

請注意，那時候所用的字眼跟現在的習慣用語相去甚遠——我們對於性別與性傾向的概念已經改變，而改變的原因正是我們這本書裡一再提到的人們。還有，我們主要寫的是舊金山，因為我們最了解的社區就是舊金山。

怪胎文化的先驅與主流社會的不同之處通常最明顯可見，也因此是同志社群裡最受壓迫的一群人——他們根本沒有櫃子可以躲。一九五〇年代末期，兩個分居性別光譜兩端的可敬男士，

64 「香草」意指非常「清純」、「清淡」、「基本」的性行為，就像冰淇淋的最基本口味是香草一樣。

著手建立了我們今日視為理所當然的文化。請記得，那是一個穿「錯」了另一性別的衣服就會遭受刑事追訴懲罰的年代，同性關係如果被證實，則會讓你在牢裡待上好長一段時間（跟許多與你同一性別的人關在同一個牢房裡喔，想想看）。

一九五〇年代末期，一位名叫荷西．沙利亞（José Sarria）的扮裝者（扮裝皇后）實在受不了不斷被騷擾、被毆打、被逮捕，索性在街上穿著極度誇張的戲服，進行激烈的政治抗爭。警察抄了他的派對，他便聘請厲害的律師反擊。最後他終於舉辦了一場「選美比賽」，男性參選者角逐舊金山皇后與皇帝的頭銜。如果你贏得這頭銜，你要在接下來的一年內在你的社區裡組織一些聚會，為重要的慈善機構募款，好讓怪胎們在更大的社區裡享有比較好的名聲，讓大家知道我們很會募款又很好玩。現在世界各地很多城市裡都設有「帝國法庭」（Imperial Courts），仍然舉辦高調到引人側目的聚會，軍容壯盛令人無法挑戰，且仍以盛大的宴會來為慈善機構募款，並且為我們所有人的自由而戰。大家非常懷念沙利亞那時會在派對結束時，將粉絲聚集在警局對面的人行道上，唱他們的主題曲〈上帝保佑我們柔弱皇后〉[65]（God Bless Us Nellie Queens）——去 YouTube 上面看看他！

同一時間在芝加哥，恰克．藍斯洛（Chuck Renslow）也走向公開，於一九五九年開了一家皮革酒吧叫做「金色海岸」（Gold Coast）。恰克．藍斯洛是一名同志攝影師，他出版許多雜誌專門刊登體格良好的裸男或半裸男的照片。他創辦了一個類似的年度競賽，是後來「國際皮革先生」（International Mr. Leather）的前身，也是芝加哥最大的活動。他在飯店的舞廳布置了地牢，為慈善活動募得鉅款，那個週末，芝加哥的街道與飯店全擠滿了快樂的皮革扮裝者。

一九六〇年代末期，「愛之夏日」[66]（Summer of Love）已經啟迪了許多人的心靈，大家開始嚮往未來會是一個更為自由的世界，包括生理性別與社會性別的表達自由，也似乎是個可望可及的願景。在那個公社生活的年代，靈性追尋的年代，政治行動的年代，有些非常怪胎的浪女建立了驚人的機構。「花苞公社」（Kaliflower Commune）推出每週通訊，直送到灣區的各個公社。性別扭轉（gender-bending）運動的先驅「天使之光」（Angels of Light），則開辦食物共同購買，並且演出搞亂性別的街頭劇場。「老二女郎」[67]（The Cockettes）從事舞臺表演，全球巡演。

至一九六〇年代末期已經有許多遊行，熊族、T和扮裝皇后穿著亮閃閃的羽毛裝，打開了一整個世界的可能性，各種性傾向的男女都可以前去探索。這些搖撼性別體制的人代表了同志

65 Nelly queen 通常指那種非常嬌弱、聲音尖細、一望即知的男同志。

66 一九六七年發生於舊金山地區的十萬人聚集活動，後來餘音不絕，是嬉皮革命的一部分。

67 The Cockettes 的名字是從 The Rockettes 變來的。The Rockettes 是一個以大腿舞表演廣受歡迎的舞團，這些嬉皮把拼法改了一個字。有人把 The Rockettes 翻成「火箭女郎」，所以這裡把 The Cockettes 翻成「老二女郎」。

運動的前鋒，並於一九六九年的石牆反抗（Stonewall Rebellion）達到頂點，在石牆反抗中，跨性別族群——扮裝皇后與Ｔ——對警察的騷擾與暴力做出反擊。

社群的發展持續進入七〇年代：同志們買下了大樓，發展了同志事業。舊金山的卡斯楚街（Castro）以及其他城市裡的類似街區漸漸發展起來，預示了一種新的自由世界，在那裡，怪胎模樣的人第一次能不加遮掩地求職、租房子。一九七〇年出現了後來演化為「舊金山同志驕傲大遊行」（San Francisco Gay Pride）的活動，當時就非常盛大，再次以辦超大型派對的方式，為政治行動與慈善募款搭建了平臺，今日更變成遊行穿越舊金山慶祝勝利的嘉年華。

到一九七〇年代末，為傳統教會所不容的同志社群，站起來自己創建自己的教會。「大都會社區教會」（Metropolitan Community Church，簡稱MCC）由浸信會教士特洛依·裴瑞（Troy Perry）於一九六八年創立，對於各種分類的ＬＧＢＴＱ一概歡迎。現在全世界共有二二二個大都會社區教會，分布於三十七個國家。一九七八年，「永恆放縱會」（Order of Perpetual Indulgence）成立，他們最有名的就是喜歡嘲諷戲仿修女，取很好笑的「聖人」名字比如「傳教士姿勢修女」[68]（Sister Missionary Position），或者「解放人民修女」[69]（Sister Frieda Peeples）。要當修女必須經過好幾個階段，起先是入會成為見習生，然後是學員，最後才能立誓。「永恆放縱會」將修女職視為對慈善、教育、政治街頭劇與熱心助人的一種奉獻。修女們在整個八〇年代孜孜不倦地教導大眾安全性行為，也對受到愛滋病折磨的病患提供支持。一九七九年左右，「激進仙子」也出現了，他們創造了一個獨特的怪胎修行法。仙子們買下未開發土地，整修成露營地與小屋，邀請大家一起來慶祝大安息日，創造適合他們的文化，由此建立了「聖殿」。現在美國共有八個仙子聖殿，還有一些在其他國家。

當愛滋病開始蔓延，有太多勇敢美麗的男同志都病得很厲害，單單在美國，就有成千上萬的人死去。同志社群再一次捲起優雅的衣袖，動手改變現狀。當同志社群理解到我們需要自己的社會服務組織，「舊金山愛滋基金會」（SF AIDS Foundation）一馬當先，為罹病的成員提供愛的處遇，許多組織也很快跟進。愛滋運動者督促政府投資於愛滋研究，並且持續抗爭，直到像樣的治療中心終於開張。一九八四年，「佛森街皮革節」（Folsom Street Fair）開始成為脫離常軌的性少數一年一度歡樂共享的節慶。在這麼嚴峻的時刻，他們還是離經叛道地五顏六色，並且為慈善機構募款（當然啦）：但現在是為我們自己的慈善機構募款了。

統計資料顯示，舊金山驕傲大遊行與佛森街皮革節是加州第二大與第三大的公開聚會。荷

68 女性傳教士叫做sister missionary，這些調皮鬼在後面多加了一個position，把正經的名字變得不正經。「傳教士姿勢」（missionary position）是指男上女下的做愛體位。

69 街頭抗議時經常喊的「解放人民」口號是Free the People。這裡用諧音拼成Frieda Peeples，因為這些修女做的事情也是「解放人民」。

西．沙利亞與恰克．藍斯洛撒下的種子，長出了無數改變世界的事件，社群萌發成長，開出花朵：這是怪胎社群力量不斷增長的絕佳象徵符號，也是怪胎社群為自己創造的支持系統，也顯示他們在世界各地都逐步獲得接納。五十年前，我們的抗議遊行開場常常是從人行道上飛舞而下，一邊吟唱，「走出櫃子，走上街頭！」我們的運動從街頭開始，持續綿延，改變了許多許多人的生活與心態。

結論
浪女烏托邦

好的，我們終於來到這本書的末尾。但在我們將你送回真實世界以前，我們想要再送你一個概念，好幫助你型塑你的思考，用以設計你的人生，讓它充滿各式各樣你想要的性與愛。

從「二」到「多」

這個世界很喜歡二分法：黑與白、男與女、心靈與身體、好與壞。這些配對是對立的，大家都這麼說：有的道路正確，有的道路錯誤，我們的任務就是要捍衛正確，摧毀錯誤。這種思維主導了法庭、政治與脫口秀，其結果十分瘋狂：比如說，有些人認為如果任何人享受著婚外性行為，或者有的婚姻跟他們的婚姻不一樣，那就是在攻擊他們的婚姻。任何不一樣的東西都要反對，它一定是敵人。

當對錯是你唯一的選擇，你可能會認為你只能愛一個人，你只能用一種固定的方式去愛，或者你只有一定的能量去愛——「很多」跟「唯一」一定是對立的，你僅有的選擇是「沐浴在愛中」或者「失去愛情」，這裡不允許不同程度的愛，也不允許不同種類的愛。

我們想提出不同的建議。與其擔憂對與錯，不如好好珍惜你面前的物事，不需要把任何事看作其他事情的對立面。我們認為，如果你能夠這樣看事情，你就會發現性有無限多種方式，就像一樣米養百樣人，而其中任何一種都是正當的，建立關係、發展愛情、表達性別、分享性愛、建立家庭、做人處世，都有許許多多方式……沒有一種方式會貶損其他方式，沒有一種方式會否定其他方式。

當我們放開心胸面對一個超越對立的世界，我們的視線便能超越不切實際的完美要求，與高不可攀的目標。我們就能解放自己，讓自己完全意識到此刻世上所有美好的多樣性，現在，就在這裡，就在我們面前。

浪女人生可以是一條通往超越的途徑：在解放身體的同時，也解放了心靈與精神，且容許你不斷伸展意識，得到心靈的成長，與超乎想像的愛。

浪女人生可以是一條通往超越的途徑：在解放身體的同時，也解放了心靈與精神。

浪女宣言

我們仔細檢視到底是什麼因素限制了關係的發展，什麼因素限制了我們對於自己多種可能性的了解，是為了規劃一個更好的社會，更適合今日許多人的生活方式——這個社會要能滿足我們對於歸屬感與家庭的基本慾望，同時也得滿足我們對於改變與成長的需求。

我們相信一對一的模式仍將一如往常地蓬勃發展，對於真心選擇一對一的人來說，這個選擇一點也沒錯。我們希望能夠拓展我們的眼界，把一對一的模式以及其他諸多選擇都包括進來，好用來規劃一個有成長空間的家庭與社會結構，讓它繼續伸展、適應，讓我們未來的需求也能得到滿足。我們認為新型態的家庭已經在演化了，而且將會繼續演化下去，它不見得會取代核心家庭，但會以許多新的可能性來補充核心家庭之不足：關於分享家庭、性與愛，我們有一整個世界的選擇。我們希望能讓你自由，好讓你創造出一個你願意生活在其中的社會。

我們眼中的烏托邦裡有各式各樣的自由之愛，我們對於現實、可能性、活在當下、創造未來的種種信念，皆以此為基礎。我們認為自由的愛能夠幫助我們看清生活的實像，我們誠實地看清自己，也具有流動性，能夠在需求有所改變時勇於前進，我們成為一個不斷在改變、不斷在成長的自我，和不斷改變不斷成長的伴侶一起，活在不斷改變不斷成長的世界裡。

我們看見道德浪女生涯帶領著我們走向一個世界，在那裡，我們尊重、讚美每一個人的界線，遠勝於任何預設的「界線應該在哪裡」的規矩。

我們能夠預見，拓展性生活將帶來性愛品質的提升，我們將變得更自然、更人性。性愛與親密真的是很多不具實體之事物的具體表達：愛與歡愉、深層的情緒、緊密相繫、深刻的連結、精神的自覺、難以形容的舒服自在，有時候甚至是超越一切的狂喜。在我們的烏托邦裡，智性不是我們難以自拔的陷阱，而是我們用以賦予經驗以表現形式的尊榮工具。我們讓智性向身體的感官意識開啟，以此解放我們自然的自我，當我們不再受限於智性時，我們就變得自由，能夠歡迎靈性：直覺、僅為了經驗的緣故而經歷生命的歡愉、與自己及他人和諧相處，且遠不只此。

我們最愛的幻想：豐富性愛

我們希望所有人都能夠自由地以任何可能的方式表達愛。我們希望能創造出一個世界，在那裡，每個人的需求都能得到滿足：對社群、連結、觸摸、性、愛的需求。我們希望我們的孩子在大家庭中長大，在當代的疏離中有個互相連結的小聚落，裡頭有許多愛他們也互愛的成人，因此永遠有足夠的愛、關懷與照顧——比她們所需要的還要多。我們希望有一個世界，在那裡，病者與老者都被愛她們的人照顧著，互相關心的人們共享資源。

我們夢想著一個世界，在那裡，沒有人會被無望實現的慾念驅動，沒有人以自己的慾望為恥並深以為苦，沒有人因為他們的夢想而感到羞窘，也沒有人因為缺乏性與愛而飢渴致死。我們夢想著一個世界，在那裡，沒有人會受規則所限，沒有人會受到束縛不能成為百分之百的自己。

我們夢想著一個世界，在那裡，除了你與你的情人之外，沒有人可以投票決定你的生活方式，或決定你該愛誰，或決定你應如何表達那種愛。我們夢想著一個時代、一個地方，在那裡，我們都可以公開宣稱我們的愛，無論我們愛的是誰，無論我們以什麼方式去愛。

但願我們都期待這些夢想成真。

浪女詞彙表

新的字眼與術語不斷被提出，這對於作者與浪女來說都是個挑戰。這是無法避免的過程：我們在解放自我、進入新經驗的同時，必須修正我們的語言，因為要對一種無法言說、無以名之的選項做出清楚的思考與決策，幾乎是不可能的。

你可能會對這本書裡的很多術語感到很陌生，有些術語在不同地區與不同社群，可能有不同的定義。而且不時有新的字眼被發明，有些舊的詞彙則已經失寵，或者意義產生變化。我們將這些詞彙的定義寫在這個詞彙表，包括一些你可能會在性開放社群裡遇到的字眼，我們都會以今日的理解來定義。

無性戀（ASEXUAL）

不曾經驗到性吸引力的人。根據估計，全美至少有百分之一的人屬於無性戀。無性戀社群發展出各種詞彙來稱呼無性戀的各種類型與特色，你可以上網搜尋「asexual」，就會看到這個很少被討論的性傾向，已經有很豐富的資訊。

皮繩愉虐戀（BDSM）

一個人控制另一個人的行動，或者一個人把另一個人綁起來，或是一個人對另一人施加強烈的感受。BDSM的構成是B／D加上D／S加上S／M。B／D是綁縛與規訓。D／S是支配與服從。S／M（或SM、S&M）則是施虐與受虐。也有人稱之為「性癖」、「性愛權力交換」，或者就很乾脆地稱「SM」。

中心主義（CENTRIST）

這個詞是用來凸顯一些未曾明言的期待，認為事情「應該」要怎樣才對。例如異性戀中心主義、歐洲中心主義、男性中心主義、女性中心主義、怪胎中心主義、伴侶中心主義等等。舉例來說，伴侶中心主義就是把伴侶當作我們文化的重要基本單位，並且因此認為任何沒有伴侶的人，都不是主流。

承諾（COMMITMENT）

在一般用法裡，承諾指的是一生一世一對一的協議。但我們在此書裡顯然不是這樣定義「承諾」的。對我們來說，承諾意味著對未來立下一個保證，並且確實履行那個保證——無論那個保證的內容是「我只忠於你」，還是「我們的週末火熱約會，一年一會」。

同樂（COMPERSION）

因為看到你的伴侶與其他人享受性快感，而感到快樂，甚至情慾被撩起。對很多人來說，同樂的愉快有助於減低嫉妒的不愉快感受。

戲劇性（DRAMA）

這個字眼稍有貶義，指一種帶著誤解與情感受傷的掙扎。我們選擇不依社會期待走上已經鋪好的感情道路，往往必須披荊斬棘——或者得經歷一些「戲劇」——才能殺出一條血路。

忠貞（FAITHFUL/FIDELITY）

在本書以外，忠貞通常意指只與一個人發生性行為。但是字典上定義的忠貞是「表現為持續的忠誠與支持」，我們覺得這個定義才對呢。

體液連結（FLUID BONDING）

一種安全性行為的策略，就是伴侶們承諾，彼此之間進行無保護措施的性行為，而跟其他的伴侶則進行有防護措施的性行為，或者只進行低風險的性活動。

福利朋友（FRIEND WITH BENEFITS）

意指你可以跟這個人有性行為（「福利」的部分），而無須承諾一段終生的愛情關係（這是「朋友」的部分）。

幹（FUCK）

可以泛指生殖器的性，或者特指插入式的性。「幹」仍然是一個會引起激烈反應的字（不過「屄」會引起更劇烈的反應），但我們覺得這樣一種美好的活動，卻被用來當作詛咒，真的好可惜。

砲友（FUCK BUDDY）

在男同志社群裡很常用，指一種基於性愛連結而產生的友善關係。

社會性別（GENDER）

在探索性別的小圈圈裡，有一句一針見血的標語：「生理性別在你的兩腿之間，社會性別在你的兩耳之間。」因此，一個出生時擁有女性生殖器官與染色體的人，如果情願以男人的身分與世界互動的話（可能藉助手術或者荷爾蒙來達到這個目標），他的社會性別就是男性。如果一個人喜歡居於性別的兩個極端之間，或者喜歡「玩」性別展演，那這種人可以稱為「非二分性別」（nonbinary）、「性別怪胎」（genderqueer）、「性別流動者」（gender-fluid）或「性別扭轉者」（gender-bent）。

異性戀正統（HETERONORMATIVITY）

一種文化信念，認為異性戀是正常的，正常才是好的，除了異性戀以外的其他選擇都不正常，所以都是錯的。

陰陽人[70]（INTERSEX）

出生時就具備一種以上的生理性別特徵者。陰陽人常爭取其原有身體不受更動的自由，而不是一出生就一路被迫接受手術或其他侵入性的醫療，被迫屈就於男性或女性的社會性別。

性癖（KINK）

任何非主流的性，通常用來指ＢＤＳＭ、皮革戀或者戀物癖。

皮革戀（LEATHER）

ＢＤＳＭ及相關行為的別稱。通常在男女同志與怪胎的圈子裡比較常用。

---

70 Intersex 可譯做「陰陽人」或「雙性人」，都能令人了解其意。如譯做「雙性人」，優點是這個詞沒有負面意涵，缺點是有可能跟「具有兩種性別氣質的人」相混淆。如譯做「陰陽人」，優點是通俗易懂不易混淆，缺點是可能帶有貶意。國際陰陽人組織（Organization Intersex International）的中文版網頁選擇譯為「陰陽人」，並提出詳細具體的解釋：http://www.oii.tw/nomenclature，文中說：「要召喚因此標籤受苦的人，就必得使用這個標籤來召喚。」說得極好。因此這裡跟隨他們的腳步譯為「陰陽人」。

表親（METAMOUR）

情人的情人。「我跟我的表親偶爾喜歡一起吃個早午餐。」

差不多一對一（MONOGAMISH）

一種關係類型，指一對以社會關係相連的伴侶，協議容許與外面的伴侶有某種程度的性連結。專欄作家／社會運動者丹．薩維奇發明了這個詞。

一對一正統（MONONORMATIVITY）

一種文化信念，認為一對一是正常的，除此之外所有其他選擇都以一對一為基準來定義。

嚼嚼會（MUNCH）

多重關係者的社交聚會，通常在餐廳或類似場地舉辦。很多線上社群會固定舉行「嚼嚼會」。其他與志同道合者見面的方式還包括見面會、一人一菜、研討會等等。

新關係動力（NEW RELATIONSHIP ENERGY, NRE）

在一段新關係的「蜜月期」所出現的強烈感覺，也叫做「純愛」（limerence）。

不評斷（NONJUDGMENTAL）

一種態度，意指避免非理性或無理的道德化。不評斷不表示「全盤接受」。不評斷的意思是，願意以參與者的感受與看法為基準，來評價一個活動或一段關係，而非以某種外在標準來斷定絕對的對錯。

開放關係（OPEN RELATIONSHIP）

一種關係型態，參與其中的人享有某種程度的自由，去跟關係外的人搞搞或者相愛。根據這定義，一樁八人的群婚有可能是「開放的」，也可能是「封閉的」。

打開心扉（OPENHEARTEDNESS）

以同情向世界問好，沒有防衛之心；看你的人生提供什麼樣的愛與連結，你就為它敞開。

傾向（ORIENTATION）

通常指男同志、女同志、雙性戀、異性戀或無性戀。很多人認定了自己的傾向，雖然從事著那個傾向之外的性愛或親密活動，也不覺得有必要去改變自己認定的傾向。傾向與文化的關連，很可能並不低於傾向與性的關連。

體外性交（OUTERCOURSE）

不把焦點放在生殖器官的性行為。體外性交通常是不插入的，或者不分享體液：手或嘴接觸皮膚、用性玩具、互相手淫、電話性交、角色扮演等等。體外性交可以是一種很好的安全性行為與避孕策略，可以有效幫助你發現你的興奮點，而且它本身就很好玩。

泛性（PANSEXUAL）

包括所有社會性別與傾向。有的「雙性戀」也自稱「泛性」，因為他們覺得「雙性戀」僅限於二分的性別（其實並非如此）。

病理化（PATHOLOGIZE/PATHOLOGIZING）

把某種行為（包括某種運作良好的性模式或關係模式）視為違常或疾病，通常只因為對這種行為不熟悉。

多重關係（POLYAMORY）

常簡稱為「poly」，近年來這個字眼大為風行。有人認為多重關係包含所有一對一以外的性關係，也有人認為多重關係是指有承諾有愛情的長期關係（因此不包括換伴、隨意性接觸、砲友圈或其他親密關係）。我們喜歡這個字眼，因為它不像「非一對一」假設了「一對一」是基本規範，也因為它的意義還有一點模糊。

多分子（POLYCULE）

一群因愛情或性關係而連在一起的人。有時候也稱為「星座」或「小群」[71]（pod）。

多重忠貞（POLYFIDELITY）

多重關係的一種，就是兩個以上的人，有可能是兩對或更多對情侶，形成一個性愛封閉團體。有時這是為了安全性行為而採取的策略。

怪胎（QUEER）

這是一個最近才回收再生的字眼，這個字本來是用來侮辱同性戀的。在一些社群裡，「怪胎」專指男同志或女同志。但愈來愈多人把它當作一種政治或性愛的自我定義，只要你與主流期待的性愛模式不同，你就是怪胎。這個字通常會與你的「怪處」合併為一詞，例如「性別怪胎」或「皮革怪胎」。

---

[71] Pod 有很多意思，也可以是「豆莢」。但鯨豚這種海中哺乳類會形成社群，有的因血緣而成群，有的因友誼而成群，群體內部會有互動，例如一起獵食、互相保護或一起求偶。這樣的一群也稱為 pod，應當比較接近多重關係族群想用的類比，所以依鯨豚研究的慣用語，譯為「小群」。

回收再生（RECLAIM/RECLAIMING）

如果有人用某個字眼形容你，企圖侮辱你或冒犯你，你可以氣個半死，也可以主動使用這個字，拆除它的雷管，讓它不再是侮辱。被回收再生過的字眼包括「怪胎」、「dyke」[72]、「faggot」[73]、「tranny」[74]，以及，嗯，「浪女」。

關係安那其（RELATIONSHIP ANARCHY）

在這種關係裡，成員不把關係分成「最重要」到「最不重要」的等級，並且將關係中所需的協議盡量減低到最少。

關係電扶梯（RELATIONSHIP ESCALATOR）

一種建立關係的方法，每一步都無可避免地連到下一步：從約會連到性愛的專屬性，連到訂婚，連到結婚，再連到生小孩等等。絕大多數的浪女都願意爬很多很多樓梯，以避免踏上這樣的「電扶梯」。

性（SEX）

老實說，我們如何定義性並不重要——你跟你的伴認為性是什麼，它就是什麼。無論你認為性是什麼，我們都支持你——因為所有你情我願的性，無論採取什麼形式，都可以是非常美的。

性上癮（SEX ADDICTION）

指強迫性的性愛行為，嚴重到接管了一個人的人生，妨礙他在建立關係、工作或其他面向的健康運作。快樂的浪女常常被病理化，說他們有性上癮症，在性治療社群裡，這個字眼引發了很多激烈的爭執。

性否定（SEX-NEGATIVE）

認為性是危險的，性慾是錯的，女性的性慾是毀滅性的、邪惡的，男性的性是掠奪性的、不可控制的，每個文明人的任務就是將性慾限縮於一個狹窄的範圍，性是惡魔搞的鬼，上帝痛恨性……這樣懂了嗎？

性肯定（SEX-POSITIVE）

認為性是我們生命中健康的力量。這個詞是一九六〇年代晚期全國性論壇（National Sex Forum）中的性教育者創造出來的。性肯定就是對於各式你情我願的性愛，抱持樂觀、開放、不評斷

---

72 對女同性戀的蔑稱。

73 對男同性戀的蔑稱。

74 對跨性別的蔑稱。

的態度。

浪女（SLUT）

以開放的心智與心靈，為性與情慾之愛歡欣鼓舞者。

浪女羞辱（SLUT-SHAMING）

因為某人的性生活被認為不恰當或者過多，就受到貶低、侮辱或傷害。

浪女遊行（SLUT WALKS）

世界各大城市一年一度舉辦的遊行，旨在反擊浪女羞辱。

ㄊㄚ／ㄊㄚ們／ㄊㄚ們的（THEY/THEM/THEIR）

當你不確定某人的性別，或者當某人不認同傳統的性別時，就可以用ㄊㄚ作為代名詞。英文這種語言正在奮力搏鬥，試圖趕上今日的流動性別，例如承認確實需要一個性別中立的單數代名詞；我們的書選擇用ㄊㄚ／ㄊㄚ們／ㄊㄚ們的（they/them/their）來當作性別中立的代名詞，不過維基百科也列出另外十數種可能。我們的書選擇用ㄊㄚ／ㄊㄚ們／ㄊㄚ們的（they/them/their），參見「社會性別」條目。

跨（TRANS）、跨男（TRANSMAN）、跨女（TRANSWOMAN）

一個人認同的性別跟他的染色體或生殖器的性別不同。跨們可能會用荷爾蒙或手術來改變身體外觀，也可能不會。參見「社會性別」條目。

助攻員（WINGMAN）

幫你把到潛在伴侶的朋友。現任或前任情人可以是一個完美的助攻員：你的可慾之處，當然是那個慾望過你的人最清楚啊！

延伸閱讀

我們決定這一版不要建議網站，因為網站的變動很快，而且只需要幾分鐘，你喜歡的搜尋引擎就會為你指出你需要的資訊在哪裡。我們建議你搜尋時注意一下用哪些關於性的字眼，否則你的螢幕上可能會被色情網站的連結塞滿（那樣挺好的，如果你想來點色情；但如果你要找的是資訊，那就不妙了）；如果你實在無法避免，可以在後面加上「教育」（educational），那可以過濾掉一大堆：

陰道拳交教育

看你對什麼主題有興趣，先從不帶價值判斷、不粗俗的字眼開始，然後逐步加上其他詞來過濾，找到你要的。

如果你想找你居住區域的資源，請加上你居住的城市名或附近的城市名，像這樣：

多對多　雙性戀　波夕

如果你要找的資訊是好幾個字，你可以用雙引號把它包起來，像這樣：

"開放關係"　跨　波士頓

但我們還是最喜歡書。我們認為下面的書單對多重關係和其他性冒險者來說，會有幫助。新書像春天的兔子一樣不停冒出來，我們沒辦法一網打盡——所以如果我們沒有講到你最喜歡的那一本，先跟你說聲抱歉。

我們熟知的書都很棒，每一本都提供了別本沒有的觀點，但最新統計顯示，還有數十本書也自有可觀之處。全部讀一讀，不過如果你只買得起幾本的話，我們建議你看看我們在這裡列舉的。我們根據主要作者的姓來排序。

The Intimate Enemy: How to Fight Fair in Love and Marriage, George R. Bach and Peter Wyden (Morrow, 1968).「公平吵架」的概念是巴哈博士在這本好書裡首度提出的。書出版於五十年前，所以已經有點過時，但書裡關於溝通，以及關於如何與伴侶分享你的憤怒，都有很詳細的描述，那是無價的。

Rewriting the Rules: An Integrative Guide to Love, Sex, and Relationships, Meg Barker (Routledge, 2012). 此書對二十一世紀以來人類的性愛關係有很聰明的回顧，並且論及每種生活方式的好處與壞處。

Reclaiming Eros: Sacred Whores and Healers, Suzanne Blackburn and Margaret Wade (Suāde Publishing, 2007). 本書訪談世界各地的性工作者，他們把性工作當成療癒的方法。

Urban Tantra, Barbara Carrellas (Celestial Arts, 2007). 這本書教你如何運用譚崔的技巧——呼吸、凝視、動作等等——使你的性愛玩得更有張力與連結。內容包含所有性別與性傾向，也包含BDSM與皮革戀。

Sex for One: The Joy of Self-Loving, Betty Dodson (Random House, 1996). 本書引用歷史素材，再次肯定自慰是一種自愛的表現。

The Survivor's Guide to Sex: How to Have an Empowered Sex Life After Childhood Sexual Abuse, Staci Haines (Cleis Press, 1999). 本書很厲害地論及許多困難頑固的問題，以及有哪些方法可以成功地克服這些問題。

The Guide to Getting It On, Paul Joannides (Goofy Foot Press, 2009). 這是寫給青少年與二十出頭的人，一份完整而不帶評斷的性資訊。

The Jealousy Workbook: Exercises and Insights for Managing Open Relationships, Kathy Labriola (Greenery Press, 2013). 這是一座練習的寶庫，有一個人做的、與伴侶一起做的、與團體一起做的練習。也可以參考另外一本書：Labriola 的 *Love in Abundance: A Counselor's Advice on Open Relationships* (Greenery Press, 2013).

Girl Sex 101, Alison Moon (Lunatic Ink, 2015). 關於與女人做愛，所有你想知道的事都在這。這主要是寫給女同志與雙性戀女人（包括跨性別女人）的，但任何愛女人的人都可以在這裡學到很多。

The Erotic Mind, Jack Morin (Harper, 1996). 本書精彩地剖析長期關係與性愛的終極衝突：長期關係舒適自在，性愛卻有熱情張力足以燃起篝火。

A Legal Guide for Lesbian and Gay Couples (Nolo, 2007) 以及 *Living Together: A Legal Guide for Unmarried*

Couples (Nolo, 2008). 對於所有不能或決定不要進入合法婚姻的人，這本書是很有用的資源。

Mating in Captivity: Unlocking Erotic Intelligence, Esther Perel (Harper Paperbacks, 2007). 曾經有過長期關係的人都經歷過這個緊張局面：有確定感的愛情有日常的舒適自在，但是新的事物令人興奮。Perel 的書聰明又翔實，可以幫助你兩者兼得，無論你是不是一對一。

Exhibitionism for the Shy: Show Off, Dress Up, and Talk Hot!, Carol Queen (Down There Press, 2009). 這是寫給害羞的人，不分性別與性傾向，都能夠發掘你內在的浪女。

The Sex & Pleasure Book: Good Vibrations Guide to Great Sex for Everyone, Carol Queen and Shar Rednour (Good Vibrations, 2015). 這本書包含最新的性愛建議，寫給所有年齡層、所有性別、所有性傾向、所有型態的感情關係。

Nonviolent Communication: A Language of Life, Marshall B. Rosenberg and Arun Gandhi (Puddledancer Press, 2003). 這是當代關於溝通技巧的最佳書籍之一，教你如何用溝通技巧來處理所有衝突。

Sex at Dawn: Prehistoric Origins of Modern Sexuality, Chris Ryan and Cacilda Jethá (Harper, 2010).[75] 本書討論人類對於性愛與生殖所發展出來的多樣策略，以及這些各式各樣的安排，如何演化

75 本書已有中譯本：《樂園的復歸？：遠古時代的性如何影響今日的我們》，謝忍翾譯。臺北：大家，二〇一七。

成我們今日所見的樣貌。

When Someone You Love Is Polyamorous: Understanding Poly People and Relationships, Dr. Elizabeth Sheff (Thorntree Press, 2016). 這是一本令人欣慰的小書，可以與那些震驚的家庭、朋友與同事分享。

Joy of Gay Sex, Charles Silverstein (William Morrow Paperbacks, 2006). 這是關於男男性行為的經典之作，資訊豐富又令人血脈賁張。

The Explorer's Guide to Planet Orgasm: For Every Body, Annie Sprinkle with Beth Stephens (Greenery Press, 2017). 這是一本關於各種高潮以及如何達成高潮的書，是一本有趣、平易近人、各種性別均適用的圖解指南。

More Than Two: A Practical Guide to Ethical Polyamory, Franklin Veaux and Eve Rickert (Thorntree Press, 2014). 關於長期多重關係的完備指南，非常實用。

Ask Me about Polyamory: The Best of Kimchi Cuddles, Tikva Wolf (Thorntree Press, 2016). 這是一本關於多對多的圖畫書！它筆調輕鬆，所以如果你有一個還不確定要不要進入多重關係的家人或朋友，這本書是不錯的選擇。

關於作者

朵思．伊斯頓是一位持有證照的婚姻與家庭治療師，專長是另類性愛與關係，她做開放關係諮商已有超過二十五年的經驗。她另外著有四本書。自一九六九年以來，她就開始了她的道德浪女生涯。參見 www.dossieeaston.com。

珍妮．Ｗ．哈帝著有十二本書（含合著），她是綠意出版社（Greenery Press）的創辦人，這是一家專出性愛冒險書籍的出版社。她是加州聖瑪麗學院（St. Mary's College of California）創意寫作碩士。她在一九八七年誓言告別一對一。參見 www.janetwhardy.com。

朵思與珍妮還寫了幾本書，都在綠意出版社出版：

When Someone You Love Is Kinky，寫給特殊性癖者的朋友、家人、同事或伴侶，這些另類性愛模式包括Ｓ／Ｍ（施虐／受虐）、Ｄ／Ｓ（支配／服從）、皮革戀、扮裝或戀物癖。（珍妮在這本書裡用了她那時的筆名：凱瑟琳．Ａ．李斯特。）

The New Bottoming Book 與 *The New Topping Book* 教你如何將所有力量、性感與智慧，灌注到你在ＢＤＳＭ裡所扮演的角色，無論是下者（bottom）或上者（top）。

Radical Ecstasy: SM Journeys to Transcendence 記錄了朵思與珍妮在ＢＤＳＭ裡的個人經驗與兩人

之間的互動，還有她們的另類意識狀態。書中也從譚崔與其他練習中擷取一些靈感，告訴你如何自己踏上這段旅程。

珍妮也是 *The Sexually Dominant Woman*（她的筆名是「綠女士」）、*Spanking for Lovers*（與 Charles Moser 博士合著）、*Sex Disasters...And How to Survive Them* 的作者，還有一本回憶錄：*Girlfag: A Life Told in Sex and Musicals* (Beyond Binary Press)。

窗書系
WINDOW 13

道德浪女：多重關係、開放關係與其他冒險的實用指南

***The Ethical Slut: A Practical Guide to Polyamory, Open Relationships, and Other Freedoms in Sex and Love*（3rd Edition）**

國家圖書館出版品預行編目資料 (CIP)

道德浪女：多重關係、開放關係與其他冒險的實用指南／珍妮・W・哈帝（Janet W. Hardy）、朵思・伊斯頓（Dossie Easton）著；張娟芬譯
——二版——臺北市：游擊文化，2024. 12
416 面；21x14.8 公分——（Window；13）
譯自：*The Ethical Slut : A Practical Guide to Polyamory, Open Relationships and Other Freedoms in Sex and Love*, 3rd ed.
ISBN　978-626-98406-9-4（平裝）

1.CST：兩性關係　2.CST：性倫理

544.7　　113016010

作　　者　珍妮・W・哈帝（Janet W. Hardy）、朵思・伊斯頓（Dossie Easton）
譯　　者　張娟芬
責任編輯　郭姵妤
封面設計　朱疋
內文排版　張蘊方
印　　刷　漢藝有限公司
二版一刷　二〇二四年十二月
定　　價　五四〇元
I S B N　978-626-98406-9-4（平裝）
出 版 者　游擊文化股份有限公司
電　　郵　guerrilla.service@gmail.com
網　　站　http://guerrillalibratory.wordpress.com
M e t a　http://www.facebook.com/guerrillapublishing2014
Instagram　@guerrilla296
總 經 銷　前衛出版社 & 草根出版公司
地　　址　104 臺北市中山區農安街 153 號 4 樓之 3
電　　話　(02) 2586-5708
傳　　真　(02) 2586-3758
法律顧問　王慕寧律師